28.11.14.

Para a professora Freitas, com a admiração e o respeito do autor.

CONTROLE REMOTO E DECISÃO JUDICIAL

Quando se decide **sem decidir**

Filiais

Sede: Rio de Janeiro
Centro – Rua da Assembléia, 36,
salas 201 a 204.
CEP: 20011-000 – Centro – RJ
Tel. (21) 2224-0305

São Paulo (Distribuidor)
Rua Correia Vasques, 48 –
CEP: 04038-010
Vila Clementino – São Paulo – SP
Telefax (11) 5908-0240

Minas Gerais (Divulgação)
Sergio Ricardo de Souza
sergio@lumenjuris.com.br
Belo Horizonte – MG
Tel. (31) 9296-1764

Santa Catarina (Divulgação)
Cristiano Alfama Mabilia
cristiano@lumenjuris.com.br
Florianópolis – SC
Tel. (48) 9981-9353

Rosivaldo Toscano dos Santos Júnior

CONTROLE REMOTO E DECISÃO JUDICIAL

Quando se decide **sem decidir**

Editora Lumen Juris
Rio de Janeiro
2014

Categoria: Argumentação e Linguagem Jurídicas

PRODUÇÃO EDITORIAL
Livraria e Editora Lumen Juris Ltda.

Impresso no Brasil
Printed in Brazil

CIP-BRASIL. CATALOGAÇÃO-NA-FONTE

S237c

Santos Júnior, Rosivaldo Toscano dos

Controle remoto e decisão judicial : quando se decide sem decidir / Rosivaldo Toscano dos Santos Júnior. – Rio de Janeiro : Lumen Juris, 2014.

211 p. ; 23 cm.

Bibliografia: p. 185-199.

ISBN 978-85-8440-006-5

1. Poder judiciário – Brasil. 2. Juízes – Decisões.

3. Hermenêutica (Direito). I. Título.

CDD- 347.81012

Giovanna, amor de minha vida. Por todos os momentos que compartilhamos nessa (a)ventura acadêmica pelos Pampas – ora de nomos, ora de psychē, mas sempre, sempre, de eros e logos. Te amo.

Agradecimentos

Aos meus pais, Rosivaldo e Valmira – meus grandes mestres na Universidade da vida. Às minhas irmãs tão amadas, Rossana e Rosane. Meus sobrinhos Vitor e Naná. Ao meu cunhadão-irmão Fábio Uchoa. Enfim, à nossa família tão unida sempre.

À minha segunda família: o sogrão Giovanni e a sogrinha Ana Guilhermina; aos meus cunhadinhos Geo e Nina. Aos concunhados tão queridos Simone e "Batavo". Aos sobrinhos Giovanni Neto e Mariah. Amo-os.

Ao amigo-irmão Manuel Sabino Pontes, o maior defensor com quem tive a honra de trabalhar um dia.

Aos servidores e estagiários da 2ª Vara Criminal, com quem compartilho a cotidianidade do trabalho desde 2008, de maneira tão harmoniosa e leal, em especial, Isabelle, Poliana, Livramento, Maria Laura, José Carlos, Daniella e Washington. Orgulho-me do que construímos juntos. E aos colegas promotores de justiça Sivoneide Tomaz, Henrique Cavalcanti e Benilton Lima, com os quais tanto aprendi e tanto quero bem.

Aos amigos magistrados criminais do fórum da Zona Norte de Natal: Lena Rocha, Gabriel Maia e Assis Brasil. Aos servidores do fórum em geral. Aos demais colegas magistrados, em especial José Herval Sampaio Jr.; aos servidores do Judiciário potiguar e aos advogados – colegas em um trabalho em que reina o respeito mútuo.

Agradeço, por fim, e especialmente, ao querido "Maestro" Lenio Streck, que sempre me fez me sentir tão acolhido no Dasein. Também ao amigo e colega Alexandre Morais da Rosa, cujos escritos de altíssima qualidade me ajudaram a ser um juiz criminal melhor. A Clarissa Tassinari, uma pessoa fantástica e que tanto me ajudou no mestrado. Ao amigo e conterrâneo Elias Jacob. Aos queridos amigos do *Dasein*, Danilo Pereira Lima, Saulo Salvador Salomão, Luís Henrique Braga Madalena, Daniel Ortiz Matos, Adriano Lepper, Rafael Dalla Barba, Victoria Azevedo e Fabiano Müller, pela amizade e pelas interlocuções no Dasein.

Aos colegas do mestrado, pela amizade e cumplicidade durante esses dois anos, em especial Fernando Hoffman, Karina Fernandes e Natalia

Castilho, Thaís Garcia e Felipe Mello, bem como aos demais professores e funcionários do PPG em direito da Unisinos, em especial, Leonel Rocha, Wilson Engelman, Vera Loebens e Magdaline Macedo.

Aos demais amigos, presentes ou virtuais, que ajudaram na construção do presente texto.

Enfim, muito, mas muitíssimo obrigado a todos!

Um precedente não é só a sua ementa, como não se pode ler um livro pela "orelha". Não há texto sem contexto, nem interpretação sem fatos.

Sumário

À guisa de prefácio:
A perfeita imbricação entre crítica e dogmática jurídica

Por **Lenio Luiz Streck**

No século XX, o direito passou por uma revolução, como bem vem acentuando Jorge Miranda. Com efeito, após a segunda grande guerra o direito adquire um acentuado grau de autonomia. A partir do novo paradigma constitucional, que venho denominando de Constitucionalismo Contemporâneo, o direito passou a ser a condição de possibilidade da democracia. Maiorias eventuais, que pode(ria)m tiranizar a política, passaram a ter que pagar pedágio às cláusulas pétreas, protetoras do núcleo essencial da Constituição. Democracia só pode ser feita com o direito e por intermédio do direito. Isso abriu espaço para uma espécie de fiador do processo: a jurisdição constitucional.

Consequentemente, essa fenomenologia gerou um debate nas décadas que se sucederam e que adentrou no século XXI: haveria compatibilidade entre a jurisdição constitucional e a democracia? E, em sendo a resposta positiva, como resolver o problema acerca do dilema que exsurge, isto é, como controlar as decisões no plano da jurisdição, com o fito de evitar que a *demo-cracia* não se transforme em uma *juristocracia,* para usar a palavra cunhada por Ian Hirsch?

Claro que em países de modernidade tardia como o Brasil essa problemática assume contornos dramáticos. Não é por menos. Afinal, o texto constitucional brasileiro é rico em direitos (promessas da modernidade) e o decorrer do período pós-constituição não apresentou as políticas públicas que são responsabilidade dos Poderes Executivo e Legislativo. Há vários fatores que podem ser apontados e que colaboraram para o agravamento desse problema. O Presidencialismo de coalisão[1] vem provocando prejuízos para

1 Ver, para tanto, Streck, Lenio L. **Compreender Direito – volume I.** O Supremo Tribunal Federal e o Pomo de Ouro. São Paulo, Ed. Revista dos Tribunais, 2014, *passim*.

a implementação dos compromissos constitucionais. Assim, se de um lado há(via) carências sociais das mais variadas e de outro um texto constitucional dirigente e compromissório, é inexorável que ocorresse uma corrida ao judiciário. E este foi crescendo. Entretanto, lamentavelmente não houve uma necessária diferenciação entre ativismo e judicialização. E isso decorre em face de uma série de equívocos cometidos pela doutrina e pela jurisprudência brasileira, ao promover importações descontextualizadas,[2] que, se de um lado, em um primeiro momento, (até) proporcionaram um constitucionalismo de efetividade (ou de resultados), em um segundo momento deram azo à forma(ta)ção de uma espécie de estado de natureza ativista, com forte conteúdo discricionário e decisionista por parte do Judiciário.

Pois é nesse contexto e estado da arte que se insere o livro **CONTROLE REMOTO E DECISÃO JUDICIAL: quando se decide sem decidir, de Rosivaldo Toscano dos Santos Júnior.** Ele detecta com maestria que, na cúpula do Judiciário, é possível perceber uma postura discricionária e solipsista, fundada na vontade de poder, de modo a promover decisionismos – decisões fundadas em elementos outros que não o respeito à normatividade (leia-se, a Constituição em seu todo principiológico).

Nesse sentido, para cumprir essa vontade – explicita o autor - ocorre a arbitrária atribuição de sentidos, seja ignorando a normatividade em benefício de fins utilitaristas, seja rompendo os constrangimentos semânticos do texto – através de uma interpretação inautêntica retoricamente manipulada:

> "Na cúpula, sob o pretexto de conseguir maior eficiência, dá-se a importação descontextualizada e desnaturada de institutos que, pretensamente, seriam da *common law*, mas que, por não guardarem as especificidades do caso concreto ou por se descolarem na normatividade, terminam, também, por se constituírem em exercício escamoteado da vontade de poder".

Essa problemática vem acompanhada de uma desfuncionalidade – que, penso, pode ser a "própria funcionalidade" – que diz respeito à vontade do mercado, que, sob o mote da eficiência em um Judiciário funcionando como corporação, incentiva julgamentos em massa, com base

2 Cfe. Streck, Lenio L. **Verdade e Consenso.** 5ª. Ed. São Paulo, Saraiva, 2014, em especial as Notas Introdutórias sobre as recepções equivocadas feitas pela doutrina e jurisprudência brasileiras.

em *standards*, em que as peculiaridades do caso concreto são desprezadas, o que é um fenômeno violento tanto para a independência funcional do magistrado de instâncias inferiores quanto para as partes, que não têm sua causa julgada como deve ocorrer – com os juízes e tribunais decidindo após uma prévia atribuição de sentidos advinda do caso concreto.

O diagnóstico de Toscano Junior é preciso, nos dois sentidos da palavra: primeiro, porque necessário; segundo, porque certeiro. Fazer uma crítica ao funcionamento do sistema jurídico implica demonstrar a importância do grau de autonomia do direito e a necessidade de enfrentar os predadores endógenos e exógenos desse grau de autonomia. Nos endógenos, é possível ver um problema hermenêutico substancial, que é a inadequada compreensão dos paradigmas filosóficos, mormente a questão da filosofia da consciência e suas vulgatas. É ali que se pode ver os nichos do decisionismo e do solipsismo. Já nos exógenos é possível perceber os perigos e os estragos advindos da invasão da política, da economia e da moral. E a preferência da cúpula do judiciário pelas efetividades quantitativas pode ser um grave sintoma da presença do predador chamado Análise Economia do Direito (por aqui agravada pelo tipo de permanência dos velhos estamentos sociais, que patrimonializam as formas de legislação infraconstitucional e a própria aplicação do direito). Basta para tanto ver os planos de metas exigidos pelo CNJ e o modo como o Judiciário julga os feitos a partir de listas ou pilhas, fenômeno que já se pode ver também na Suprema Corte, como se a Constituição pudesse ser analisada "por atacado". Aliás, é nesse sentido que a obra de Toscano Junior trata dos mecanismos de "controle remoto judicial" – que dão azo ao próprio título do livro –, tais como súmulas vinculantes (ou não), repercussões gerais e ementas de julgados.

O livro cresce ainda mais ao mostrar a imbricação entre crítica e dogmática, ao desvelar os engodos utilizado pelo *establishment* para a resolução das demandas e seu poder de violência simbólica. Mas o que fundamentalmente deve ser ressaltado é a solução que o autor apresenta. Depois de demonstrar o déficit ideológico e filosófico presente no imaginário jurídico de *terrae brasilis*, mostra como como o direito deve ter uma tarefa emancipatória.

E, para isso, utiliza-se da Crítica Hermenêutica do Direito, fruto das pesquisas desenvolvidas no programa de Pós-Graduação em Direito da Unisinos, por mim capitaneadas. Rosivaldo Toscano Junior segue à risca o "método hermenêutico": resolve o chão linguístico em que está assentada a tradição (autentica e inautêntica do direito), reconstruindo a história institucional dos institutos envolvidos, proporcionando a que o fenômeno apareça, aos nossos olhos, devidamente desvelado. As diversas camadas de sentido que obnubilam as possibilidades do aparecer do papel emancipatório do direito vão sendo retiradas, a partir de um processo de "desleitura", na linha em que venho trabalhando na boa companhia de Ernildo Stein, espelhado, por sua vez, em Harold Blumm.

Numa palavra: Rosivaldo Toscano Junior tem consciência da importância da hermenêutica filosófica para a construção de uma Teoria da Decisão. E nisso, a Crítica Hermenêutica do Direito se mostra em condições de fornecer os aportes necessários para a construção de uma criteriologia apta a controlar as decisões judicias. Que o juiz não é neutro, todos sabemos, mormente o autor, que, por sinal, é juiz de direito. Entretanto, o que talvez a comunidade jurídica não saiba é que o ato de decidir não é um ato de escolha político-ideológica. É, sim, um ato de responsabilidade política. Como nos dois corpos do rei, de Kantorowicz, o ato de julgar faz parte de um papel social. As subjetividades devem ser sofrer um processo de suspensão a partir da intersubjetividade do intérprete. E nisso entra o "método hermenêutico", reconstruindo o fenômeno a partir da coerência e da integridade. Se um juiz não souber (ou não desejar) fazer isso, não pode assumir um cargo de tamanha relevância. Esse é o busílis da questão. Decidir não é o mesmo que escolher. E aqui entram os aportes de Gadamer, Dworkin e da CHD (Crítica Hermenêutica do Direito), para demonstrar os modos pelos quais uma teoria decisional deve constranger-epistemologicamente – a interpretação do direito e, com isso, preservar o grau de autonomia conquistado a partir do segundo pós-guerra.

É por todas essas razões que o livro de Rosivaldo Toscano Junior deve fazer parte das bibliotecas de todos aqueles que desejam fazer pesquisas sobre o direito e as suas condições de preservação da democracia em um país de modernidade tardia como o Brasil. Que seja bastante lido. E compreendido. Boa leitura a todos.

> Da Dacha de São José do Herval, em meio à neblina que transforma a montanha em uma ilha neste inverno que se aproxima, para a quente e maravilhosa Natal, capital do outro Rio Grande, o do Norte.

1 Introdução

De antemão, trazemos nosso lugar de fala. Nossos estudos se inserem no âmbito das pesquisas realizadas pelo grupo "Dasein – Núcleo de Estudos Hermenêuticos", vinculado à linha de pesquisa "Hermenêutica, Constituição e Concretização de Direitos" do Programa de Pós-Graduação em Direito da UNISINOS. Por conseguinte, a matriz teórica aqui utilizada é a hermenêutica filosófica, lastreada no método hermenêutico-fenomenológico. E como fundamento teórico estará a Crítica Hermenêutica do Direito (CHD), desenvolvida por Lenio Streck, através do qual torna-se possível fazer uma reconstrução histórico-institucional do papel da jurisdição constitucional no Brasil, a partir de uma postura voltada ao questionamento e, por consequência, de uma revisão dos temas centrais da tradição.

O objeto do nosso escrito é investigar a existência de duas posturas que, atualmente, deformariam a interpretação do direito no Brasil e, em caso positivo, propor a solução para resolver esse problema a partir da matriz teórica adotada. Na cúpula do Judiciário, predominaria uma postura discricionária e solipsista, fundada na vontade de poder, de modo a promover decisionismos – decisões fundadas em elementos outros que não o respeito à normatividade. Para cumprir essa vontade, ocorreria a arbitrária atribuição de sentidos, seja ignorando a normatividade em benefício de fins utilitaristas, seja rompendo os constrangimentos semânticos do texto – através de uma interpretação inautêntica retoricamente manipulada. Na cúpula, sob o pretexto de conseguir maior eficiência, dá-se a importação descontextualizada e desnaturada de institutos que, pretensamente, seriam da *common law*, mas que, por não guardarem as especificidades do caso concreto ou por se descolarem na normatividade, terminam, também, por se constituírem em exercício escamoteado da vontade de poder.

A desfuncionalidade a partir da cúpula, além de exercício da vontade de poder desta, também se dá pela vontade do mercado – sob o mote da eficiência em um Judiciário funcionando como corporação. Um Judiciário que julga em massa, com base em *standards*, em que as peculiaridades do caso concreto são desprezadas, o que é um fenômeno violento tanto para a independência funcional do magistrado de instâncias inferiores quanto para as partes, que não têm sua causa julgada como deve ocorrer – com os juízes e tribunais decidindo após uma prévia atribuição de sentidos advinda do caso concreto.

Nas bases do Judiciário, nosso estudo investiga a predominância da aceitação acrítica e obediente desse *common law* à brasileira, expresso em súmulas e em enunciados assertóricos abstratizados, não raro em forma de clichê, mesmo nos casos em que não são formalmente vinculantes. Criam-se mimetismos. Contudo, mesmo nas bases o fenômeno do decisionismo subsiste, mas enquanto prática suplementar, também exercida por uma espécie de aprendizagem por observação das cúpulas – a modelagem (Cap. 5).

Em ambos ocorre o rompimento da autonomia do direito pela política ou pela economia, como será visto. A "liberdade do intérprete" como pretexto para a libertinagem normativa; a "eficiência econômica" como deficiência normativa.

Partimos do pressuposto de que essas posturas têm origem em pré-juízos ideológicos, antes de cunho eminentemente patrimonialista e, hoje, também, de matiz predominantemente neoliberal, que causam prejuízos ao Estado Democrático de Direito, uma vez que são expressão de uma visão autoritária imposta e/ou aceita. Assim, as duas posturas se entrecruzam e formam uma circularidade auto-referenciada que termina por alijar a normatividade do seu lugar de fundamento da decisão judicial por meio dos seguintes institutos ou práticas: a) a corrupção dos sentidos – interpretações descoladas da facticidade do caso ou rompendo os constrangimentos semânticos incontornáveis; b) manuseio de princípios *ad-hoc* e de conceitos assertóricos; c) manipulação da ponderação (e da razoabilidade) como pretexto para o exercício do arbítrio; d) declinação, em nome da eficiência (julgar mais rápido), da obrigação de atribuição de sentido ao caso, por meio da acrítica adesão a pretensos precedentes ou súmulas de tribunais superiores, numa corruptela do *common law* por meio de *standards* impostos (súmulas comuns e vinculantes, repercussão geral e recursos repetitivos) ou aceitos como cogentes (ementas de julgados); e) utilização de fundamentos de ordem utilitário-econômica, ao invés de normativa; f) quebra da independência judicial nas instâncias inferiores por meio de um condicionamento operante, em que os juízes são deslocados de seu lugar de fala: enunciam com a mesma falta de independência funcional de um gerente de um entreposto judiciário. Sob o pretexto de benefício (maior liberdade ou maior eficiência), cria-se, para o Estado Democrático de Direito, um prejuízo.

Outrora, o discurso patrimonialista visando manter os estamentos (Raymundo Faoro). Hoje, o discurso econômico neoliberal. Dá-se a invasão do direito pela economia. Dessa vez em forma de Cavalo-de-Tróia: a análise econômica do direito – AED – causando a implosão do direito pelo abandono da normatividade em benefício dos interesses do mercado.

Os pré-juízos inautênticos que sustentam essa dupla deformação hermenêutica nascem de um condicionamento operante (estímulo-reforço) dos profissionais do direito, desde os bancos de faculdade até a atividade profissional e, atingindo, em especial, seu principal destinatário: o magistrado.

Esse discurso de poder produz *realidades* – tetos epistemológicos que encobrem o fato de que: a) só há interpretação no caso concreto porque não existem conceitos desprovidos de faticidade; b) não cabe argumento de autoridade para além da normatividade; c) a importação de teorias estrangeiras precisa sofrer um processo de compatibilização com nossas conjuntas jurídica, social, política e econômica.

Nessa *realidade* conformada por uma mais ampla, atravessada pelo discurso neoliberal e em um ambiente de globalização econômica, o mote se chama *eficiência*. Enquanto elemento ideológico, encobre o exercício de poder das cúpulas e massificação do Judiciário, como protetor dos direitos patrimoniais e dos contratos – para atender ao mercado. Na relação cúpula-base, abre-se espaço para uma espécie de controle remoto judicial, que se dá na ordem dos pré-juízos, a partir do significante primeiro (eficiência), condicionando os demais, ora explícita, ora veladamente.

A hermenêutica filosófica surge como condição de possibilidade para o desvelamento dessa situação e a sua superação, permitindo a efetiva tutela dos direitos fundamentais mediante a reposição do um-ser-no-mundo do magistrado ao seu lugar: dizer o direito no caso concreto.

Neste escrito delinearemos os contornos ideológicos que sustentaram o patrimonialismo e que hoje sustentam também o neoliberalismo no direito, em especial o movimento *law and economics*, e, a partir daí, criticá-los.

Esperamos demonstrar que essa ideologia se manifesta como discurso de poder e, para exercer o controle (ideológico), utiliza-se dos poderes condicionado, condigno e compensatório, e desfuncionaliza a hermenêutica jurídica através do seu desatrelamento da normatividade constitucional.

Nas cúpulas, a partir uma postura solipsista, discricionária e ativista, sob o pretexto da eficiência, cria um teto epistemológico que restringe a independência funcional dos magistrados de instâncias inferiores, possibilitando a centralização do controle e a hierarquização das decisões judiciais de acordo com os interesses ideologicamente construídos pelo mercado – nem sempre confessáveis. Dentro de uma lógica corporativa, cujo fim é o aumento da riqueza – o utilitarismo que move o mercado –, o Judiciário fica ameaçado de perder uma das mais importantes características da jurisdição constitucional, o contramajoritarismo – que serve para balizar e refrear as maiorias eventuais que possam tender a razões totalitaristas.

A desfuncionalidade da relação cúpula-base precisa corromper a normatividade por meio de uma virada paradigmática da prática judiciária: o julgamento por citação de pretensos precedentes judiciais e súmulas, usados como clichês, interditando a filtragem constitucional. É que tal prática não se faz à maneira do sistema *common law*, ao contrário do que se apregoa, mas sim por meio de objetificações que obstam ao intérprete a necessária enunciação – a criação da norma para o caso concreto. Além de obstar o acesso à Justiça, em um sistema jurídico de tradição romano-canônica, como o nosso, corrói a independência funcional do magistrado. Isto se dá porque a vinculação é feita a ementas de julgados e súmulas inautenticamente construídas ou aplicadas. Vela-se a facticidade tanto dos casos que geraram o precedente usado como razão de decidir (faticidade remota) quanto do caso a ser julgado (faticidade próxima). Um julgado não se conhece pela ementa, assim como não se lê um livro pela orelha.

O Judiciário, último bastião à ameaça da sede desenfreada do capital, quedou-se. Atrasado e fechado em si, dominado pelo estamento como apropriação do público pelo privado, foi presa fácil do discurso contra a ineficiência. Discurso facilitado, paradoxalmente, por um curto-circuito histórico de direitos fundamentais pós-Constituição de 1988 (Cap. 3) – o que gerou milhões de ações judiciais com vistas a reconhecê-los – demanda impossível de ser enfrentada em qualquer lugar do mundo, sem que houvesse, ao menos, uma democratização interna tanto da sociedade quanto do próprio Judiciário.

Em um Judiciário Reformado sem jamais ser democratizado, o neoliberalismo foi ideologicamente imposto como como credo, como uma espécie de teologia. Convertido, assimilou integralmente o discurso da santíssima trindade: mercado, corporação e eficiência. Amem! E não é o

Sinai. É Washington. Dele, os dez mandamentos do Consenso – o novo sacramento. A eficiência é o seu pastor e nada lhe faltará. No (re)início ela é o verbo, o significante primeiro dessa nova doutrina da fé no aumento da riqueza. Mas não sem pecar contra o Estado Democrático de Direito.

Mas o mesmo Estado – instituição que, por essas terras de Vera Cruz, era taxada de vencida e cujo fim se anunciava como mantra, ao primeiro abalo das relações de poder em 2008, fez-se presente nos países centrais (leia-se, EUA, principalmente, e nações da União Europeia) por meio do intervencionismo mais descarado – sob pretextos cínicos, por óbvio. Deixou patente que o discurso da mão invisível era o pretexto para manter o simbolismo do mapa: o Norte acima e o Sul abaixo. Passado um século e meio, a lição alegórica de Friedrich List, que será mais à frente abordada, continua presente: a de que as nações desenvolvidas nada mais fazem do que chutar a escada pela qual ascenderam à grandeza, para evitar que as outras subam.

O Estado, viu-se, continua forte. Porém, para o Mercado, não mais o Estado que cumpriria as promessas da Modernidade, mas o que atende aos interesses do capital financeiro transnacional, oriundo, na sua maioria, dos mesmos países que sempre se serviram da América Latina e das demais periferias do mundo para o exercício disfuncional da vontade de poder como razão instrumental para dominar, explorar e expropriar.

A globalização, enquanto discurso de manutenção da dominação colonial dos Estados centrais sobre a periferia, é trazida e vendida como novidade das últimas décadas – mas, na verdade, apenas chega ao seu quinto século de cara nova. Afinal, é preciso que ela mude sempre para continuar sempre a mesma.

O Judiciário, ora como razão instrumental, cumpre seu papel. Aceita a importação dos saberes e das tradições jurídicas transnacionais, oriundos de lugares de produção, para aqui trazidos sem a devida reflexão, adaptação ou refutação – como se só existisse doutrina jurídica para além da linha do Equador. O senso comum teórico, aqui hegemônico, põe-se no lugar do colonizado, do consumidor das ideias alheias – e de maneira violenta, impostas sem uma abertura crítica – pois que já fundamentadas a partir das realidades e das "verdades" construídas externamente, mas com a pretensão de universalidade e atemporalidade não raro estrategicamente veladas e acriticamente acolhidas. Cuida-se de um consumo indigesto para o nosso regime democrático. Não se percebe que o direito, como toda construção humana, é fruto de um paradigma e que é impossível fugir da paralaxe. A um outro aí que precisa ser considerado. E esse "outro" somos nós.

Para agravar o problema da importação dessas doutrinas sem a devida facticidade, o Judiciário é alçado à condição de salvador da pátria nessa Babel. Porém, as raízes culturais da modernidade dominadora, praticamente voz única por aqui, construíram uma ideia de poder tão somente como *potestas*. Os estamentos são a prova secular dessa cegueira. A *potentia*, difusa que é, não serve de referência nem histórica e nem contextual. Abrem-se as portas para posturas que apostam no solipsismo, velado ou declarado, através dos métodos. E a partir da utopia de resolução da impossível demanda, fruto de fatores externos ao Judiciário, fruto do nosso secular atraso socioeconômico, de renda e de cidadania, qualquer tipo de solução judicial (e de vontade) vale, ainda mais quando o referente principal é o utilitarismo inscrito na eficiência.

Os inúmeros golpes de Estado e de regimes de exceção mostram como, ao longo da história, o discurso autoritário não sofreu e nem sofre grandes resistências por aqui. Com esse histórico às costas e os demais Poderes fragilizados pela corrupção endêmica das dinastias políticas que desde sempre se alternam, da judicialização da política para o ativismo judicial é apenas um pequeno passo para o juiz, mas um grande abismo para a democracia.

Formados os dois extremos na práxis judiciária, estes rompem a função judicial e a normatividade constitucional. Ao invés de uma solução, aprofundam, enquanto reprodução ideológica dos interesses do mercado, a quebra da autonomia do direito e, consequentemente, o próprio Estado de Direito.

A solução passa pela construção de uma teoria da decisão judicial que reafirme a normatividade. A decisão judicial como expressão da vontade de poder deve ser denunciada como tal. A discricionariedade e seus subterfúgios, quais sejam, entre outros, as teorias argumentativo-discursivas (leia-se, em especial, a "técnica" da ponderação) ou metodológicas, devem ser desmascaradas, denunciadas como engodo do exercício escamoteado do arbítrio. Trata-se de manipulação da razão como instrumento por meio de pretensas técnicas de interpretação para alcançar uma compreensão que, como existencial, já veio antes, dentro do círculo hermenêutico (Cap. 2). A condição de possibilidade para superar essa deformação da interpretação do direito passa, necessariamente, pelo reconhecimento do giro linguístico-pragmático que mostrou o verdadeiro lugar da linguagem – como constituidora do mundo e não como terceira coisa entre o sujeito e o objeto (Cap. 2). Também de que a verdade não advém de um consenso, mas da experiência intersubjetivamente compartilhada, dentro de horizontes históricos que se fundem (Cap. 2).

É preciso salientar que não há verdade fora da tradição. Não há respostas antes das perguntas porque as coisas não têm essência e nem podem ser conhecidas sem a faticidade, pois todo ente só o é no seu (próprio modo de) ser. Só da experiência advém o sentido, portanto. E a compreensão é um existencial. Isto quer dizer que só interpretamos o que antes compreendemos. Não há cisão entre compreensão e interpretação. Assim, todo método para alcançar a verdade é um engodo, pois sempre chega tarde, uma vez que todo suposto método, no momento da sua escolha, já é a antecipação do que se quer dizer. E cabe asseverar, também, que não há como se fugir da tradição, da história. Portanto, todo sentido é intersubjetivo, quer dizer, o sentido só é autenticamente atribuído quando é compartilhado na referida comunidade – é aí onde reside a verdade.

O pensamento paleo-hermenêutico imagina que as coisas têm uma essência própria, um sentido próprio. Também crê em pretensiosos seres racionais que, por meio de um caminho *a priori*, construído por uma suposta razão atemporal e lógica, encontram o verdadeiro sentido. Como a virada ontológico-linguística demonstrou, estamos lançados no mundo. Em um mundo cujas estruturas nos são anteriores e não estão ao nosso dispor para manejá-las. Em um mundo em que, lançados, muitas vezes nos perdemos na cotidianidade e não desvelamos os sentidos encobertos pelo dia-a-dia, pela cotidianidade. O pensamento paleo-hermenêutico é uma prova viva disso.

As ditas teorias argumentativo-procedurais, a pretexto da realização dos direitos fundamentais e com a ideia de que os princípios abrem a interpretação, que são libertários, terminam por converter o direito de emancipador em razão instrumental para o exercício da vontade de poder das cúpulas do Judiciário (muitas vezes pautadas pelos meios de comunicação social) ou da sanha de (in)justiça solipsista do juiz (Cap. 3). Assim, o chamado pós-positivismo, antes de libertar, não passa de um "mais do mesmo".

Infelizmente, esse modo de ser (des)fazer a hermenêutica ganhou espaço também entre os que defendem posturas ditas "de vanguarda". Talvez a explicação para a sedução desse discurso esteja em nossa história recente. Há pouco mais de trinta anos havia um regime de exceção aqui. O Brasil viveu (e sofreu) sob o autoritarismo de Atos Institucionais que cercearam a democracia e que, eufemisticamente, ainda são chamados por muitos de "revolução".[3] Os juristas que enfrentaram esse regime de exceção precisavam realizar uma "corrupção dos sentidos" como meio alternativo de efetivação dos direitos humanos. Mas hoje, sobre outro patamar, necessitamos da normatividade como referência. A normatividade que, em um Estado Democrático de Direito, é uma garantia da virtude soberana: a igualdade. Explicaremos tudo nos capítulos a seguir.

Desde já, advertimos que toda solução simples para questões complexas é um engodo. E toda postura de se contentar com respostas prontas, argumentos de autoridade e reducionismos revela falta de senso crítico. Uma existência autêntica requer esforço, e a pior prisão é a das grades invisíveis da alienação, do conformismo e do marasmo. Viver com autenticidade requer reflexão. E uma reflexão engloba – antes de tudo – a compreensão sobre o que se está refletindo numa perspectiva multidisciplinar: social, política, jurídica, econômica e histórica.

Esse alerta tem uma razão de ser. Como o tema é complexo, tratá-lo diretamente exigirá do leitor um *background*, um pano de fundo que permita o diálogo com o texto de modo a compreender os termos aqui usados e os elementos subjacentes ao discurso do senso comum teórico dos juristas – incapaz de alcançar questões para além dos conceitos convenientes que o poder expressa ou oculta ideologicamente.

Surgem, então, três opções. A primeira, é partir do pressuposto de que o leitor já adquiriu os conceitos prévios necessários ao entendimento do referencial teórico que sedimentou esse escrito, isto é, que o leitor já é um iniciado em teoria crítica e em hermenêutica filosófica; a segunda é fazer uma introdução substancial dos dois temas, de modo a solidificar as bases de compreensão para se entender o "mérito" desse escrito sem necessidade de leituras complementares; a terceira é oferecer as noções básicas no próprio texto ou em notas de rodapé, seguidas de referências bibliográficas que

3 Conforme anota Elio Gaspari: "Escancarada, a ditadura firmou-se. A tortura foi o seu instrumento extremo de coerção e o extermínio, o último recurso da repressão política que o Ato Institucional nº 5 libertou das amarras da legalidade. A ditadura envergonhada foi substituída por um regime a um só tempo anárquico nos quartéis e violento nas prisões. Foram os Anos de Chumbo." (GASPARI, Elio. **As ilusões armadas: a ditadura escancarada**. São Paulo: Companhia das Letras, 2002, p. 13).

estimulem o aprofundamento do que não é abordado pelas leituras dogmáticas. Optamos por este caminho porque uma explicação mais aprofundada não se coadunaria com os objetivos de uma monografia, mas sim de um tratado, e porque há muito autores que conseguem explicar com mais clareza e profundidade as referidas questões.

Entendemos que a abordagem precisa ser, ao mesmo tempo, crítica e hermenêutica. A teoria crítica traz a explicação ideológica, e a hermenêutica, a filosófica, do motivo pelo qual se decide errado no Brasil (e, de certa maneira, em países com a formação história colonial e a estrutural similares, em especial na América Latina). Ao mesmo tempo, esse diálogo possibilita alcançar a solução mais adequada para que a decisão judicial se compatibilize com o Estado Democrático de Direito.

A superação da vontade de poder e da hierarquização, os dois problemas que enxergamos na prática judiciária do Brasil atual, só poderão ser entendidos como tal pelo ator jurídico se ele se der conta de que, antes, há pré-juízos (e prejuízos); que eles têm um conteúdo ideológico que subjaz a essas práticas erradas de hoje e que as naturaliza. Mas não há somente um conteúdo ideológico nas posturas que corrompem a hermenêutica jurídica no Brasil. Há um utópico também. Uma busca obtusa pelo irrealizável, pela apreensão dos sentidos do texto *a priori*, pois se desconsidera a diferença ontológica entre texto e norma. Uma utopia que também navega pelo autoritarismo ao se buscar a solução por meio da adoção de súmulas (vinculantes ou não), repercussões gerais e outros mecanismos oficiais ou oficiosamente vinculantes. E a solução só poderá ser vivenciada por esse mesmo ator jurídico por meio da compreensão de que há um conteúdo material que precisa ser resgatado (um "ideal de vida boa" ou a "vontade de viver") e que hermenêutica filosófica é a condição de possibilidade de superação do arbítrio naturalizado. Uma sem a outra não subsistirá; será um trabalho de Sísifo.

Como já destacamos no início deste texto, falaremos sempre a partir da filosofia hermenêutica, de Martin Heidegger, e da hermenêutica filosófica, de Hans Georg Gadamer, dentro da compreensão da virada pragmático-linguística, também abordada por Ludwig Wittgenstein, e com os aportes a elas feitos por Lenio Streck em sua Crítica Hermenêutica do Direito. Esse referencial constitui nosso ser-no-mundo e, inevitavelmente, nossa linguagem. Esses autores, por suas ideias, inevitavelmente, nos atravessarão.

Feitas essas considerações, seguindo nossa estratégia de enfrentamento da questão, cuidaremos de municiar o leitor de preconcepções sobre alguns temas fulcrais para o entendimento do problema versado e da solução buscada. Essa decisão se deve ao fato de pretendermos, futuramente, publicar o presente escrito e por identificarmos que há, ainda, um sério atrelamento ao dogmatismo jurídico, o que causa grandes dificuldades de compreensão de outros paradigmas – para não dizer a rejeição – no primeiro contato com eles. Assim, um grande número de atores jurídicos, por não serem familiarizados minimamente com temas versados nesse texto, notadamente a virada ontológico-linguística, isto é, pela falta dos pré-juízos necessários, termina por se desestimularem à leitura e à difusão desse paradigma de conhecimento até mesmo na academia.

Desta feita, como considerações prévias, no Capítulo 1 abordaremos alguns temas que entendemos sensíveis ao deslinde da questão de maneira separada. Começaremos pela relação entre a ideologia e a utopia, dois conceitos-chave a uma reflexão social crítica, com os aportes de Paul Ricoeur e Karl Mannheim. Com Pierre Bourdieu e Slavoj Žižek, o desvelamento de que todo discurso é, em si, um discurso de poder. E de como esse discurso se expressa como fenômeno violento – o que dilacera o conceito banalizado de violência, tão apregoado pelo senso comum teórico. Faremos a distinção entre as violências subjetiva e objetiva – em suas modalidades simbólica e sistêmica. Novamente com Ricoeur, a tensão alteridade-ipseidade será objeto de fundamentação da violência no discurso hegemônico globalizante – cujo mote subjacente é a vontade de poder. Esse discurso tem seu público consumidor, uma vez que encobre seu lugar de fala, procurando se naturalizar e ser vendido como expressão da "verdade".

Abordaremos, ainda no Capítulo 2, como se enxerga o poder hoje: como dominação. E os seus três tipos: condigno, compensatório e condicionado, seguindo John Kenneth Galbraith e Max Weber. Com Luis Alberto Warat, abordaremos o senso comum teórico dos juristas. Com Faoro, a ideia de estamento e patrimonialismo. Passaremos minimamente pelo giro ontológico-linguístico. Com Wittgenstein II, os jogos de linguagem. Heidegger e sua ontologia fundamental, com a superação da filosofia da consciência – com a morte do sujeito racional que atribui sentido ao objeto – passando pela noção de *Dasein* como ser-aí, da compreensão como existencial e pelos dois elementos fundamentais para uma filosofia hermenêutica: a diferença ontológica e o círculo hermenêutico. Em Gadamer, da filosofia hermenêutica para a hermenêutica filosófica, com o resgate da tradição, a superação do método pela da verdade como experiência, a interpretação como atribuição de sentidos – como produtora e não reprodutora, a história efeitual e a fusão de horizontes.

Feitas essas considerações com o fim de se formar um *background*, continuaremos em mais quatro capítulos. No Capítulo 3, "A vontade de Poder", sob o lema da "liberdade do intérprete" como libertinagem normativa, abordaremos a questão dessa vontade de poder em nosso sistema judicial – e as suas consequências. Partindo das bases de uma sociedade estamental e colonial, cuja democracia é contornada por subterfúgios como a histórica captação ilícita de votos e o investimento privado em campanhas, mas com o advento de uma Constituição com ampla carta de Direitos Fundamentais, o Judiciário foi convertido em uma espécie de "salvador da pátria". O grande problema é: como atuar sem ferir a normatividade. Trabalharemos as ideias de poder como *potentia* e *potestas*, em Enrique Dussel e a vontade de poder (ou de potência) construída por Nietzsche. A partir daí, explicaremos em que contexto se dá o afastamento da normatividade pela vontade de poder e os meios de que a visão solipsista se vale para o exercício do arbítrio, da discricionariedade, dentro da visão da liberdade como libertinagem normativa: a corrupção de sentidos para além dos constrangimentos semânticos, a construção de princípios *ad-hoc*, de conceitos assertóricos e o uso de um reducionismo simplista da ponderação alexyana, sem esquecer o "princípio" da razoabilidade, mais um grande coringa epistemo-retórico. Deixaremos para capítulo posterior alguns outros instrumentos e métodos, por entendermos que se aplicam ao contexto da hierarquização funcional e do Judiciário de massa, como são os casos das súmulas comuns e vinculantes, e dos pseudoprecedentes abstratizados e descontextualizados. Ao final do capítulo, faremos a crítica com o exemplo da Alemanha nazista como *background*, para mostrar os riscos de se decidir com base na vontade de poder.

No Capítulo 4 discutiremos a relação entre o direito e a economia, e o fenômeno do Judiciário como corporação sob uma ótica de mercado, imerso em um contexto de globalização econômica. Faremos a contextualização que gerou o Consenso de Washington e, com ele, o Documento Técnico 319, que serviu de base para uma reformulação dos Judiciários da

América Latina e do Caribe. Abordaremos a questão da crise do Estado do Bem-Estar Social sob a perspectiva brasileira, perquirindo sobre a diversidade de seus efeitos aqui e nos Estados centrais (com foco na Europa e nos Estados Unidos). A eficiência, que em si nada tem de negativo, será objeto de crítica pela maneira com que termina sendo manejada no Brasil (e nos Estados periféricos em geral) em razão da diversidade social e jurídica com o paradigma de origem: os Estados centrais. Com os olhos abertos por Alexandre Morais da Rosa, teremos o cuidado de não morder a isca e enfrentar a eficiência sob uma ótica puramente econômica. A ascensão e queda da eficiência em Posner, seu grande corifeu, se fará presente, bem como qual o significado, qual a razão de ser e rumo tomado por um Judiciário que se quer como corporação – corporação essa dissecada como um ente social que tem características análogas às personalidades psicopáticas, e no seu mais grave grau: a sociopatia – eis o alerta.

Mecanismos de "controle remoto judicial", tais como súmulas vinculantes (ou não), repercussões gerais e ementas de julgados, serão questionados no Capítulo 5. Serão desvelados como engodo para a resolução das demandas e como violência simbólica. No primeiro caso, em razão da desconsideração da diferença ontológica ente texto e norma, pelo foco no julgamento dos casos concretos como se fossem teses, fulminando, assim, a qualidade da prestação jurisdicional. Ademais, expressa-se como fenômeno violento, que dissolve a independência funcional das bases da magistratura brasileira. Ao final, após abordar quais seriam os principais destinatários da proteção e da repressão de um Judiciário como corporação, proporemos uma ressignificação da eficiência dentro de um modelo de Estado Democrático de Direito, em que a autonomia do direito precisa ser, acima de tudo, preservada.

Por fim, no Capítulo 6 traremos nossas considerações acerca de como enfrentar essa dupla deformação na aplicação do direito no Brasil, de modo a resgatar sua tarefa emancipadora.

2 Fundamentos teóricos

Conforme já explicitado, pretendemos demonstrar que a polarização de nossa práxis judiciária (decisionismo-hierarquização) fere nossa ordem jurídica, corrompendo-a pela política ou pela economia, o que causa, inevitavelmente, prejuízos ao Estado Democrático de Direito. Mas, antes de tudo, essa polarização enquanto prática judicial, só existe porque há um ambiente para isso. O que pretendemos neste Capítulo é trazer as linhas gerais do que condiciona tanto o exercício da vontade de poder quanto a hierarquização funcional.

Identificamos, primeiramente, seu conteúdo ideológico e utópico. Portanto, o dimensionamento do que entendemos por ideologia e utopia será nosso primeiro foco de trabalho. O senso comum teórico dos juristas é resultado da atuação desses mecanismos ideológicos *lato sensu* (ideológico e utópico). E como ele, a dominação se impõe sobre os atores jurídicos por meio dos poderes condigno, condicionado e compensatório, o que termina por se dar de maneira violenta. Mas como ocorre esse processo violento de modo a ser naturalizado? Devido ao nosso contexto, oriundo de uma estrutura estamental[4] e patrimonialista.

O encobrimento desse contexto e sua cotidianidade se dá por meio de um discurso que tem pretensão de legitimidade e adesão por parte dos atores jurídicos, em especial dos magistrados. Portanto, gostaríamos de ressaltar que não existem discursos inocentes. Todos carregam com eles suas convicções, embora nem sempre manifestadas expressamente. Todos possuem um conteúdo ideológico ou utópico. Porém, antes de tudo, é preciso estabelecer sobre qual dimensão estamos tratando os dois significantes. Ambos representam a forma com que o imaginário social opera. O

4 Tomamos aqui "estamento" no sentido de Raymundo Faoro (FAORO, Raymundo. **Os donos do poder**: formação do patronato político brasileiro. 5. ed. São Paulo: Globo, 2012, p. 834), como sendo o grupo que se alija no poder, não necessariamente fazendo parte da elite econômica, mas geralmente com ela articulada ou coincidente. Sua regulação não é por meio da lei, mas por convenções que visam, através de trocas e ajudas mútuas, a manutenção parasitária no poder, por meio da apropriação de oportunidades econômicas, seja na esfera pública ou privada. Não se renova. Mudam-se os quadros, muitos deles passados de uma geração a outra, mas o sistema permanece o mesmo, como uma dinastia. O estamento se exerce e se retroalimenta pela desigualdade social. É da ordem do privilégio.

desafio começa pelo sentido plurívoco dos dois significantes e pela forte carga pejorativa que carregam, principalmente a ideologia.[5]

2.1 Ideologia e Utopia

O significante "ideologia" pode ser entendido sob dois prismas: o ordinário e o crítico. Sob o primeiro, é sinônimo de visão de mundo, de ideário, do conjunto de concepções de um indivíduo ou um grupo e que os orienta na tomada de alguma posição social, filosófica ou política. Sob o viés crítico, e adotando uma taxonomia apresentada por Paul Ricoeur,[6] apresentamos três usos do conceito de ideologia, correspondentes a diferentes níveis de profundidade: a) como distorção-dissimulação da realidade; b) como a justificação-legitimação do poder por meio da retórica; e c) como integração – a ideologia conserva o *status quo* social.

Para Marx, que utiliza a metáfora de uma imagem em uma câmara escura[7] (que a inverte), há, primeiramente, uma vida real – a que ele dá o nome de práxis –, e uma representação imaginária dessa mesma realidade, que a falsifica. Para Marx, a ideologia é uma imagem deformada da vida real.

Um segundo nível de abordagem da ideologia a entende como uma justificação ou legitimação de interesses dominantes por meio da retórica,[8] de modo a que passem a ser vistos e tidos como algo natural ou uma ideia universal. Toda dominação busca um discurso de justificação que a naturalize, a fatalize, a universalize. Onde existe poder, existe uma

---

5 Karl Mannheim alerta que a maioria das pessoas crê que o termo "ideologia" está intimamente ligado ao marxismo, embora este tenha, efetivamente, contribuído muito para o entendimento da questão. Mas tanto a palavra quanto seu significado remontam a uma época anterior. E segundo o mesmo autor, a palavra ideologia, em sua origem, designava a teoria das ideias, havendo o registro mais antigo na obra de Destutt de Tracy: *Les élements de l'idéologie*, (1ª ed. París, 1801). (MANNHEIM, Karl. **Ideología y utopia**: introducción a la sociología del conocimiento. ed. eletrônica Kindle. Cidade do México: Fondo de Cultura Económica, 2004, posição 6135).

6 RICOEUR, Paul. **Educacion y politica**: de la historia personal a la comunión de libertades. Buenos Aires: Editoral Docencia, 1984, p. 88.

7 MARX, Karl; ENGELS, Friedrich. **A ideologia alemã**. ed. eletrônica Kindle. [S.l.: s.n.], 2012, posição 97.

8 RICOEUR, **Educacion y politica**: de la historia personal a la comunión de libertades, op. cit., p. 92.

pretensão de (e um discurso para) legitimá-lo. E essa retórica passa a ser ideológica a partir do momento em que se põe a serviço do processo de legitimação da autoridade.[9]

Uma terceira órbita de atuação da ideologia é vista por Paul Ricoeur: a integradora. Mais profunda que a dissimulação e a legitimação, a ideologia como integração atua sobre a memória social, na formação da identidade de grupo, por meio de cerimônias e comemorações que introjetam no corpo da comunidade a ideia de que os eventos comemorados fazem parte de sua própria identidade. Os que são afetados por esse processo ideológico acabam por se identificar com fatos ocorridos anteriormente a eles, em que sequer há uma recordação direta e sob os quais a história contada se transforma em objeto de crença,[10] de modo a sustentar a coesão do grupo social.

Esse nível mais profundo é um prolongamento da ideologia enquanto legitimação ou justificação e se sedimenta sobre a distorção ou dissimulação. Aos poucos, converte-se em um esquema artificial e autoritário de leitura da história, do mundo e da vida em sociedade. Ao se converter em visão de mundo, também se transforma em um código universal para interpretar todos os acontecimentos ocorridos para quem a ela está submetido.

A ideologia, em suas três esferas, ressalta Ricoeur, não perde seu papel essencialmente positivo, construtivo e benéfico em seu sentido fundamental – capaz de reforçar a identidade do grupo a ela submetido. Porém, temos, aqui, que destacar que embora a ideologia possa também ter um papel positivo, em sua essência, diante de nossa realidade social marcada por tamanhas desigualdades sociais, regionais e étnicas, e de grande vio-

9 Bela análise do funcionamento da ideologia como integração é feito por Roberto DaMatta, quando aborda os ritos cívicos e religiosos (desfiles militares e as procissões), Desde a procissão de uma imagem "encontrada" por pescadores séculos atrás ou do "grito do Ipiranga" (ideologia como distorção-dissimulação da realidade), passando pela clara delimitação entre quem é "in" (importante) e "out" (povão), que pode falar, caminhar perto da santa ou ficar no palanque coberto e bem servido (como a justificação-legitimação do poder por meio da retórica), no qual se delimita e se reforça bem o lugar de cada um na sociedade; ao mesmo passo em que reforça um sentimento de identidade coletiva e aceitação desse quadro pela patuleia presente (como integração – a ideologia conservando o *status quo* social) (DAMATTA, Roberto. **O que faz o brasil, Brasil?** ed. eletrônica Kindle. Rio de Janeiro: Rocco Digital, 2012, posições 877-1022).

10 Que dizer do famoso "grito do Ipiranga", imortalizado no discurso oficial da época e no belíssimo quadro "Independência ou Morte", do pintor paraibano Pedro Américo? Grito que, se ocorreu, não o foi sobre um belo cavalo alazão, mas sim sobre o lombo de um jumento e que proclamou tão somente a dependência do Brasil a Dom Pedro I e seus asseclas.

lência simbólica (Pierre Bourdieu), acentua-se seu papel negativo de manutenção do *status quo*. Aqui, como advertiu o próprio Ricoeur no trecho citado abaixo, a ideologia é uma arma muitas vezes criminosa. Portanto, o que não se pode negar, depois das análises mais críticas, e mais pejorativas dos fenômenos ideológicos, é que

> [...] esta imagen idealizada no puede dejar de engendrar aquello que, en el lenguaje psicoanalítico, se llamaría racionalización, de la cual da testimonio la ritualización propia de toda celebración. A la retórica del discurso público se agregan las máximas, los slogans, las fórmulas lapidarias, que hacen del discurso un arma a menudo criminal.[11]

Sob três formas – distorção-dissimulação, justificação-legitimação e integração – a ideologia conserva o *status quo* social. A utopia, por sua vez, tem a função de projetar a imaginação para fora do real – em uma parte que é, também, parte nenhuma. Utopia (outro lugar) que é, também, *ucronia* (outro tempo).

Se a ideologia serve para preservar e conservar uma determinada relação de poder na realidade social (dimensão integradora), a utopia a questiona, busca outro modo de ser da coletividade, podendo abarcar todas as esferas da vida em sociedade: familiar, econômica, política, etc. Se a ideologia é a legitimadora da autoridade, a utopia a questiona em cada plano do poder. A ideologia é material, é existente e atuante no seio das relações sociais. Já a utopia é especulativa. São, assim, complementares não somente em razão de seus paralelismos, mas também nos seus intercâmbios.

A maior debilidade da utopia: no instante em que se apresenta, abre as portas para caminhos que podem ser piores do que os atualmente trilhados. Isso porque a utopia é ausente de uma reflexão de caráter prático e político sobre suas consequências na realidade existente e nas instituições – e do que Ricoeur denomina de "o verossímil de uma época determinada".[12] É um salto no escuro. Converte-se, então, em um tudo ou nada. Todavia, a utopia pode cumprir, também, um papel positivo, em meio à sua tendência caricaturesca: imaginar o não-lugar, por vezes,

11 RICOEUR, Paul. **Educacion y politica**: de la historia personal a la comunión de libertades. Buenos Aires: Editoral Docencia, 1984, p. 94.

12 RICOEUR, Paul. **Educacion y politica**: de la historia personal a la comunión de libertades. Buenos Aires: Editoral Docencia, 1984, p. 97.

é se manter aberto ao possível, impede que o horizonte de expectativas se funda com o campo da experiência e que se caia no discurso conformista. O lado negativo da utopia, além do risco de retrocesso, é o de fuga das possibilidades factíveis. O de ansiar por uma realidade inverossímil e que, de tão distante ou irrealizável, impede os avanços possíveis. Para quem mantém o poder, é muito mais perigoso um discurso cético – de contestação concreta – do que um niilista – de negação geral ou ruptura absoluta. Muitas vezes a utopia é o álibi perfeito para se desconstruir alternativas possíveis. Nesse sentido, é complementar e instrumental à ideologia no seu sentido negativo e opressor.

O caráter ideológico do discurso jurídico, que é um discurso de poder por excelência, é tão forte, tão acentuado, que até mesmo o seu silêncio – o não dito, o velado, suas ausências – *fala*. Nesse sentido, Correas sobre a inevitabilidade da ideologia no discurso do direito:

> O nível discursivo da ciência, quando se supõe separado da ideologia, leva crer que os que 'falam cientificamente' estão fora da política. O nível discursivo da ciência, com o que conseguem fazer com que a sua 'ciência' pareça indiscutível. Mas como a ciência tem objetivos políticos, e como se desenvolve em espaços institucionais nos quais se concentra o poder, e já que o enunciado pelos cientistas é 'verdade', então fica justificada a repressão dos que não estão de acordo [...] dos que querem 'misturar a ciência com a política'.[13]

No tema aqui abordado, o discurso hierarquizante, sob o pretexto de aumento da eficiência e sob um ambiente de Judiciário formado como corporação, tal qual a corporação capitalista, é ideológico na medida em que encobre o fato de que há um esvaziamento da função judicial nas esferas inferiores, em especial na primeira instância. A independência funcional judicial é violada quando o magistrado deixa de dizer o direito no caso concreto e passa a trabalhar com teses impostas desde cima (por isso damos o nome de "controle remoto judicial"). Como abstrações, tais teses prescindem do contraditório material, que só pode se dar no caso concreto – a pretexto de pretensa maior uniformidade e de eficiência; sem falar da transformação do magistrado em uma espécie de gerente de sucursal, com fun-

13 CORREAS, Oscar. **Crítica da ideologia jurídica**. Tradução de Roberto Bueno. Porto Alegre: Fabris, 1995, p. 117.

ções corporativas e publicitárias.[14] E imaginamos que tal discurso é também utópico quando pretende um controle *a priori* dos sentidos, por meio de *standards* de racionalidade, como se fosse possível a interpretação isenta de faticidade, de concretude (para isso, veja-se o tópico em que abordamos a fenomenologia hermenêutica de Heidegger). Ademais, abre-se uma perigosa fenda que aposta numa cúpula formada por "homens de bem", arautos da moralidade,[15] escudeiros do povo que dirão o que deve ser a Constituição[16] pela vontade deles, e não pelo que ela realmente é enquanto atribuição de sentidos intersubjetivamente realizada.

2.2 A Estética da Dominação

É essencial desvelar que a condução de uma relação de imposição é sempre mais cômoda de ser mantida quando escamoteada por quem delas obtém vantagem, pois evita a dialética, impedindo qualquer questiona-

14 Não basta ser produtivo, tem que publicizar. A notícia tem que sair nos boletins propagandísticos, em papel ou na mídia – o que retroalimenta a vaidade própria e a inveja alheia. Esfacela-se a consciência de magistratura enquanto corpo institucional. Afinal, são todos concorrentes dentro da corporação. Os mais alinhados ideologicamente com os propósitos da corporação ascenderão na carreira.

15 Levantamento feito pelo Estadão mostrou que o Supremo Tribunal Federal gastou R$ 2,2 milhões em passagens aéreas para ministros do STF e suas mulheres em quatro anos, sendo R$ 1,5 milhão em viagens internacionais. De 2009 a 2012, o Supremo destinou R$ 608 mil para a compra de bilhetes aéreos para esposas de cinco ministros. Uma resolução de 2010 diz que as passagens devem ser de primeira classe "e que esse tipo de despesa deve ser arcado pela Corte quando a presença do parente for 'indispensável' para o evento do qual o ministro participará. No entanto, o Supremo afirma que, quando o ministro viaja ao exterior representando a Corte, não precisa dar justificativa para ser acompanhado da mulher". [...] "As passagens incluem destinos famosos na Europa, como Veneza (Itália), Paris (França), Lisboa (Paris) e Moscou (Rússia), e Washington, nos Estados Unidos. A lista também inclui cidades na África - Cairo (Egito) e Cidade do Cabo (África do Sul) - e na Ásia (a indiana Nova Délhi e Pequim, na China). [...] Os ministros também usaram passagens pagas com dinheiro público durante o recesso, quando estão de férias. Foram R$ 259,5 mil gastos em viagens nacionais e internacionais realizadas nesses períodos. Não entram na conta passagens emitidas para presidentes e vice-presidentes do tribunal, que atuam em regime de plantão durante os recessos" (BRESCIANI, Eduardo; GALLUCI, Mariângela. **Supremo paga voos para mulheres de ministros e viagens no período de férias**. Estadão, São Paulo, 20 maio 2013. Disponível em: < http://politica.estadao.com.br/noticias/eleicoes,supremo-paga-voos-para-mulheres-de-ministros-e-viagens-no-periodo-de-ferias-imp-,1033607>. Acesso em: 16 jun 2014. Texto postado no Portal Estadão.com.br, no link Notícias. Política).

16 E também os tratados internacionais incorporados à nossa ordem jurídica.

mento sobre sua existência, limites, legitimidade ou efeitos prejudiciais a quem está nela sendo a parte submetida.

Importante, já que abordaremos a questão da hierarquização do Judiciário, delimitarmos o conceito de poder e de dominação. No dizer de Max Weber, poder é "toda probabilidade de impor a própria vontade numa relação social, mesmo contra resistências, seja qual for o fundamento dessa probabilidade". Já dominação significa a "probabilidade de encontrar obediência a uma ordem de determinado conteúdo".[17]

A dominação legítima, segundo o mesmo autor, tem três tipos: a) racional; b) tradicional e c) carismática.[18] A tradicional advém da crença de que as tradições condicionam a autoridade na sociedade. A tradição carismática corresponde à aceitação de uma autoridade baseada na santidade, numa figura heroica ou de caráter exemplar. Por fim, a dominação racional se origina na crença de que as instituições e o direito são aceitos como parâmetros sob os quais as autoridades exercerão seu poder. É esse prisma que nos interessa.

Já John Kenneth Galbraith, discorrendo sobre o poder, fala que ele se expressa de três formas: a) condigno; b) compensatório e c) condicionado.[19] O primeiro deles se caracteriza pela coação, pela imposição de um resultado mais desagradável em caso de desobediência. Impõe-se pela submissão. O poder compensatório recompensa pela obediência. Já o poder condicionado visa fazer com que haja a submissão sem que o submetido tenha consciência de que está realizando o comportamento desejado pelo detentor do poder. Quem se submete ao poder condicionado deixa de ser sujeito, torna-se assujeitado, utilizado como instrumento de exercício do poder. E como diz Galbraith,

> Indivíduos e grupos buscam o poder para promover seus próprios interesses, inclusive, e talvez principalmente, seus próprios interesses pecuniários. E para estender a outros os seus valores pessoais, religiosos e sociais. E também a fim de obter apoio para a sua visão econômica ou alguma outra visão social do bem público. [...] os propósitos

17 WEBER, Max. **Economia e sociedade**. Tradução de Regis Barbosa; Karen Elsabe Barbosa. Brasília: UNB, 2004, v. 1, p. 33.

18 Ibid., p. 141.

19 GALBRAITH, John Kenneth. **Anatomia do poder**. Tradução de Hilário Torloni. 2. ed. São Paulo: Pioneira, 1986, p. 4-5.

> pelos quais o poder está sendo perseguido serão muitas vezes ampla e deliberadamente ocultos por falsas e engenhosas colocações.[20]

Estes fenômenos estão atuando diuturnamente na magistratura. Somente conhecendo sua existência será possível então, evitar que o Poder Judiciário seja arrastado, sem que seus atores percebam, por interesses contrários aos do Estado Democrático de Direito. A resolução 106 do CNJ, que estabelece critérios para promoção de juízes, que será mais à frente debatida, é claro exemplo de exercício do poder compensatório. Outrossim, o discurso de padronização é poder condicionado, de modo a facilitar a hierarquização e a centralização de poder nas cúpulas do Judiciário.

2.3 Senso Comum Teórico dos Juristas

Outro ponto que consideramos importante destacar nesse escrito é o chamado "senso comum teórico" – denominação dada ao discurso de cunho acrítico e sem conteúdo investigativo e que domina o imaginário dos *profissionais do direito* vítimas dos discursos utópicos-ideológicos acima citados. Um espaço no qual uma boa parcela dos juristas segue crenças como se fossem verdades científicas e opiniões (*doxa*) se revestem do status de conhecimento (*episteme*).

É esclarecedor o apontamento feito por Luis Alberto Warat, que cunhou a expressão "senso comum teórico dos juristas", quando diz que

> Nas atividades cotidianas – teóricas, práticas e acadêmicas – os juristas encontram-se fortemente influenciados por uma constelação de representações, imagens, pré-conceitos, crenças, ficções, hábitos de censura enunciativa, metáforas, estereótipos e normas éticas que governam e disciplinam anonimamente seus atos e decisão e enunciação. [...] Um máximo de convenções linguísticas que encontramos já prontas em nós quando precisamos falar espontaneamente para retificar o mundo, compensar a ciência jurídica de sua carência.[21]

20 Ibid., p. 8-9.

21 WARAT, Luis Alberto. **Introdução geral ao direito I**: interpretação da lei: temas para uma reformulação. Porto Alegre: Sergio Antonio Fabris, 1994, p. 13.

Nada mais ideológico do que um discurso que se pretende livre de ideologias ou mais ingênuo do que o de quem imagina exercer o poder sem se dar conta de que o faz como preposto da dominação de uma minoria. E é no espaço do discurso que se dá o desvelamento ou o logro, pois embora nem sempre o discurso leve à prática, serve como álibi ou escaramuça para que se encubra ou se evite uma atribuição autêntica de sentidos. Por não possuir um conteúdo de reflexão, mas de flexão, do fazer cotidiano e acrítico, é ação e não criação. Pela sua própria cotidianidade e alienação, o senso comum teórico dos juristas é, assim, o ponto cego.

E novamente Warat explica que

> Metaforicamente, caracterizamos o senso comum teórico como a voz 'off' do direito, como uma caravana de ecos legitimadores de um conjunto de crenças, a partir das quais, podemos dispensar o aprofundamento das condições e das relações que tais crenças mitificam.[22]

Apartado de uma instância crítica, o senso comum teórico, como razão instrumental,[23] realiza o que Warat chama de "apropriação institucional dos conceitos", de modo a que as teorias se ajustem "às crenças e representações, e interesses legitimadas pelas instituições".[24] Engendra-se como uma instância repressiva, com fins legitimadores, ainda que para isso se estabeleçam versões estereotipadas ou inautênticas dos conceitos jurídicos.

---

22 WARAT, Luis Alberto. Saber crítico e senso comum teórico dos juristas. **Revista Sequência**, Florianópolis, v. 3, n. 5, p. 54, 1982.

23 Tomamos aqui "razão instrumental" no sentido moldado por Max Horkheimer. A razão, que deveria possibilitar a civilização do homem em face do seu conteúdo objetivo, material, quando instrumentalizada, é preenchida pelo subjetivismo dos detentores do poder. A instrumentalização transforma a razão em mera técnica, como meio que permite a obtenção dos fins. Sem ética, a razão culmina em um instrumento de dominação, de exploração da natureza e dos seres humanos. E o avanço progressivo da técnica vem acompanhado de um processo de desumanização cada vez melhor orquestrado (HORKHEIMER, Max. **Critica de la razón instrumental**. Tradução ao espanhol por H. A. Murena e D. J. Vogelmann. Buenos Aires: Editorial Sur, 1973, p. 12). Uma racionalidade instrumentalizada gera uma sociedade paradoxal, em que "frente à morte por inanição que domina vastas áreas do mundo, deixa sem uso parte de seu maquinário, dá às costas a muitas invenções importantes e dedica muitas horas de trabalho a uma propaganda imbecil e a produção de instrumentos de destruição, uma sociedade que possui tal luxo fez do utilitarismo seu Evangelho". (Ibid., p. 152).

24 WARAT, Luis Alberto. Saber crítico e senso comum teórico dos juristas, op. cit., p. 55.

Nesse ambiente, não se compreende a Constituição como expressão máxima da ordem jurídica. Sem a compreensão de sua força normativa e de sua supremacia hierárquica dentro do sistema, não raras vezes o que esses atores jurídicos fazem é interpretar a Constituição de acordo com os códigos ou mesmo as súmulas e ementários de tribunais superiores. Ou, não raro, sequer isso fazem, imperando o discurso de autoridade ou com base nas *verdades* da práxis sob uma ordem utilitarista.

Isso se dá, talvez, porque o Brasil não teve o costume – em razão dos diversos momentos em que se implantaram modelos ditatoriais – de fazer lume à Constituição quando aqui se interpreta o direito. Nosso passado estamental criou o ambiente propício para o desenvolvimento de tais anomalias.

Já se passaram mais de 25 anos desde o advento da Constituição Federal. Contudo, a mesma geração de juristas que hoje a (des)aplica, em sua boa parcela, nem cresceu e nem foi educada sob o manto de um Estado Democrático de Direito.[25] Ademais, a formação acadêmica também foi (e ainda é) conduzida, na ampla maioria, por um modelo de ensino que não oportuniza a reflexão e o questionamento. O desapego à filtragem hermenêutico-constitucional gerou (e gera) graves problemas quando da aplicação do Direito pelo Judiciário de hoje. Em um Estado Democrático de Direito, cumpre ao Poder Judiciário, órgão diverso do qual emanou a lei vigente, diante de um caso concreto, analisar, à luz da Constituição, a perfectibilidade daquela em relação a essa para, só então, admitir-lhe válida para o caso posto em discussão.[26]

No processo de concretização do direito, em que exsurge a norma, o intérprete já antecipa o sentido do que conhece da Constituição, pois a compreensão – do qual a interpretação é a explicação do compreendido – é um existencial humano, faz parte de nossa estrutura enquanto seres-no-mundo. Isso será melhor explicado no tópico referente à viragem ontológico-linguística, ainda neste Capítulo. Arrematando, uma baixa compreensão do sentido da Constituição só pode levar a sua baixa aplicação. E está

---

25 Segundo dados de pesquisa feita pela Associação dos Magistrados Brasileiros – AMB –, em 2006, a idade média do magistrado em atividade era de 44,4 anos. Vide: SADEK, Maria Tereza (Org.). **Pesquisa AMB**. Brasília, DF, 2005. Disponível em: <http://www.amb.com.br/portal/docs/noticias/pesquisaamb2005.pdf>. Acesso em: 01 mai 2006.

26 FERRAJOLI, Luigi. **Direito e razão**: teoria do garantismo penal. São Paulo: Revista dos Tribunais, 2002, p. 701-702.

certo Lenio Streck quando diz que as condições para que o intérprete possa compreender um texto implicam – sempre e inexoravelmente – na existência de uma pré-compreensão (seus pré-juízos) acerca da totalidade (que sua linguagem possibilita) do sistema jurídico-político-social.[27]

Além disso, o "senso comum teórico" peca por partir de uma premissa atemporal. É preciso atentar, entretanto, para o fato de que o texto jurídico é elaborado em um determinado momento histórico, e sob o auspício de uma certa realidade jurídica, política, econômica e social. Daí que durante o processo de interpretação/aplicação do direito, devem o intérprete e o destinatário da norma por excelência – que é o julgador – entender essa inevitável relação.

2.4 Violências: objetiva, subjetiva simbólica e sistêmica

Queremos, também, comprovar que a polarização decisionismo-hierarquização é geradora de violência. E, dessa forma, também precisamos explicitar a dimensão que atribuímos a esse significante dentro de nosso estudo.

Usualmente, a violência é concebida apenas como uma quebra do padrão "normal" de ordem ou de tranquilidade, através de uma conduta que viole ou ameace a vida ou o patrimônio de alguém, de uma comunidade ou até mesmo de um Estado. Isso se dá por meio de uma agressão materializada por um ato que também pode partir de uma pessoa, de um grupo e até de exércitos. Essa qualidade de "anormalidade" na concepção da violência a torna tão facilmente perceptível. Mas essa é a penas um de suas facetas, a mais visível. A ela se dá o nome de "violência subjetiva", em contraposição à "violência objetiva",[28] cuja existência não é em geral

27 STRECK, Lenio Luiz. Da proibição de excesso (Übermassverbot) à proibição de proteção deficiente (Untermassverbot): de como não há blindagem contra normas penais inconstitucionais. (neo) constitucionalismo: ontem, os códigos hoje, as constituições. **Revista do Instituto de Hermenêutica Jurídica**, Porto Alegre, v. 1, p. 245, 2004.

28 Segundo Slavoj Žižek, "*La cuestión está en que las violencias subjetiva y objetiva no pueden percibirse desde el mismo punto de vista, pues la violencia subjetiva se experimenta como tal en contraste con un fondo de nivel cero de violencia. Se ve como una perturbación del estado de cosas 'normal' y pacífico. Sin embargo, la violencia objetiva es precisamente la violencia inherente a este estado de cosas 'normal'. La violencia objetiva es invisible puesto que sostiene la normalidad de nivel cero contra lo que percibimos como subjetivamente violento*" (ŽIŽEK, Slavoj. **Sobre la violência**: seis reflexiones marginales. Buenos Aires: Paidós, 2010, p. 10).

percebida, porém nem por isso deixa de condicionar a prática de atos que chamamos comumente de violência. Esta violência objetiva divide-se, segundo Slavoj Žižek, em violência simbólica e sistêmica,[29] e não pode ser compreendida sob o mesmo ponto de vista da violência subjetiva, uma vez que não é vista como anormalidade, mas sim como algo corriqueiro, naturalizado no cerne das relações sociais. É ideológica, passando ao largo da percepção dos que a sofrem e, muitas vezes, também dos que a exercem.

A violência simbólica, termo elaborado por Pierre Bourdieu,[30] caracteriza-se pela fabricação, através do discurso, de falsas crenças que induzem o indivíduo a acreditar, a consentir e a se comportar de acordo com os padrões desejados pelo *Establishment*.[31] Por exemplo, é violentamente simbólica a ascendência do masculino sobre o feminino em boa parte das religiões, através do discurso da mulher como "submissa" ao homem; foi simbólica a violência exercida pelo invasor europeu contra os povos nativos das Américas, no processo de submissão da cultura local e imposição da modernidade, sob a alegação de que os nativos eram aculturados ou primitivos e precisariam de "ajuda"; e a prática atual dos Estados centrais, em especial os Estados Unidos, de trazer a "liberdade" aos outros povos, escondendo as reais intenções de usurpação e dominação estratégica do petróleo ou de territórios militar, econômica ou politicamente estratégicos. Também é violenta a globalização – uma vez que desconhece e tende a anular

---

29 Há uma distinção no significado da expressão "violência simbólica", entre seu criador, Pierre Bourdieu, e Slavoj Žižek. A violência sistêmica, para Žižek, é exercida no discurso. A violência sistêmica se dá nas consequências catastróficas do funcionamento homogêneo de nosso sistema econômico e político capitalista, ainda mais grave em tempos neoliberais, com a reprodução de miséria, desigualdade, exclusão e marginalização. Assim, torna-se uma violência normal, naturalizada e invisível, mas é a causa fundamental do sofrimento de milhões (quiçá, bilhões) e milhões de indivíduos. Em Bourdieu, o significado de violência simbólica abarcaria os dois conceitos dados por Žižek. Isto, tanto enquanto discurso e prática quanto em materialização normalizada no seio social. (Ibidem, passim, e BOURDIEU, Pierre. **O poder simbólico**. Tradução de Fernando Tomaz. 6. ed. Rio de Janeiro: Bertrand Brasil, 2003).

30 Para ele, tal tipo de violência se realiza enquanto produção simbólica e instrumento de dominação, "enquanto instrumentos estruturados e estruturantes de comunicação e de conhecimento que os 'sistemas simbólicos' cumprem a sua função política de instrumentos de imposição ou de legitimação da dominação, que contribuem para assegurar a dominação de uma classe sobre outra (violência simbólica) dando o reforço da sua própria força às relações de força que as fundamentam e contribuindo assim, segundo a expressão de Weber para a 'domesticação dos dominados'" (Ibid., p. 11).

31 No sentido da elite que controla social e economicamente toda a sociedade, através das instituições públicas (p. ex.: forças policiais) ou privadas (p. ex.: meios de comunicação social).

as identidades culturais diversas do padrão europeu/norte-americano. Essa violência é instrumental, institucionalizada e estratégica, pois tem o fim de anestesiar e domesticar os que a ela são submetidos. Como adverte Nilo Odália, "Toda violência é institucionalizada quando admito explícita ou implicitamente, que uma relação de força é uma relação natural – como se na natureza as relações fossem de imposição e não de equilíbrio"[32].

E imersos nessa violência que atua como ideologia, até mesmo suas vítimas começam a crer que se tratam de fatos naturais ou inevitáveis, etapas de um processo civilizatório evolutivo ou constitutivo do mundo. Essa "normalidade" produzida/mantida pela violência simbólica é violência sistêmica, no dizer de Žižek.[33]

Assim, socorrendo-me de Heidegger[34] e, principalmente, Paul Ricoeur,[35] dois conceitos inter-relacionados terminam sendo relevantes e inevitáveis nessa relação homem-mundo em que estamos mergulhados: a ipseidade e a alteridade, entendendo:

a) Ipseidade – um voltar-se para si mesmo (do latim *ipse*, a, um, 'mesmo'), um fechamento e uma diferenciação entre o ser e o exterior;

b) Alteridade – um olhar para o outro, uma mirada para compreender a ótica de quem nos é externo (do latim *alter*, 'outro').

A relação entre ipseidade e alteridade é sempre tensa, e o ponto de equilíbrio reside na consideração de que o diferente nem é mais e nem menos importante, nem tem mais e nem menos valor.

32 ODÁLIA, Nilo. **O que é violência**. São Paulo: Brasiliense, 2004, p. 35.

33 ŽIŽEK, Slavoj. **Sobre la violência**: seis reflexiones marginales. Buenos Aires: Paidós, 2010, p. 10.

34 De Heidegger, a concepção de *Dasein*, de ser-aí, mas não o ser autossuficiente da filosofia da consciência, que constrói seu objeto de conhecimento. Ser-aí é ser-no-mundo, é ser-consigo-mesmo e ser-com-os-outros. "Na base desse ser-no-mundo determinado pelo com, o mundo é sempre o mundo compartilhado com os outros. O mundo da pre-sença é mundo compartilhado. (N36) O ser-em é ser-com os outros. O ser-em-si intramundano destes outros é co-pre-sença." (HEIDEGGER, Martin. **Ser e tempo**. Tradução de Márcia de Sá Cavalcante. 8. ed. Petrópolis: Vozes, 1999, p. 170). E em outra passagem, "O ser-com determina existencialmente a pre-sença mesmo quando um outro não é, de fato, dado ou percebido. Mesmo o estar-só da pre-sença é ser-com no mundo. Somente num ser-com e para um ser-com é que o outro pode faltar. O estar-só é um modo deficiente de ser-com e sua possibilidade é a prova disso." Ibid., p. 172.

35 RICOEUR, Paul. **O si-mesmo como um outro**. Tradução de Lucy Moreira Cesar. Campinas: Papiros, 1991.

O equilíbrio, a nosso ver, dá-se pela assimilação de que o diferente de nós tem dignidade. Dignidade não tem medida porque é uma característica ontológica, imanente ao ser.[36] Ao nosso ser e ao ser do outro. É aí que reside o *hardcore*, o núcleo do conceito de igualdade humana e a pedra de toque da ética.

Na violência, há uma polarização. Assim, é violenta a situação de desconsideração do outro (ser somente para si; ser contra o outro – imposição), como também a é a desconsideração de si próprio (ser somente para o outro; ser contra si mesmo – submissão). Esmaga-se a diferença nas duas situações. Ou o outro para si; ou o si mesmo para o outro. Essa desconsideração coisifica, pois desumaniza as culturas submetidas à violência.

E toda violência gera uma reação a ela.[37] Assim, a globalização, enquanto fenômeno violento da modernidade, tenta impor um modelo pretensamente universal, mas que é, na verdade, fruto de um paradigma ocidental oriundo da Europa e do seu grande herdeiro, os Estados Unidos. Seu cunho é individual-consumista, entrecruzando-se hoje com uma resistência nem sempre pacífica. Contudo, o que propomos aqui é o desvelamento dessa realidade, sem revanchismos, mas com assertividade, visando uma reorientação no sentido de nos possibilitar a construção autêntica de nossos caminhos.[38]

---

36 *"La vida, como la libertad (aunque le pese a Agnes Heller), no tienen valor, porque son el fundamento de los valores; tienen dignidad (que es mucho más que el mero valor)"*. (DUSSEL, Enrique. **Política de la liberación.** Madrid. Trotta, 2009. v. 2: Arquitetónica, p. 53).

37 Recentemente estivemos em Nova Iorque. Fomos ao Memorial do 11 de setembro. Muitas loas aos heróis policiais e bombeiros nova-iorquinos que sacrificaram suas vidas na tentativa de salvar outras. Um misto de luto e indignação com o atentado é o que se percebe. Mas não há um questionamento sério, um exame de consciência, uma reflexão crítica sobre o motivo de 19 homens, muitos deles pessoas que adquiriram certa cultura, até com formação universitária, elaborarem um plano tão bem feito e executado, sacrificando suas vidas. Seria só fanatismo religioso? Um surto psicótico coletivo? Ou a existência de atos violentos concretos contra as populações de vários países do Oriente Médio? Para muitos do Oriente Médio, aqueles 19 homens foram heróis – da mesma forma que os soldados estadunidenses condecorados por bravura anos depois nas invasões do Iraque e do Afeganistão. Vivemos novas Cruzadas, agora de olho no petróleo. Saddam Hussein e Osama Bin Laden, muitos sequer sabem, morreram sem que houvesse uma prova da mínima participação deles no atentado de 2001. E mais de 600 mil iraquianos morreram desde a invasão. A esmagadora maioria de civis. O petróleo de lá, claro, agora fala inglês.

38 Tomamos aqui o conceito de assertividade de Del Prette & Del Prette: "Apesar da variabilidade desses conceitos, grande parte dos estudiosos desse tema relaciona a asserção

2.5 O Patrimonialismo e o Estamento

O senso comum procura enxergar os problemas que afetam a realidade social, econômica e jurídica brasileira como sendo fruto de uma deficiência moral do brasileiro, como se existisse uma espécie de "brasilidade" pejorativa, hoje dispersa em nosso imaginário ("lei de Gerson" ou o "jeitinho brasileiro", só para exemplificar) como uma condição inata que termina por ocasionar os diversos problemas que enfrentamos, tais como corrupção, baixa consciência cidadã, o pouco zelo pelo patrimônio público e por aí vai.

Tal visão termina sendo colaborada por escritos de Gilberto Freyre[39] e Sérgio Buarque de Holanda[40] (este com seu conceito de "homem cordial"), apesar do brilhantismo de ambos, buscaram erroneamente, conforme salientado por Danilo Lima,[41] definir a personalidade ou o caráter do homem brasileiro. A crítica também feita a partir de Dante Moreira Leite,[42] para quem não há comprovação de que um determinado povo possa ter características psicológicas próprias e exclusivas (pondo abaixo as teses da "lei de Gerson" e do "jeitinho brasileiro").

Não raro, ouvimos tentativas de explicação de nossos problemas a partir da nacionalidade dos nossos colonizadores europeus, porque teriam

ao exercício de direitos por parte das pessoas. Agir assertivamente significa, portanto, defender-se em situação de injustiça ou, no mínimo, buscar restabelecer uma norma que, quando rompida, causa algum tipo de prejuízo à pessoa ou a seu grupo. Os temas mais recorrentes na literatura da área referem-se a reclamar quando um contrato, explícito ou não, é desrespeitado, e os exemplos relacionam devolver ou pedir para trocar mercadoria com defeito, impedir que alguém passe à frente em uma fila de cinema, defender-se quando acusado injustamente, etc." (DEL PRETTE, Almir; DEL PRETTE, Zilda A. P. Assertividade, sistema de crenças e identidade social. **Psicologia em Revista**, Belo Horizonte, v. 9, n. 13, p. 130-131, jun. 2003).

39 FREYRE, Gilberto. **Casa grande & senzala.** 48ª ed. Recife: Fundação Gilberto Freyre, 2003, passim.

40 HOLANDA, Sérgio Buarque de. **Raízes do Brasil**. 26ª ed. São Paulo: Companhia das Letras, 1995.

41 Trata-se de em interessante dissertação na qual o autor faz uma reconstrução de nosso constitucionalismo a partir do processo histórico que engendrou nossa estrutura de dominação política. Cf. LIMA, Danilo Pereira. **O poder judiciário e a autonomia do direito**: os entraves ao controle do poder político numa sociedade estamental. 2013. 139 f. Dissertação (Mestrado em Direito) – Programa de Pós-Graduação em Direito, Universidade do Vale do Rio dos Sinos - UNISINOS, São Leopoldo, 2013.

42 LEITE, Dante Moreira. **O caráter nacional brasileiro.** São Paulo: Pioneira, 1976.

sido os portugueses e não os ingleses,[43] franceses ou holandeses. Na verdade, foi a forma de colonização (de exploração) que até hoje repercute em nossa realidade. Uma estrutura edificada a partir de uma concepção de supremacia de uma cultura (a do invasor europeu) sobre a outra (a do nativo), de expropriação da terra e de submissão do outro (o nativo e, depois, também, o escravo de origem africana), com vistas a usurpar e dividir os frutos dessa exploração com a matriz e com seus asseclas internos, residentes definitiva ou temporariamente nas terras exploradas. Tal forma de colonização não foi exclusividade do Brasil. Espraiou-se por toda a América Latina (e também, de maneira análoga, pela África, Ásia e Oceania), fossem quais fossem os invasores (espanhóis, holandeses, franceses ou ingleses), com resultados invariavelmente semelhantes em termos de dominação, de produção e expropriação de riquezas e de geração de violência (morte, submissão e opressão ou escravizamento).

Feitas essas considerações, podemos fechar o foco em nossa formação histórica, em como se forjou nossa estrutura de dominação política (e como já salientamos antes, também a dos demais países da América Latina, eis que análogos nesse talante). Em Raymundo Faoro encontramos, através do elo entre o patrimonialismo e o estamento, um bom começo. Conforme ele salienta, o patrimonialismo nasce dentro de uma ideia de capitalismo "politicamente orientado" (tome-se, aí, o "politicamente" em um sentido pejorativo, da politicagem, do desvirtuamento da representatividade política), dentro do qual

> A comunidade política conduz, comanda, supervisiona os negócios, como negócios privados seus, na origem, como negócios públicos depois, em linhas que se demarcam gradualmente. O súdito, a sociedade, se compreendem no âmbito de um aparelhamento a explorar, a manipular, a tosquiar nos casos extremos. Dessa realidade se projeta, em florescimento natural, a forma de poder, instituciona-

43 Quem, assim age nem percebe que ¼ da hoje pobre África foi colônia inglesa (incluindo Nigéria, Egito, Sudão, Somália, Botswana, Zimbábue e África do Sul), ¼ colônia francesa (incluindo Marrocos, Argélia, Niger, Chade e Gabão), a Líbia foi colônia italiana. Namíbia, Tanzânia e Camarões, colônias alemãs. O Congo, belga (BLAINEY, Geoffrey. **Uma breve história do mundo**. 2. ed. São Paulo: Fundamento, 2010, p. 313).

> lizada num tipo de domínio: o patrimonialismo, cuja legitimidade assenta no tradicionalismo — assim é porque sempre foi.[44]

A partir do patrimonialismo nasce o estamento, tomado aqui, no sentido de Faoro, como sendo o grupo que se alija no poder, não necessariamente fazendo parte da elite econômica, mas geralmente com ela articulado ou coincidente. Sua regulação não é por meio da lei, mas de convenções que visam, através de trocas e ajudas mútuas, a manutenção parasitária no poder, por meio da apropriação de oportunidades econômicas, seja na esfera pública ou privada, mas sempre com a manipulação do aparelho estatal nesse processo. Não se renova. Mudam-se os quadros, muitos deles passados de uma geração a outra, mas o sistema permanece o mesmo, como uma dinastia. O estamento se exerce e se retroalimenta pela desigualdade social. É da ordem do privilégio.

Em termos de dominação política, o estamento não se converte em governo da soberania popular. Está mais para uma aristocracia[45] travestida com técnicas democráticas – pretexto para manutenção e utilização das benesses que o poder permite usurpar e gozar. Do chefe, no estamento, se espera a provisão e a tutela dos interesses particulares por meio de benefícios e concessões, por meio da distribuição de cargos, de modo a fazer a "justiça" nos moldes estamentais – obviamente sem obediências às regras e princípios constitucionais.[46] O uso da coisa pública como própria se naturaliza. O descompromisso para com a comunidade se revela na concepção de que a estrutura pública está ali para ser servida entre os membros do estamento.

No sentido de Faoro, o estamento paira

> Sobre a sociedade, acima das classes, o aparelhamento político — uma camada social, comunitária embora nem sempre articulada,

---

44 FAORO, Raymundo. **Os donos do poder**: formação do patronato político brasileiro. 5. ed. São Paulo: Globo, 2012, p. 819.

45 Ao invés de títulos nobiliárquicos, o poder de se pôr e de preencher a seu mando os cargos em postos estatais, de intermediar negócios vantajosos para si e para seus asseclas de concessões públicas, num espectro que varia da gestão direta à regulação de um determinado setor da economia.

46 FAORO, Raymundo. **Os donos do poder**: formação do patronato político brasileiro, op. cit., p. 827.

> amorfa muitas vezes — impera, rege e governa, em nome próprio, num círculo impermeável de comando. Esta camada muda e se renova, mas não representa a nação, senão que, forçada pela lei do tempo, substitui moços por velhos, aptos por inaptos, num processo que cunha e nobilita os recém-vindos, imprimindo-lhes os seus valores.[47]

Faoro reconhece o caráter autoritário do governo estamental que, para ele, detém o poder, monopolizando-o de modo a que seus destinatários não tenham real participação na formação da vontade estatal. Até mesmo a Constituição – embora tendo validade jurídica – é contornada por meio de um "constitucionalismo semântico, no qual o ordenamento jurídico apenas reconhece a situação de poder dos detentores autoritários".[48] Embora não use a palavra ideologia, Faoro é claro ao dizer que

> A autocracia autoritária pode operar sem que o povo perceba seu caráter ditatorial, só emergente nos conflitos e nas tensões, quando os órgãos estatais e a carta constitucional cedem ao real, verdadeiro e atuante centro de poder político. Em última análise, a soberania popular não existe, senão como farsa, escamoteação ou engodo.[49]

Passados mais de cinquenta anos, vemos que não houve mudanças consideráveis no cenário descrito por Faoro. O estamento continua aí. Mesmo após um revés inicial, notadamente na eleição presidencial de 2003, conseguiu, de certa forma, uma reversão parcial através da absorção dos *neopoderosos* pelo estamento.[50]

---

47 FAORO, Raymundo. **Os donos do poder**: formação do patronato político brasileiro. 5. ed. São Paulo: Globo, 2012, p. 824.

48 Ibid., p. 829.

49 Ibid., p. 829.

50 Sob o epíteto de "pragmatismo político", concessões incompatíveis com à ética são engendradas. E nessa dimensão é oportuno o alerta de Nietzsche: "Quem luta com monstros, que se cuide para não se tornar um monstro ao fazê-lo. E se olhas por longo tempo para dentro de um abismo, o abismo também olha para dentro de ti". Cf. NIETZSCHE, Friedrich. **Além do bem e do mal**: prelúdio a uma filosofia do futuro. Ed. digital Kindle. Porto Alegre: L&MP, 2011, posição 1476.

2.6 O Giro Ontológico-linguístico

A linguagem de alguma forma sempre esteve presente na investigação filosófica. No entanto, a partir do século XX, com a chamada "virada linguística" (*linguistic turn*), tem-se uma ruptura com o modo que a linguagem era pensada, representando até mesmo um novo modo de enxergar a filosofia. Antes se perguntava sobre a essência ou o conteúdo das palavras; hoje, pergunta-se pelo seu sentido intersubjetivamente atribuído, isto é, dentro de uma construção que nem pertence à coisa (o objeto) em si e nem ao intérprete (o sujeito). A linguagem passa de mero elo entre sujeito e objeto para fundamento do existir. A pergunta sobre a validade dos juízos é precedida pela pergunta sobre o sentido linguisticamente articulado, pois não existe mundo desarticulado da linguagem – que é o espaço de expressividade do mundo.[51] Explicaremos melhor como tudo ocorreu a seguir.

Desde Crátilo a linguagem era considerada como instrumento secundário do conhecimento humano. Haveria uma relação entre linguagem e mundo, através do caráter designativo desta.[52] Para saber qual a significação de uma palavra, teríamos que saber o que por ela era designado. A linguagem seria a mediação necessária. Essa teoria designativa assumiu duas posições: a) as palavras designariam pura e simplesmente as coisas singulares, pois além de coisas singulares e palavras, nada existiria; b) as palavras não designam as coisas singulares, mas a essência comum a muitas coisas.[53] A palavra "cadeira", se estivéssemos diante de uma, designaria aquele objeto e, se estivéssemos distantes, a essência dessa realidade no mundo, ou seja, seu conceito. O conhecimento verdadeiro consistiria na captação da essência imutável das coisas que, depois, seria comunicado

51 OLIVEIRA, Manfredo Araújo de. **Reviravolta linguístico-pragmática na filosofia contemporânea**. 3. ed. São Paulo: Loyola, 2006, p. 13.

52 PLATÃO. **Obras completas**: diálogos polêmicos. ed. digital Kindle. [S.l.: s.n.], 2012, posição 16746: "Por mim agrada-me aquela tese segundo a qual os nomes são, na medida do possível, semelhantes às coisas; mas receio que, na verdade, e como dizia Hermógenes, essa tal semelhança seja uma coisa um tanto pegajosa, e que se nos torne necessário recorrer a este dispositivo grosseiro que é a convenção, para estabelecermos a correção dos nomes. Mas talvez falássemos da melhor maneira possível se falássemos por meio de nomes semelhantes, ou seja, adequados, ou sempre, ou a maior parte das vezes; e, caso contrário, falaremos da pior maneira".

53 Imaginava-se que as coisas carregavam consigo sua própria essência e, com isso, os conceitos poderiam abarcar todas as hipóteses possíveis.

pela linguagem. Enfim: as palavras teriam sentido porque ou designam (a) coisas singulares ou (b) essências.[54] A linguagem teria por finalidade exprimir as coisas que existiriam independentemente da linguagem. E, com Descartes, o método[55] seria o caminho para atingir esse conhecimento. O homem, por meio de sua consciência, obteria a "verdade" das coisas.

Lamentavelmente, o senso comum teórico ainda não realizou o giro ontológico-linguístico.[56] Ainda segue apegado à ideia metafísica de que: a) ou as coisas teriam essências atemporais – como se vê nas argumentações que aderem a uma pretensa vontade da lei – como se possível fosse um texto de lei ter características volitivas e explicativas do próprio sentido, como um algo anímico; ou do legislador – processo no qual o intérprete retiraria, por meio de uma espécie de mediunidade jurídica, o sentido que lhe quiseram imprimir o legislador da época de sua aprovação no Parlamento; b) ou o intérprete atribuiria o sentido em razão de sua racionalidade (paradigma da filosofia da consciência). No entremeio dessa não-superação, surgem os dogmas do método, da argumentação ou do procedimento – que terminam sendo mero exercício da razão instrumental e da vontade de poder. Mas para que possamos entender a falibilidade desse modelo, precisamos modificar nossos pré-juízos e deixar que o texto nos diga algo, dentro de uma fusão de horizontes (como será visto em Gadamer). Prossigamos, então.

---

54 OLIVEIRA, Manfredo Araújo de. **Reviravolta linguístico-pragmática na filosofia contemporânea**, op. cit., p. 121.

55 O método cartesiano era composto, basicamente, de quatro preceitos. Como ele mesmo destacou: "O primeiro era o de nunca aceitar algo como verdadeiro que eu não conhecesse claramente como tal; ou seja, de evitar cuidadosamente a pressa e a prevenção, e de nada fazer constar de meus juízos que não se apresentasse tão clara e distintamente a meu espírito que eu não tivesse motivo algum de duvidar dele. O segundo, o de repartir cada uma das dificuldades que eu analisasse em tantas parcelas quantas fossem possíveis e necessárias a fim de melhor solucioná-las. O terceiro, o de conduzir por ordem meus pensamentos, iniciando pelos objetos mais simples e mais fáceis de conhecer, para elevar-me, pouco a pouco, como galgando degraus, até o conhecimento dos mais compostos, e presumindo até mesmo uma ordem entre os que não se precedem naturalmente uns aos outros. E o último, o de efetuar em toda parte relações metódicas tão completas e revisões tão gerais nas quais eu tivesse a certeza de nada omitir" (DESCARTES, René. **Discurso do método**. ed. digital Kindle. São Paulo: Centauro, 2012, posições 203-249).

56 Sugerimos, para tanto, STRECK, Lenio Luiz. Hermenêutica jurídica nos 20 anos da Constituição: condições e possibilidades para a obtenção de respostas corretas. In: STRECK, Lenio Luiz; MORAIS, José Luis Bolzan de (Org.). **Constituição, Sistemas Sociais e Hermenêutica**. Porto Alegre: Livraria do Advogado, 2009. n. 5, p. 19-39.

2.6.1 Wittgenstein

Com Wittgenstein, a partir da obra Investigações Filosóficas, começa a cair por terra essa manifestação individualista do conhecimento e da linguagem, do dualismo epistemológico e antropológico. Para ele[57], não existe um mundo em si independente da linguagem.[58] A linguagem é condição de possibilidade para a constituição do conhecimento. Não há consciência sem linguagem.[59] Como adverte Wittgenstein, em relação à essência das coisas, estas podem desaparecer, mas o conceito delas permanece. Portanto, a essência, de modo algum, é portadora do nome.[60] Aliás, para Wittgenstein sequer há essências. O que há são semelhanças de família entre conceitos. Assim, por exemplo, a palavra "animal" não conseguiria, por si só, definir de antemão, longe da experiência, onde terminaria o reino do inorgânico e começaria o dos animais.[61]

Aproveitamos para trazer um exemplo que desenvolvemos. Se encontrássemos um aborígene que nunca teve contato com o homem dito "civilizado" e entregássemos a ele um revólver, ele não saberia o que é. Não passaria de algo duro e pesado, feio ou bonito, porque as coisas (no caso, o revólver) não carregam consigo sua essência. Só será "revólver" a partir do uso: se, por exemplo, alguém, na frente do aborígene, atirasse e acertasse um alvo.

Como Manfredo de Oliveira diz, "é impossível determinar a significação das palavras sem uma consideração do contexto sócioprático em que são usadas".[62] E a significação não é algo definitivo. Usamos as palavras não de acordo com uma significação definitiva, estabelecida de an-

57 Referimo-nos, já aqui, ao "Wittgenstein II", da obra Investigações Filosóficas. Em razão do espaço reduzido desse texto, preferimos não abordar a sua virada de entendimento, com o abandono das ideias contidas no *Tractatus*.

58 Até o inconsciente é estruturado como se fosse linguagem, como diz Lacan.

59 OLIVEIRA, Manfredo Araújo de. **Reviravolta linguístico-pragmática na filosofia contemporânea**. 3. ed. São Paulo: Loyola, 2006, p. 128.

60 Ibid., p. 129.

61 Ibid., p. 129.

62 OLIVEIRA, Manfredo Araújo de. **Reviravolta linguístico-pragmática na filosofia contemporânea**. 3. ed. São Paulo: Loyola, 2006, p. 131.

temão, nem de modo arbitrário, mas de acordo com semelhanças e parentescos. Em Wittgenstein os sentidos já não estavam a dispor do intérprete.

A linguagem, como toda construção social, está sempre em mutação. Ela é fruto da interação ente os homens, refletindo as mudanças culturais, de costumes, de valores e de crenças. Os conceitos, assim, são abertos. As significações são provisórias. Por isso, o essencialismo se engana, segundo Wittgenstein.[63] A compreensão depende da situação histórica em que a frase é usada e não do ato intencional de querer significar isso.[64] O compreender é elemento de uma forma de vida na qual se está inserido por causa do contexto sócio-histórico. Uma palavra não pode ser usada com um significado diferente do que usualmente se faz.[65] Como o autor asseverou, não existem atos desvinculados de seu contexto histórico.[66] As coisas deixam de ter uma essência[67] e a linguagem de ser um instrumento de mera designação que lhes permite um nome. Isso permite a primeira abertura para um ataque direto à pretensa solução das demandas em massa por meio de enunciados assertóricos, sumulados ou não (Cap. 3), desvinculados dos contextos práticos de enunciação.

Se Wittgenstein deu início a um giro acerca do papel da linguagem para o conhecimento humano, através da ideia de jogos de linguagem e do seu uso como elemento determinante, foi Heidegger, através de uma abordagem antropológica e ontológica, que refundou o papel do homem em sua relação consigo mesmo e com o mundo, tendo a linguagem como possibilitadora da própria compreensão e o mundo como instância anterior e cujas estruturas condicionam a faticidade humana.

---

63 Não há essências. Há consistências advindas do uso, sempre mutáveis.

64 OLIVEIRA, Manfredo Araújo de. **Reviravolta linguístico-pragmática na filosofia contemporânea**, op. cit., p. 135.

65 Branco não pode significar preto, por exemplo. E nem podemos chamar uma maçã de televisor.

66 Outro exemplo é a palavra "rapariga". Se você reside no Porto (Portugal), não há problema nenhum em chamar a adolescente filha do seu vizinho assim. Mas se reside em Porto Alegre (Brasil), estará cometendo um insulto.

67 Para a visão tradicional, as palavras teriam sentido porque haveria objetos que por elas seriam designados, como coisas singulares ou essências. Aposta-se, assim, em súmulas e precedentes que trariam, em seu bojo, as respostas. Nada mais utópico, como explicaremos no momento oportuno.

2.6.2 Martin Heidegger

Martin Heidegger foi um dos mais importantes filósofos do século XX. E já passada a primeira década do século XXI, ninguém o superou. Mas qual o motivo do filósofo da Floresta Negra ter alcançado esse status? Heidegger demoliu o paradigma da filosofia da consciência, que acreditava na separação entre o sujeito do conhecimento e seu objeto porque desde sempre esse "sujeito" é "assujeitado" pelo mundo.[68] Ele desaparece para dar lugar ao que Heidegger denominou de *Dasein*, um neologismo a partir do *das ein*, que em alemão significa algo como ser-aí. Um ser-aí porque é um ser que está lançado em um mundo que lhe é anterior e cuja história lhe condiciona (faticidade). Um ser-aí que é, também, um ser-com, um estar próximo dos utensílios e dos outros, na cotidianidade (decaída). Um ser-aí que tem possibilidades, que se projeta para o futuro (existência).

Heidegger acentua que o conhecimento metafísico esqueceu o ser. Enxerga só o ente onde está o ser. E se dispôs a refletir sobre o ser. O *Dasein* é o único ente que pergunta pelo ser. Mas o que difere ser de ente? Eis um dos pilares do pensamento de Heidegger: a *diferença ontológica*. Ser e ente são diferentes mas, nem por isso, cindidos. Poderíamos resumir (com todos os riscos que isso acarreta) no seguinte: todo ente tem (um modo de) ser. Isso quer dizer que as coisas no mundo não têm, em si, enquanto entes, uma essência. É o ser que lhes dá profundidade e sentido. Assim, ser e ente são diferentes, mas sempre que imaginamos algo, por exemplo, um carro, imaginamo-lo de alguma maneira, em algum modo de ser. E é mais originária a relação do carro ao dirigi-lo do que por meio de categorias que o descrevam, como pensava Aristóteles.

Sempre que lidamos com algo ou pensamos sobre algo, já aconteceu o ser. Esse ser sempre acontece num horizonte de sentido que jamais chegará a integralizar-se e que não pode ser alcançado em sua plenitude. Ou seja, o ser não representa uma simples realidade, mas sempre está ligado a uma determinada possibilidade.

---

68 Mundo em Heidegger não é o mundo como sinônimo de planeta. É uma totalidade (limitada) porque posso falar do meu mundo, do mundo de meu bairro, de minha cidade de meu país. Do meu mundo enquanto cultura a que pertenço. O mundo aqui é visto como uma totalidade de sentido.

Como acentuado por Rafael Tomaz de Oliveira, é bem verdade que Kant já havia realizado, em parte, a libertação da filosofia da ingenuidade metafísica de acreditar que a essência estava nas coisas quando formulou a chamada "revolução copernicana".[69] E, a partir de então, fazer filosofia é pensar transcendentalmente, ou seja, nas *condições de possibilidade do conhecimento*. Contudo, Kant não conseguiu resolver o problema. Conseguiu, apenas, inverter a polaridade determinante do conhecimento: "do conhecimento metafísico saltou para uma metafísica do conhecimento".[70] Com Heidegger é que essa virada se completa porque ele se dá conta de que o *Dasein* não é o fundamento das coisas. As coisas (o mundo) o precedem. E, assim, põe-se fim ao sujeito que atribui sentido ao objeto.

Mas, ao mesmo tempo, é o homem quem faz a história. Se um vulcão irrompe, trata-se de um fato da natureza. Mas se a seus pés está a cidade de Pompéia, há uma tragédia. Portanto, é o homem quem dá praticidade às coisas. O homem é quem traz sentido ao mundo. Assim, longe de desprezar o homem, Heidegger lhe dá um lugar privilegiado.

Mas também ser é tempo. O homem é temporal e sua compreensão é orientada a partir de sua pré-compreensão. Essa pré-compreensão não é algo que se tenha controle ou que se origine de algum método porque é da estrutura do homem (*Dasein*) enquanto existente, enquanto ser, ter

69 A questão que Kant enfrentou no "A Crítica da Razão Pura" foi de como obter um conhecimento verdadeiro sobre as coisas do mundo. Antes dele, duas correntes diversas tentavam dar a resposta. Para os racionalistas (Platão, Descartes, dentre outros), o conhecimento adviria da razão. Para os empiristas (como Aristóteles, Hobbes e Hume), adviria experiência sensível. Antes de responder, Kant elaborou entrelaçou quatro conceitos: a) conhecimento *a priori* – o que independe dos sentidos (p. e.: uma equação matemática); b) conhecimento *a posteriori* – se origina da experiência (p. e.: o gosto de uma maçã); c) juízos analíticos – os que em o predicado está contido no sujeito (p. e.: o homem é um animal); d) juízos sintéticos – os em que o predicado se acresce ao sujeito, dando-lhe nova (p. e.: o cachorro é preto – ele poderia ser branco, preto, malhado etc.). Para Kant, todos os juízos *a posteriori* são sintéticos. A questão seria: como são possíveis os juízos sintéticos *a priori*? Para respondê-la, tal qual fez Copérnico ao formular a teoria heliocêntrica e pôr abaixo a histórica crença de que o sol girava ao redor da terra, o homem deveria deixar de girar em torno do objeto e se questionar pelo contrário. Os limites do conhecimento, sejam eles racional ou empírico estão, para ele, no homem. O homem não conhece a realidade pura (*realitas noumenon*). Em contrapartida, o real no fenômeno (*realitas phaenomenon*) pode certamente conter oposições (KANT, Immanuel. **Crítica da razão pura**. Tradução de Manuela Pinto dos Santos. 5. ed. Fundação Calouste Gulbenkian: Lisboa, 2001).

70 OLIVEIRA, Rafael Tomaz de. **Decisão judicial e o conceito de princípio**: a hermenêutica e a (in)determinação do direito. Porto Alegre: Livraria do Advogado, 2008, p. 103.

uma visão prévia, uma posição prévia e uma concepção prévia, condicionando seu acesso ao mundo, sobre o que pensa de si mesmo e das coisas que o cercam. Esses três elementos que formam o existencial da pré-compreensão dão os limites (não no sentido de restringir apenas, mas também no sentido de condicionar) da compreensão das coisas do mundo pelo homem. Somente a partir da pré-compreensão que se dá o sentido. Kant não consegue alcançar isso.

Em Heidegger se descobre o *Dasein* como ser lançado em um mundo que lhe é anterior e cujas estruturas não estão ao seu dispor. O *Dasein*, o ser-aí, não é um sujeito no sentido filosófico, enquanto um subsistente, ele é um ente que está aí, aí no mundo, devorado pelo mundo. O ponto de partida, portanto, deixa de ser o homem e passa ao ser-no-mundo.

Embora a temática de Heidegger não fosse a hermenêutica, mas sim a ontologia, a busca pelo sentido do ser, por abordar a compreensão e perceber como ela é um existencial humano, revolucionou também a forma como entendemos a interpretação. Eu me compreendo em meu ser, cuido de mim e me preocupo. E nesse preocupar-me, eu tenho o conceito de ser e, assim, compreendo a mim mesmo. E compreendendo seu próprio ser, o homem compreende suas possibilidades. A isso se dá o nome de *círculo hermenêutico*.[71]

Retirando os significantes *phaenomenon* e *logos* da fenomenologia de Husserl, mas emprestando-lhes outros significados,[72] sua fenomenologia tem um duplo nível. Superficialmente, falamos dos entes. Mas ao nível da profundidade, nos remetemos ao ser, que é a condição de possibilidade de falarmos dos entes. Portanto, se alguém falar "atirei com o revólver", no nível superficial (ôntico) estará afirmando uma ação de disparar o projétil de uma arma de fogo. No nível de profundidade (ontológico) essa pessoa antes já compreendeu (e nem se deu conta disso) que um "revólver" dispara projéteis ao apertar o gatilho e já tinha uma ideia de como era uma arma de fogo. Nesse nível hermenêutico, de profundidade, trabalha-se sobre a estrutura da compreensão;[73] no apofântico, tem-se um caráter meramente expositivo.

---

71 Embora a ideia de círculo hermenêutico se origine de Friedrich Schleiermacher, foi Heidegger quem a aprimorou, retirando dela o caráter psicologicista impresso por Schleiermacher.

72 Para Heidegger, nem o *phaenomenon* é a coisa mesma e nem o *logos* é o *logos* abstrato.

73 Quando alguém olha para uma porta empurrada por uma rajada de vento e diz: "a porta vai bater!", não reparamos (até porque já entrou em nossa cotidianidade), mas antes mesmo

Desenvolvendo o que chamou de analítica existencial, Heidegger vai examinar o modo concreto do homem existir. Como ser-no-mundo.[74] A fenomenologia só é necessária porque alguns temas, especialmente o próprio ser, estão velados. O velamento se dá porque estão muito próximos e familiares para que os notemos ou estão enterrados sob conceitos e doutrinas tradicionais. Estão encobertos pela cotidianidade. Fazendo-se a ligação do conceito de cotidianidade com o de ideologia-utopia, possibilita-se um olhar hermenêutico-crítico sobre o fenômeno, de modo a superar o senso comum teórico, típico exemplo de existência inautêntica, sob uma ótica heideggeriana, e alienada, sob um prisma ideológico.

E há uma implicação direta entre o homem e a linguagem. Para Heidegger, só se pode falar em linguagem onde o ser se revela, ou seja, no homem. O homem, como ser histórico que é, quando questiona, já o faz dentro de uma tradição cultural específica.[75] Sem negar o valor do caráter instrumental da linguagem, Heidegger propõe pensar na relação originária do homem com a linguagem. Para isso, é preciso superar a postura objetificante – pois a linguagem não é uma coisa diante de nós porque todo o pensar já é feito na linguagem. Não existe um ponto arquimediano fora dela. Como salienta Ernildo Stein,

> As estruturas lógicas não dão conta de todo o nosso modo de ser conhecedores das coisas e dos objetos, e aí somos obrigados a introduzir em elemento que será o núcleo dessa análise, o elemento da interpretação. A interpretação é hermenêutica, é compreensão, portanto, o fato de nós não termos simplesmente o acesso aos objetos via significado, mas via significado num mundo histórico determinado, numa cultura determinada, faz com que a estrutura lógica nunca dê conta inteira do conhecimento, de que

de entendermos o que significa uma porta bater, já temos uma pré-compreensão do que seja uma porta, do que seja abrir e fechar e de que o significado dado pode ser, "segure a porta antes que ela bata". Essas compreensões estão no nível profundo. O sentido meramente expositivo é o nível apofântico. A porta estaria para bater, realmente.

74 STRECK, Lenio Luiz. Heidegger, Martin: princípios. In: BARRETO, Vicente de Paulo (Org.). **Dicionário de filosofia do direito**. São Leopoldo-Rio de Janeiro: Unisinos-Renovar, 2006, p. 427.

75 OLIVEIRA, Manfredo Araújo de. **Reviravolta linguístico-pragmática na filosofia contemporânea**. 3. ed. São Paulo: Loyola, 2006, p. 201.

> não podemos dar conta pela análise lógica de todo o processo do conhecimento. Ao lado da forma lógica dos processos cognitivos precisamos colocar a interpretação.[76]

Heidegger busca o sentido dos sentidos. E a fenomenologia é a recondução do olhar do ente para o ser que nunca se poderá dizer o que ele definitivamente é, pois sempre se compreende a partir de uma situação hermenêutica.[77] Todo ente (o revólver do exemplo do aborígene) só o é na sua forma de ser (é um revólver, indubitavelmente, mas sempre de alguma maneira, de alguma forma, de algum tipo, com peculiaridades do seu ser). Não existe um "revólver fundamental" (um conceito que abarque todas as situações possíveis do que seja um revólver) porque simplesmente não existe uma essência própria no revólver. Só a facticidade permite, diante do ente no seu ser, a interpretação do que seja algo. Isto quer dizer que sempre algo é como algo. No direito não é diferente. Como salienta Lenio Streck,

> A Constituição deve ser vivenciada como Constituição, e isto dependerá da pré-compreensão do intérprete. Afinal, chegamos às coisas do mundo a partir de um ponto de vista e, nesse sentido, o discurso sobre o mundo tem uma estrutura do algo como algo, a Constituição como Constituição, algo enquanto algo (*etwas als etwas*). E a estrutura do discurso sobre as condições de possibilidade sobre o mundo também é a estrutura de algo como algo, na medida em que o compreender é um compreender algo como algo.[78]

2.6.3 Gadamer

Em resposta à pergunta "como garantir que não haja manipulação da interpretação?", feita no final do Capítulo 2, em que abordamos a "liberdade do intérprete" como libertinagem normativa, afirmamos que não

76 STEIN, Ernildo. **Aproximações sobre hermenêutica**. 2. ed. Porto Alegre: EDIPUCRS, 2010, p. 19.

77 OLIVEIRA, Manfredo Araújo de. **Reviravolta linguístico-pragmática na filosofia contemporânea**, op. cit., p. 208.

78 STRECK, Lenio Luiz. A hermenêutica filosófica e as possibilidades de superação do positivismo pelo (Neo)Constitucionalismo. In: José Adércio Leite Sampaio. (Org.). **Constituição e crise política**. Belo Horizonte: Del Rey, 2006, p. 284.

há método capaz de encontrar uma solução, como apregoado nas teorias procedimentais-argumentativas. Isso porque já vimos que as coisas não têm essência, as palavras não possuem um sentido predefinido fora da experiência e porque antes de interpretarmos, já compreendemos, pois a compreensão não advém de métodos, é um existencial. Quando fazemos uma escolha de algum método, já sabemos aonde queremos chegar. O método, assim, sempre chega tarde. Aliás, invés de gerar certeza na interpretação, ele termina servindo de álibi argumentativo para o decisionismo – para o exercício da vontade de poder.

Retomando o que dissemos no item anterior, quando interpretamos algo, já chegamos com uma pré-compreensão daquele "algo como algo" no mundo. Há um sentido prévio, um projeto preliminar sobre o que se está diante. Embora não percebamos no dia-a-dia, há um "como algo" hermenêutico e um "como algo" apofântico. O como hermenêutico advém dessa estrutura prévia de sentido que permite a abertura para a compreensão. A interpretação é, tão somente, a explicitação do que já se compreendeu. O Como apofântico é a mera enunciação.

O caminho traçado por Gadamer, na esteira do que desenvolveu seu mestre Heidegger, passa pela reavaliação da ideia de tradição – da qual o pensamento iluminista se distanciou. Para Gadamer, não há como se estabelecer um questionamento racional puro, fora da tradição. Não conseguiremos nos apartar dos nossos próprios pontos de referência cultural. Não conseguiríamos encontrar uma verdade universal.

Sempre que enxergamos algo, fazemos a partir de um determinado ponto (nossa pré-compreensão reside aí); todos nós temos "um lugar de fala", é bem verdade; mas mesmo esse ponto tem referências que são intersubjetivamente compartilhadas por todos e que não podemos, incólumes, corrompê-las.[79] Por exemplo, não podemos chegar na garagem do vizinho, estacionar um Fusca atrás do carro dele dizendo que aquilo é uma Ferrari. Fatalmente ele sabe o que é (ou não) um Fusca porque os significantes possuem limites de significado. E esses limites estão, no caso, no conceito de Fusca intersubjetivamente compartilhado entre nós, do qual não podemos contorná-lo sem feri-lo, sem cair na inautenticidade, no dizer de Heidegger. Essa é a tradição.

79 GADAMER, Hans-Georg. **Verdade e método**: traços fundamentais de uma hermenêutica filosófica. Tradução de Flávio Paulo Meurer. 3. ed. Petrópolis: Vozes, 1999, p. 423.

Gadamer acentua a ideia já desenvolvida por Heidegger de "círculo hermenêutico", para usá-la na interpretação. Entenda-se aqui como sendo uma referência constante da parte ao todo e vice-e-versa. E à medida que a leitura avança, a bagagem assimilada vai interferindo na interpretação, modificando os pré-juízos (sem a carga negativa – simplesmente como conceitos prévios acerca de algo). Gadamer se socorre do conceito de ser-no-mundo do seu mestre, Heidegger. Para Heidegger, não é possível a interpretação sem uma pré-compreensão (como no exemplo que desenvolvemos do aborígene).[80]

Gadamer se refere, ainda à fusão de horizontes.[81] E o que ela significa? Que tanto o texto quanto o intérprete têm um horizonte, uma referência própria de significado. A interpretação é uma fusão de horizontes na medida em que faz a mediação desses dois planos de significação. Diz Gadamer, acertadamente, que a verdade não advém de um método racional separado da tradição como quer a modernidade, mas sim de um diálogo. Os atos de interpretação são dialógicos, dentro de uma tradição.

O intérprete firma um significado provisional que é confrontado com o horizonte do texto. Há um diálogo dentro de uma tradição. E não existe um ponto arquimediano fora dela, como queria Descartes.[82]É exatamente a tradição que serve de parâmetro para a atitude racional. Para Gadamer, a tradição não é somente o processo de passar conhecimento entre as gerações. Ela é a linguagem.

Diz Gadamer:

> Na realidade, não é a história que pertence a nós, mas nós é que a ela pertencemos. Muito antes de que nós compreendamos a nós mesmos na reflexão, já estamos nos compreendendo de uma maneira auto-evidente na família, na sociedade e no Estado em que vivemos. A lente da subjetividade é um espelho deformante. A auto-reflexão do indivíduo não é mais que uma centelha na corrente

---

80 Isso é feito a partir de Heidegger e da compreensão do *Dasein* (em última instância, o ser humano) como ser-no-mundo, na facticidade. O mundo não está ao nosso dispor. Ele nos antecede e nos sucederá. Estamos lançados nele, imersos em sua estrutura, da qual não dispomos.

81 GADAMER, Hans-Georg. **Verdade e método**: traços fundamentais de uma hermenêutica filosófica. Tradução de Flávio Paulo Meurer. 3. ed. Petrópolis: Vozes, 1999, p. 456-457.

82 LAWN, Chris. **Compreender Gadamer**. Petrópolis: Vozes, 2007, p. 14.

> cerrada da vida histórica. Por isso os preconceitos de um indivíduo são, muito mais que seus juízos, a realidade histórica de seu ser.[83]

Gadamer ataca exatamente a suposta capacidade de abstrair o sujeito enquanto elemento que interfere na assimilação do conhecimento. Assim, se alcançaria a essência do objeto por meio da razão. No mito do dado, a linguagem seria capaz de descrever a realidade tal como ela é. Mas o autor pontua que a linguagem, na verdade, não descreve, constitui o mundo.

Bem acentua o Chris Lawn quando diz que "as noções de autoridade, preconceito e tradição precisam ser vistas não como obstáculos e embaraços à libertação da razão, mas sim como os próprios veículos da razão e liberdade".[84]

Gadamer, assim como Wittgenstein e Heidegger, rejeita o discurso da verdade como representação ou correspondência. Mas para Gadamer, o método obstrui a verdade. Ou melhor: o método impede o encontro com a verdade. A verdade, portanto, não poderia ser resultado do método, como ansiava o cartesianismo – ainda presente nas correntes que defendem métodos de interpretação jurídica. Mas por quê? Para Gadamer, o próprio conceito de verdade da modernidade é encobridor.

2.6.3.1 Verdade versus Método

Haja vista o ataque que faz ao cartesianismo e a qualquer forma de procedimento para o desvelamento da verdade, o título da grande obra de Gadamer bem que poderia se chamar "verdade *versus* método". Como destaca Lenio Streck,

> Para Gadamer a verdade não é algo que podemos deter cientificamente. Não é algo que observamos de fora ou de maneira objetiva. A verdade é algo que se alcança na experiência. Trata-se da superação da epistemologia pela fenomenologia hermenêutica (por isso, repita-se, Verdade e método pode ser lido como verdade contra o método). A impossibilidade da cisão entre compreender e aplicar implica a impossibilidade de o intérprete 'retirar' do texto

83 GADAMER, Hans-Georg. **Verdade e método**: traços fundamentais de uma hermenêutica filosófica. Tradução de Flávio Paulo Meurer. 3. ed. Petrópolis: Vozes, 1999, p. 415-416.

84 LAWN, Chris. **Compreender Gadamer**. Petrópolis: Vozes, 2007, p. 62.

> 'algo que o texto possui-em-si-mesmo', numa espécie de *Auslegung*, como se fosse possível reproduzir sentidos; ao contrário, para Gadamer, fundado na hermenêutica filosófica, o intérprete sempre atribui sentido (*Sinngebung*).[85]

Para o empirismo, o conhecimento experiencial é fundado se for repetível. Porém, essa experimentação esquece outras possibilidades da experiência. Há acontecimentos que são únicos. E são exatamente eles que nos abrem para a possibilidade de uma "experiência hermenêutica".[86] Para Gadamer, as verdadeiras possibilidades mudam, pois são infinitas. Cada vez que lemos um texto, sempre encontramos novas miradas. É a verdade como revelação e não a noção platônica errada de *alétheia* como verdade e realidade. E nunca saberemos tudo. A experiência não é acúmulo de conhecimento.[87] É, para Gadamer, a capacidade da pessoa se abrir para novas possibilidades.

2.6.3.2 Verdade e História

A tradição, assim como os preconceitos, forma o pano de fundo de nosso mundo. Nunca serão objetivo de investigação, pois nunca encontraremos um ponto fora deles para analisá-los. Embora façamos parte da tradição e sejamos históricos, não estamos acorrentados e cegos. Nossos horizontes de sentido nos permitem elaborar, dentro dos limites que a tradição e a historicidade nos impõem, uma fusão com os horizontes do texto.

Quando se lê um texto, o horizonte de sentido do leitor se funde com o do texto, afetando aquele. Não raras vezes, ao lermos, percebemos algo que parecia até claro, que estaria diante de nós, mas que não percebíamos. Existe um diálogo constante entre o passado e o presente na interpretação.

"O ser que pode ser entendido é linguagem",[88] diz Gadamer, ecoando Heidegger: "a linguagem é a casa do ser." Gadamer se pergunta: por que

---

85 STRECK, Lenio Luiz. **Verdade e consenso**: Constituição, hermenêutica e teorias discursivas. 4. ed. São Paulo: Livraria Saraiva, 2011, p. 467.

86 GADAMER, Hans-Georg. **Verdade e método**: traços fundamentais de uma hermenêutica filosófica. Tradução de Flávio Paulo Meurer. 3. ed. Petrópolis: Vozes, 1999, p. 528.

87 LAWN, Chris. **Compreender Gadamer**, op. cit., p. 88..

88 GADAMER, Hans-Georg. **Verdade e método**: traços fundamentais de uma hermenêutica filosófica, op. cit., p. 24.

usamos a linguagem? Para nos comunicar, diria a resposta óbvia. Mas Gadamer entende que, por uma ótica hermenêutica, trata-se de uma resposta superficial. A linguagem é o que possibilita nosso entendimento do mundo. Com-municar-se é com-partilhar.

A linguagem permite que a comunidade possa entender o ser. Tudo que aprendemos sobre tudo se dá por meio da linguagem. Nosso próprio pensamento se manifesta na forma de linguagem. Mas a linguagem é capaz de explicar tudo expressado pelo ser? E o não dito? O não dito também fala.[89] Em todo caso, como Heidegger salientou, não falamos linguagem. A linguagem que nos fala, pois a linguagem é a passagem obrigatória de todos os caminhos do pensamento.[90]

Observem que nosso caminhar é aproximativo nesse capítulo. Trabalhamos, primeiramente, a virada linguística com Wittgenstein e Heidegger (a filosofia hermenêutica). Já em Heidegger tematizamos a interpretação como modo de ser no mundo. Em seguida, com Gadamer, a hermenêutica filosófica e, com ela, os conceitos de autoridade e de tradição. A partir de agora faremos um laço dos dois primeiros passos com o direito, a partir da ideia de vontade de poder.

---

89 "[...] cada palavra, como acontecer de seu momento, faz que aí esteja também o não dito, ao qual se refere, respondendo e indicando" (GADAMER, Hans-Georg. **Verdade e método**: traços fundamentais de uma hermenêutica filosófica. Tradução de Flávio Paulo Meurer. 3. ed. Petrópolis: Vozes, 1999, p. 664).

90 HEIDEGGER, Martin. **Ser e tempo**, op. cit., p. 21.

3 A vontade de poder

Todas as épocas, desde de Platão, tiveram certos paradigmas filosóficos metafísicos[91] que imperaram. E esses modelos hegemônicos de pensar/enxergar o mundo terminaram por influenciar as manifestações humanas (artes, ciência, política, direito etc.). Em Platão, a ideia; em Aristóteles, a substância; em São Tomaz de Aquino, o *ipssum esse*; o *cogito* em Descartes; o absoluto em Hegel, e a vontade de poder em Nietzsche. Para Heidegger, inclusive, "*Nietzsche, el pensador del pensamiento de la voluntad de poder, es el último metafisico de occidente.*"[92] Ernildo Stein dá a esses paradigmas hegemônicos o nome de "princípios epocais". E como acentua o autor,

> Esses princípios epocais nós não os escolhemos, nascemos dentro deles. Eles, de certo modo, limitam, em Filosofia, nossas opções paradigmáticas. Então não estamos em um paradigma, na Filosofia, de maneira tão voluntária e tão simplesmente. A Filosofia carrega em si esta ambiguidade de que enquanto estamos no universo do paradigma em que trabalhamos, algo já nos determinou a trabalhar neste universo. Isto é, vivemos sob o império do princípio epocal.[93]

---

91 Para Heidegger, a tradição metafísica cometeu um grave erro: pensou o ente quando dizia o ser. O que chamou de ser, era, na verdade o ente. Como vimos anteriormente (Cap. 2), todo ente só o é no seu ser (diferença ontológica). Como explica Rafael Tomaz de Oliveira, "com a Filosofia socrático-platônica – que determinará todo pensamento da tradição metafísica – a questão fundamental do ser, sumariamente descrita acima, passa a ser esquecida, pela referência que se faz a um ente. O ser passa a ser visto como um fundamento objetivo de todas as demais ontologias regionais, como *causa primeira*. Dito de outro modo, quando a metafísica se vê diante do *enigma do ser*, ela foge para um ente que terá como missão ocupar a lacuna deixada pelo *ser*. É assim que a Metafísica deixará impensado aquilo que há de mais fundamental para o pensamento: o sentido do ser, pois o explicará a partir de um ente, transformando o ser em um objeto. Isso é o que propriamente se quer mencionar quando se fala em objetificação ou entificação: é a explicitação do ser através de um ente, que assume um caráter (arbitrário) de totalidade, de fundamento no qual todo conhecimento se atrela". (Cf. OLIVEIRA, Rafael Tomaz de. **Decisão judicial e o conceito de princípio**: a hermenêutica e a (in)determinação do direito, op. cit., p. 138-140). Por isso a tradição metafísica erra ao buscar verdades e conceitos absolutos, fora da história e do espaço, isto é, a-históricos, atemporais e universais.

92 HEIDEGGER, Martin. **Nietzsche**. T. 1. Tradução para o espanhol de Juan Luís Vermal. 2. ed. Barcelona: Ediciones Destinos, 2000, p. 388.

93 STEIN, Ernildo. **Diferença e metafísica**: ensaios sobre a desconstrução. Ijuí: Editora Unijuí, 2008, p. 75.

Anota Heidegger que a vontade de poder não é um querer algo particular, algo real. Refere-se ao ser e à essência do ente. Por isso a vontade de poder é sempre uma vontade essencial.[94] Sendo essencial e não algo pontual (não é uma vontade de poder de algo), ela é sempre uma busca constante. "*La voluntad de poder, en cuanto sobrepotenciarse a sí, no es nunca un estado de reposo.*"[95] E assim, todo ser é um querer-ser-mais-poder. E diz Heidegger:

> *Puesto que la voluntad es resolución a sí mismo en cuanto dominar más allá de sí, puesto que la voluntad es querer más allá de sí, la voluntad es el poderío que se da poder a sí como poder.*[96]

Somos seres-no-mundo. Em um mundo anterior e cujas estruturas não estão ao nosso dispor. Todavia, isto não quer dizer que sejamos reféns desses princípios epocais e, portanto, da vontade de poder. Embora constitua o contexto filosófico hegemônico, é possível rompê-lo, desde que ocorra o seu desvelamento. Isto é, é preciso, primeiro, compreender que existem paradigmas diversos. Depois, conhecer os outros modos de pensar o mundo. A partir daí se abre a possibilidade de superação do princípio epocal.

Esse tópico, portanto, visa, exatamente, denunciar esse último princípio epocal da modernidade que é a vontade de poder. Mas, antes, precisamos fazer sua contextualização, a começar por nossas raízes coloniais.

Como explica Nietzsche, há vontade de poder desde o ser mais pequeno ao mais complexo. Agora, una-se a isso a ideia de poder como dominação e o discurso étnico-cultural de superioridade antropológica dos invasores europeus – nossos colonizadores-exploradores. A partir desse princípio epocal é possível entender como, nos dias de hoje, a estrutura estamental do Brasil vampiriza a esfera pública (Cap. 2). Esse fenômeno, também típico nos demais países que se originaram de colônias de exploração, gera desconfiança e revolta em relação às instituições estatais por parte da população em geral e, por consequência, uma baixa consciência democrática – o que facilita a instauração de regimes de exceção.

---

94 HEIDEGGER, op. cit., p. 67.

95 HEIDEGGER, Martin. **Nietzsche**. T. 2. Tradução para o espanhol de Juan Luís Vermal. 2. ed. Barcelona: Ediciones Destinos, 2000, p. 89.

96 HEIDEGGER, Martin. **Nietzsche**. T. 1, op. cit., p. 51.

A baixa confiança nas instituições estatais, portanto, tem origem funcional e estrutural. Historicamente sequestradas pelo estamento – que desde sempre as manteve em seu domínio como instrumento de mando e desmando, serviram para a obtenção/usurpação de renda e de manutenção do poder através do desvio de sua finalidade de justiça distributiva, como visto. O uso da potestade pública para fins privados (e sua instrumentalização como cabide de empregos), sempre foi aqui, veladamente, a prioridade – daí o acerto da tese de Faoro.[97] E os recursos públicos que, fundamentalmente, deveriam ser utilizados em prol da coletividade, aqui foram destinados, prioritariamente, à mantença dos privilegiados.

Dentro desse ambiente de histórica expropriação, exploração e usurpação do público pelo privado (o estamento) ou por interesses externos (a matriz do momento),[98] contornar a democracia via a captação ilícita de votos se tornou um costume. À vista (por meio de escambo ou compra) ou a prazo (pela venda de futuras vantagens profissionais, pessoais ou comerciais), o mal exemplo do estamento contamina e, assim, todas as camadas sociais participam (ou tentam participar) da dilapidação (na proporção de seu poder dentro da sociedade) do patrimônio coletivo, em um processo de desnaturação, corrupção e desvirtuamento do sistema representativo. E com isso, ainda na esfera da representação política, as vedações do art. 14, § 7º da Constituição da República[99] não são suficientes para impedir a formação de dinastias eleitorais e a profissionalização da atividade político-partidária.[100] Determinados patronímicos passam de geração em geração nos cargos eletivos. Dá-se a degradação da representação popular atra-

97 Embora que feita somente sob a ótica brasileira, como já dissemos, aplicar-se-ia aos demais países de mesma matriz colonial exploradora europeia – em geral, os da América Latina e África.

98 Leia-se, inicialmente, Portugal, até início do Século XIX; depois compartilhando a exploração com a Inglaterra. Já no Século XX, principalmente pelos Estados Unidos, que enxergam não só o Brasil como toda a América Latina como área de exploração econômica (SCHILLING, Voltaire. **Estados Unidos e América Latina**: da doutrina Monroe à Alca. 5. ed. Porto Alegre: Leitura XXI, 2002).

99 "§ 7º - São inelegíveis, no território de jurisdição do titular, o cônjuge e os parentes consanguíneos ou afins, até o segundo grau ou por adoção, do Presidente da República, de Governador de Estado ou Território, do Distrito Federal, de Prefeito ou de quem os haja substituído dentro dos seis meses anteriores ao pleito, salvo se já titular de mandato eletivo e candidato à reeleição".

100 Cabe acrescentar que há parlamentares federais que estão há várias décadas nos seus cargos. Um deles é parlamentar há mais de quarenta anos ininterruptos.

vés do carreirismo político-familiar que se apropria da eletividade como se esta constituísse um bem transmissível hereditariamente. É o caudilhismo.[101] Aliam-se a isso os escandalosos investimentos empresariais em campanhas[102] por parte de grandes grupos econômicos, que comprometem a futura atuação dos eleitos, bem como a desigual e elitizada composição dos cargos eletivos tanto no Legislativo quanto no Executivo.[103]

Não fosse pouco tal cenário, a comunicação social é concentrada em verdadeiros baronatos, em conglomerados que, sob o pretexto de liberdade de expressão e de imprensa, a sequestram para si, como se essa liberdade somente a eles pertencesse. São os donos da *verdade* da opinião pública(da). E esse estado de coisas se naturaliza.

Assim, as instituições democráticas e os poderes Executivo e Legislativo possuem baixa credibilidade e seus agentes são (re)conhecidos como membros desse estamento que atua vampirizando os aparelhos de estado.

O Judiciário, também historicamente controlado pelo estamento, não era um Poder que fizesse frente aos outros dois. Sua maior serventia

---

101 E por mais paradoxal que pareça, os herdeiros das dinastias políticas iniciam as carreiras com slogans que envolvem palavras como "renovação" ou "juventude", escondendo o caráter atávico de sua origem. Nada mais conservador que inovar com o mesmo e manter o estamento mediante a baixa representatividade popular.

102 Não é factível que corporações – que são entes voltados para a geração de lucros aos seus dirigentes e acionistas – de repente, em um ato de ingênua bondade, resolvam doar a fundo perdido milhões e milhões de reais a candidatos. A conta não fecha. A porta não bate. Mas, mesmo assim, o sistema se perpetua. Quando a boca cala, o silêncio fala. Assim, recusamo-nos a chamar isso de doação. No nosso entender, empresa não doa. Investe. Ou alguém já viu alguma multinacional distribuindo seus lucros nas ruas? A conclusão que tiramos é que esse modelo gera corrupção. E a sociedade é quem paga os prejuízos. Não é factível que seja diferente. E nem é aceitável que fiquemos inertes. Somente um baixo grau de desenvolvimento democrático permite esse eloquente silêncio.

103 A representatividade elitizada da classe política brasileira reflete nossos escandalosos índices de desigualdade social. Levantamento feito pelo portal da internet G1 (Globo) apontou que a atual composição das Assembleias Legislativas está, a cada legislatura, mais elitizada. Dados levantados na reportagem apontam para o fato de que o patrimônio médio dos 1.059 deputados estaduais e distritais eleitos em 2010 era de R$ 1,039 milhão. O número de milionários na atual legislatura cresceu 80%, passando de 114 para 205 parlamentares. E o número de eleitos que se declaram políticos por profissão passou de 160 para 487. A desigualdade de gênero manteve-se quase inalterada. Antes, eram 118 (11%). Na atual legislatura, 136 mulheres (12%), enquanto há 923 homens (REIS, Thiago; GUIMARÃES, Thiago. Assembleias Legislativas do país ficam mais ricas e mais escolarizadas. **Portal G1,** Rio de Janeiro, 07 out. 2010. Disponível em: <http://g1.globo.com/especiais/ eleicoes-2010/noticia/2010/10/assembleias-legislativas-do-pais-ficam-mais-ricas-e-mais-escolarizadas.html>. Acesso em: 02 fev. 2013).

consistia em dar uma carapaça de legalidade ao *status quo*, na manutenção das relações desiguais de poder na sociedade.

Mas com a absorção da ideia de Estado Democrático de Direito por aqui, e com ele a de um novo Constitucionalismo, houve o reposicionamento do Judiciário, competindo-lhe um papel de destaque. Na tradição do Estado Democrático de Direito a teoria das fontes é reformulada: a supremacia da lei cede lugar à onipresença da Constituição. Também a teoria da norma assume novos contornos em razão da normatividade dos princípios e, com ela, uma nova teoria da interpretação que, nos termos propostos por Lenio Streck, representa uma blindagem às discricionariedades e aos ativismos.[104] E a necessidade de efetivar os Direitos Fundamentais, fenômeno que no Brasil concretamente só ocorreu com o advento da Carta de 1988 – uma vez que reconheceu tais direitos como de aplicação imediata[105] – abriu um fosso entre a normatividade e a realidade social.

O que nos países centrais foi fruto de um processo histórico de décadas a séculos, aqui se deu em um único ato, no que Boaventura de Sousa Santos chamou de "curto-circuito histórico".[106] Resultado: direitos reconhecidos sem o respaldo das políticas públicas pertinentes e da vontade política que os implementasse. Cria-se uma conflituosidade que é transferida ao Judiciário. E a partir daí, espera-se que ele vire a ponte que ligue, sem sobressaltos, o espaço jurídico-programático ao pragmático-econômico. E a aposta no novo redentor reside na figura do magistrado – que resgataria as promessas perdidas de uma modernidade que só ocorreu nos Estados centrais. Seria a toga o manto mágico do "salvador da pátria", do guardião da moralidade. É o Messias. Mas fundamentado em quê? Eis o grande problema.

---

104 STRECK, Lenio Luiz. **Verdade e consenso**: Constituição, hermenêutica e teorias discursivas, op. cit., p. 37.

105 Constituição da República, art. 5º: "§ 1º - As normas definidoras dos direitos e garantias fundamentais têm aplicação imediata".

106 SANTOS, Boaventura de Sousa. **Para uma revolução democrática da justiça**. 3. ed. rev. e ampl. São Paulo: Cortez, 2011, p. 26. Desde já adiantamos que isso não quer dizer que tais direitos não devam ser exigidos ou que defendamos um processo paulatino de reconhecimento. O estamento vai sempre buscar ou a sonegação ou a protelação de conquistas sociais para manter seus privilégios, como foi a política da época de ditadura militar de "crescer o bolo para depois reparti-lo". A teoria da "reserva do possível", sempre que o "possível" implique redistribuição de renda ou futuro aumento de impostos a quem pode pagar, está aí para isso mesmo. Por falar em possibilidade, passados quase vinte cinco anos da Constituição Federal, por onde anda o projeto de lei complementar que institui o imposto sobre grandes fortunas (art. 153, VII, da Constituição Federal)?

O Judiciário terminou alçado a uma condição de protagonista.[107] E ao mesmo tempo em que triunfa, o Judiciário falha: não dá conta da demanda[108] e nem está preparado para assumir a postura que dele se deve esperar em um Estado Democrático de Direito. A cúpula do Judiciário, na contramão, sob o pretexto de vencer a luta contra o "inimigo", uma demanda impossível de ser vencida sem modificação das estruturas do Judiciário, o que passa por uma democratização interna[109], desvia o foco para questões funcionais.

Sob um ambiente neoliberal (Consenso de Washington) (Cap. 4), compra-se a ideia de Reforma do Judiciário do Banco Mundial, e a busca da eficiência econômica vira o pretexto para se exercer uma espécie de controle remoto judicial e se obstaculizar a verdadeira reforma. Assim, à histórica cultura do patrimonialismo no manejo da coisa pública, soma-se a falta de uma teoria da decisão e de uma teoria da interpretação. E com isso, joga-se a decisão judicial no colo da vontade de poder da cúpula. Mas isso não quer dizer que apenas a cúpula atue arbitrariamente. As bases, reféns da cotidianidade, introjetam o discurso da própria ineficiência, obedecem ao autoritarismo da cúpula, mas também praticam o solipsismo sempre que possível, afinal, ele foi aprendido por modelagem. E o ativismo judicial está aí. Em nome da eficiência, então, cabe tudo, principalmente quando há reforço para essa postura.

Se o controle do exercício do poder é um dos grandes desafios para o Estado Democrático de Direito que se almeja solidificar no Brasil, esse desafio se torna ainda mais sério e grave quando o Poder encarregado de realizar a hermenêutica constitucional – e reafirmar os limites traçados por ela – ainda é aprendiz nessa matéria. Isso quando ele próprio não dá um mal exemplo.

---

107 Para Boaventura de Sousa Santos o protagonismo do judiciário emerge por dois motivos: a) o novo modelo de desenvolvimento assenta nas regras de mercado e nos contratos privados e, para que estes sejam cumpridos e os negócios tenham estabilidade, é necessário um judiciário eficaz, rápido e independente; b) a precarização dos direitos econômicos e sociais passa a ser um motivo de procura do judiciário, seja pela não realização de direitos, seja pelo desmantelamento do Estado Social (SANTOS, Boaventura de Sousa. **Para uma revolução democrática da justiça**. 3. ed. rev. e ampl. São Paulo: Cortez, 2011, p. 24).

108 SALDANHA, Jânia Maria Lopes. A jurisdição partida ao meio. A (in)visível tensão entre eficiência e efetividade. In: STRECK, Lenio Luiz; MORAIS, José Luis Bolzan de (Org.). **Constituição, Sistemas Sociais e Hermenêutica**. Porto Alegre: Livraria do Advogado, 2010. n. 6, p. 72-83.

109 Com transparência e com participação efetiva e diuturna dos juízes, dos servidores e da sociedade civil no planejamento estratégico do Judiciário e na sua execução pela cúpula.

Nosso desafio é apontar as linhas gerais de um novo caminhar que permita enxergar uma solução que não desague em mais arbitrariedade. No trajeto, traremos o exemplo da experiência de ativismo judicial ocorrida na Alemanha, com o fim de demonstrar os seus riscos.

3.1 Vontade de Poder, Potestas, Potentia e Poder Obediencial

Diante desse quadro, é importante que teçamos algumas considerações acerca da questão da decisão judicial como ato de vontade – mas que vontade seria essa? Para tanto, trazemos à baila as reflexões de Enrique Dussel.[110]

À época do chamado "descobrimento das Américas", como a Europa há séculos vivia em lutas internas, cruzadas e guerras contra povos estrangeiros, adquiriu *know-how* bélico. Nas Américas, os invasores europeus se depararam com povos belicamente frágeis.[111] E assim, aqui foi possível exercer o domínio militar, primeiro, e depois político, econômico, cultural e religioso, tanto sobre os povos conquistados que aqui já viviam quanto sobre os que foram trazidos como escravos. E com o passar do tempo, impondo-se e explorando as terras e os povos recém-conquistados, a Europa começou a ocupar a posição de "senhor", sobrepujou a Ásia e assumiu a centralidade mundial. Esse contexto – de não haver nenhum senhor sobre o ego eurocêntrico – edificou uma concepção de poder exclusivamente como dominação.[112]

---

110 DUSSEL, Enrique. **Política de la liberación**. v. 2: Arquitetónica. Madri. Trotta, 2009.

111 Ibid., p. 22. Cabe acrescentar que havia culturas latinas mais desenvolvidas em vários aspectos do que a europeia. E a Ásia, à época, era o centro do mundo. Não há, entretanto, espaço suficiente para nos aprofundarmos no tema. Sugerimos a leitura de uma obra que pode ser baixada gratuitamente na internet, de autoria de Dussel. Trata-se do "1492: o encobrimento do outro: em torno do mito da modernidade" (DUSSEL, Enrique. **1492**: el encubrimiento del otro: hacia el orígen del "mito de la modernidad". La Paz: Biblioteca Indígena, 2008. Disponível em: <http://www.enriquedussel.com/txt/encubrimiento08.pdf>. Acesso em: 02 jan. 2013.)

112 Max Weber retrata bem a visão ideológica capturada pelo paradigma eurocêntrico do poder exclusivamente como dominação e como vontade de poder – ao tratar do tema somente sob essa ótica (WEBER, Max. **Economia e sociedade**. v. 1. Tradução de Regis Barbosa; Karen Elsabe Barbosa. Brasília: UNB, 2004, passim).

Em face da inexistência de outro poder que lhe fizesse frente, o ego dominante passou a ser a definição do que pode fazer ao se deter o poder. Formou-se uma relação assimétrica com o mundo colonial: uma relação de domínio pelas metrópoles. A dominação do sujeito poderoso ante ao impotente era interpretada como a definição mesma de poder político, como algo natural (ideologia legitimante).[113] As raízes da (de)formação social da América Latina – de altos níveis de desigualdade e de marcada diferenciação étnico-econômica –, advêm dessa nossa formação colonial. Dela, também, nosso déficit democrático – constatado pelos tantos e periódicos episódios de estado exceção.

Dussel busca, então, um fundamento positivo último que permita descrever a relação vontade-poder em um sentido forte, com pretensão de verdade e legitimidade, de onde se permita criticar as descrições reducionistas de dito poder.[114] E propõe uma reflexão ontológica – que não se preocupe com os entes, as coisas, os objetos (que são meramente ônticos), mas com os fundamentos ou com aquilo que sustenta o ser. A pergunta ontológica é: qual o fundamento de tudo o que chamamos Político?

Ele faz uma distinção entre *potentia* – o ser oculto, o poder da própria comunidade – e *potestas* (o fenômeno, o poder delegado por representação, exercido por ações políticas através das instituições).

A *potentia* (o poder originário, não dividido, indeterminado, referência última na construção de todas as categorias) da comunidade política (origem e lugar em que a *potestas* é gerada) é como o "ser", o fundamento da política (do político, do campo político como político). Tudo que se chama "político" terá que se fundar, em última instância, nessa *potentia*.

Dito em poucas palavras, a *potentia* é o poder da própria comunidade política; é (para) a pluralidade de todas as vontades por meio da mediação que reconheça o direito do outro, do distante do poder (que no exercício da vontade de poder é o oprimido) ser igual. Um poder que vem das bases, é positivo, da vida que quer viver e ter os meios de sobreviver. O poder político como *potentia* não é dominação ou opressão. É afirmação da comunidade.[115]

113 Não por menos a expressão ainda hoje ouvida por aqui: "manda quem pode; obedece quem tem juízo".

114 DUSSEL, Enrique. **Política de la liberación**. v. 2: Arquitetónica. Madri. Trotta, 2009, p. 47.

115 Ibid., 2009, p. 60.

O poder visto como mera dominação autoritária é um reducionismo.[116] Como explicado acima, o poder político é clivado por uma diferença ontológica entre a *potentia*[117] (o poder político existente difuso na comunidade política – fonte de todo poder estatal que é o povo) e a *potestas* (o mero exercício delegado do poder político institucionalizado). A *potestas* se cliva, novamente, no exercício obediencial[118] do poder delegado, exercício realizado pelas ações e no cumprimento das funções das instituições políticas que respondem às exigências da comunidade política, do povo. O poder obediencial é institucionalizado. E ele se desnatura quando há o exercício do poder que se afirma a si mesmo sem referência à *potentia*. A auto-referência, como última instância da *potestas*, é o exercício fetichizado ou corrompido do poder político.

Quando o ator político, que exerce o poder institucionalizado, afirma-se como a sede da autoridade ou como última instância do exercício do poder, é dizer, quando se desliza do exercício obedencial à autoafirmação do poder desde si, origina-se ontologicamente a fetichização, a corrupção e a desnaturação do poder em dominação, despotismo, tirania. A autonomização ou oposição da *potestas* (a aparência fenomênica) à *potentia* (seu fundamento ontológico) é a dissolução da política como tal.[119] Essa desnaturação ocorre nas posturas realistas-autoritárias do Judiciário que julga de maneira apartada da normatividade.

116 Para Dussel há muitas falácias reducionistas atreladas ao político – pois se fixam em um aspecto importante, mas insuficiente. a) a política só como ação estratégica; b) a política só como teleologia instrumental meio-fim (um formalismo sem conteúdo); c) a política só como competição amigo-inimigo (Carl Schimitt); d) a política como hegemonia; e) a política só como consenso discursivo (Habermas); f) a política só como o espaço de negociação de acordos para resolução de conflitos; g) a política como superestrutura do econômico; h) a política como completamente independente do campo econômico; i) a política como a referência exclusiva ao Estado (como "tomada do poder") ou como a luta pela dissolução do Estado; j) a política só como a afirmação ou como a absoluta negação de princípios normativos (Ibid., p. 24-37).

117 Nossa Constituição traz a diferença ontológica entre *potentia* e *potestas* logo no seu art. 1º, parágrafo único, ao estabelecer que "Parágrafo único. Todo o poder emana do povo [*potentia*], que o exerce por meio de representantes eleitos [*potestas*] ou diretamente, nos termos desta Constituição".

118 Exercício obediencial no sentido de obedecer (ao povo, enquanto poder difuso e legitimante da autoridade) mandando.

119 DUSSEL, Enrique. **Política de la liberación**. v. 2: Arquitetónica. Madri. Trotta, 2009, p. 12.

Há que se reconhecer que o poder *potestas* do Judiciário de julgar, de decidir, não começa e termina em si. Não é auto-referenciado. Só quando visto na perspectiva do poder *potentia* é que ele se legitima. E a Constituição é quem faz o elo entre ambos. Não é por menos que nossa Carta de 1988 assim inicia: "Art. 1º [...] Parágrafo único. Todo o poder emana do povo, que o exerce por meio de representantes eleitos ou diretamente, nos termos desta Constituição".

Infelizmente, dada a nossa formação cultural, o manejo do poder e da coisa pública como própria termina sendo prática comum – até naturalizada.[120] Quando a *potestas* se fetichiza, isto é, se distancia da *potentia* que a legitima e fundamenta, perde força, a ponto de, em havendo o desconhecimento da *potentia*, virar exercício despótico, mera vontade de poder.[121]

3.1.1 A Vontade como Fundamento da Potentia e da Potestas – a Vontade de Poder

Segundo Dussel, antes de vontade de poder (como dominação – e que reproduz morte) há a vontade de fazer as mediações necessárias a se ouvir o outro, em se tratando do juiz, em se ouvir o poder enquanto *potentia*, enquanto povo. Mas não se trata, aqui, do povo como maiorias eventuais ou como opinião pública (ou publicada, como criticaremos no momento

---

120 Não por menos, em nosso dia-a-dia, é mais comum ouvirmos o adágio, "manda quem pode, obedece quem tem juízo" – que representa uma concepção negativa do poder, do que o "o povo unido jamais será vencido", representando uma concepção positiva de poder.

121 No livro Assim Falava Zaratrusta, uma narrativa fictícia, por vezes poética, por vezes irônica, Nietzsche desenvolve pela primeira vez seu conceito de vontade de poder. Embora haja divergências sobre seu alcance, o sentido que atribuímos é o de que representa o desejo inesgotável do homem de dominar. Eis algumas passagens sintomáticas: "Quando vos elevais acima do louvor e da censura, e quando a vossa vontade, como vontade de um homem que ama e quer mandar em todas as coisas, então assistis à origem da vossa virtude." (Posição 1412); "E onde há sacrifício e serviço e olhar de amor há também vontade de ser senhor. Por caminhos secretos desliza o mais fraco até à fortaleza, e até mesmo ao coração do mais poderoso, para roubar o poder" (Posição 2161); "Só onde há vida há vontade; não vontade de vida, mas como eu predico, vontade de domínio" (Posição 2162); "Que te importam os seus motejos. Tu és um que se esqueceu de obedecer; deves agora mandar. Não sabes do que todos necessitam? Do que ordena as grandes coisas. Realizar grandes coisas é difícil; mas, mais difícil ainda é ordenar grandes coisas. O mais indesculpável em ti é teres o poder e não quereres reinar" (posições 2795-2799) (NIETZSCHE, Friedrich. **Assim falava Zaratustra**. Tradução de Araújo Pereira (1871-1945). ed. Digital Kindle. [S.l]: Centaur Editions, 2013).

devido). O reconhecimento institucionalizado da *potentia* reside na Constituição, pois é ela quem expressamente determina, dentro de uma comunidade política, a obediência ao poder *potentia* – razão de todo o agir estatal. E essa legitimação, a quem Dussel dá o nome de "vontade de viver", se opõe à vontade de poder que gera morte e opressão. A vontade de viver não é *voluntas* que se atribui ao agente político delegado, mas à comunidade política e é fundamentalmente anterior a qualquer vontade de poder de um ator político (*potestas*), pois foi ela quem o legitimou enquanto autoridade.[122] Essa comunidade (*potentia*) é a verdadeira referência da vontade de viver. O agente político manda obedecendo essa vontade, e não o inverso.

O juiz é agente político. É membro de um poder delegado pelo poder *potentia*. Mas ele manda obedecendo também. A decisão judicial não é ato de vontade do juiz porque ele não tem esse poder de fazer valer sua vontade pessoal. Parafraseando John Donne, o julgador não é uma ilha em si mesmo. Não fica a critério dele dizer o que quer sobre o que é direito, mas sim, fazê-lo dentro de sua esfera de atribuição de poder *potestas*, que se resume ao campo normativo. E dentro do campo normativo, interpretação precisa ser autêntica, isto é, não pode contornar ou subtrair do seu *mundo* a Constituição. Ela é o *metatexto*, pois está sempre presente e de modo a condicionar a atribuição de um sentido que se antecipa do texto para a norma do caso concreto.

Essa atribuição de sentido precisa ser autêntica também no respeito aos constrangimentos semânticos e à tradição em que está inserido o ator jurídico. Isto significa uma dupla limitação: a) não pode julgar por critérios outros[123] que não o normativo, nos termos acima; b) não pode produzir sentidos corrompidos, fora da verdade como experiência, como produção de um sentido intersubjetivamente compartilhado e aceito como

122 "Deseamos resumir lo expuesto recordando que, desde la referencia en última instancia a la vida humana en comunidad (con pretensión de abarcar a toda la humanidad), surge el querer de la vida como voluntad, anterior a toda Voluntad de Poder como dominación («dominación» que consideraremos una caída en una fijación represiva que produce muerte), que se despliega como Poder de la Voluntad en cuanto ejercicio del poder-poner las mediaciones queridas, los entes con valor político. Esta Voluntad de Vivir [...] moverá a las víctimas (en su inicio como voluntades impotentes) contra la Voluntad de Poder como dominación [...]" (DUSSEL, DUSSEL, Enrique. **Política de la liberación**. v. 2: Arquitetónica. Madri. Trotta, 2009, p. 59).

123 Como por razões de utilidade, valores pessoais ou ideologia.

autêntico. Isso é muito importante para as conclusões que tiraremos ao final desse texto e perpassará a crítica que faremos à hierarquização do Judiciário pelas cúpulas, conduzido sob o discurso da eficiência, dentro de uma ordem corporativa e funcionando sob os ditames neoliberais propostos por um documento paralegislativo do Banco Mundial.

3.2 Da Judicialização da Política ao Ativismo Judicial

A centralidade do Poder Judiciário hoje é inegável. A judicatura entrou, definitivamente, no dia-a-dia da vida administrativo-política brasileira, interagindo, interferindo ou condicionando tanto a efetivação de direitos fundamentais, quanto a definição de quais as políticas públicas para o atingimento desses fins pelo Estado. Diz Streck,

> [...] no Estado Democrático de Direito, ocorre certo deslocamento do centro de decisões do Legislativo e do Executivo para o plano da justiça constitucional. Pode-se dizer, nesse sentido, que no Estado Liberal, o centro de decisão apontava para o Legislativo (o que não é proibido é permitido, direitos negativos); no Estado Social, a primazia ficava com o Executivo, em face da necessidade de realizar políticas públicas e sustentar a intervenção do Estado na economia; já no Estado Democrático de Direito, o foco de tensão se volta para o Judiciário.[124]

O problema é definir qual o limite dessa intervenção. É divisar o ativismo judicial da inevitável judicialização da política. Um Governo com um Judiciário ou um governo do Judiciário. Um Governo assentado na Constituição ou um Governo na toga e na vontade individual de quem a veste.

Para tanto, faz-se necessário o resgate da origem do ativismo no seu berço, o constitucionalismo norte-americano, como se deu sua importação e os efeitos aqui, diante da forma com que se fez a referida transposição das teorias.

E nessa tarefa nos ancoramos no trabalho mais atualizado hoje, de autoria da jurista gaúcha Clarissa Tassinari.[125] Segundo ela, para a com-

124 STRECK, Lenio Luiz. **Hermenêutica jurídica e(m) crise**: uma exploração hermenêutica da construção do direito. 10. ed. Porto Alegre: Livraria do Advogado, 2011, p. 63.

125 TASSINARI, Clarissa. **Jurisdição e ativismo judicial**: limites da atuação do judiciário. Porto Alegre: Livraria do Advogado, 2013.

preensão da judicialização da política é preciso estabelecer a existência de três elementos que se entrelaçam: Direito, Política e Judiciário. Em relação aos dois primeiros, é inegável que há uma relação entre ambos. Não por menos, "o constitucionalismo pode ser definido como uma tentativa jurídica (Direito) de oferecer limites para o poder político (Política), o que se dá por meio das Constituições".[126]

É inegável que a Constituição, em sua formação, teve um elemento político. Houve escolhas (conteúdo político) na decisão de instituí-la e no seu processo de elaboração (forma de Estado, forma de Governo, regime de Governo, sistema econômico, etc.). Isso refletirá futuramente nos sistemas jurídico, político, econômico e social balizados pela Constituição. O problema se lança quando a Política passa a ser utilizada judicialmente como um argumento corretivo do direito,[127] tornando-se o que Lenio Streck chama de "predador externo da autonomia do direito".

A origem da judicialização da política é social e contingente. Ela não advém de uma vontade do julgador ou do Judiciário como um todo. É fruto de um reposicionamento do Judiciário feito pelo constitucionalismo pós-guerra e sua pretensão de transformação da sociedade. Para tanto, as Cartas Constitucionais trouxeram consigo um rol mais amplo de direitos (tanto em número quanto em grau – p. e., direitos difusos). Mais direitos geram mais demanda e, em razão de sua não implementação pelo Estado e/ou o não reconhecimento pelas instituições privadas, dá-se o aumento da litigiosidade, transferindo a resolução desses litígios ao palco judicial.[128]

126 Ibid., p. 28.

127 TASSINARI, Clarissa. **Jurisdição e ativismo judicial**: limites da atuação do judiciário, op. cit., p. 29.

128 Acentua Lenio Streck que se "no paradigma liberal-individualista, trabalha-se ainda com a concepção de que o Direito é ordenador, o que, à evidência, caminha na direção oposta de um Direito promovedor-transformador do Estado Social e Democrático de Direito. Dito de outro modo, se no Estado Democrático de Direito o Direito assume uma função transformadora, torna-se evidente que a concretização das promessas da modernidade constantes em uma Constituição Compromissária e Dirigente demanda uma nova postura do Poder Judiciário (e em especial da Justiça Constitucional). Como bem lembra Fábio Comparato, 'no regime democrático, o atributo maior da soberania popular consiste em constitucionalizar a nação'" (STRECK, Lenio Luiz. **Jurisdição constitucional e hermenêutica**. 2. ed. rev. e ampl. Rio de Janeiro: Forense, 2004, p. 571-572).

Como salienta Tassinari, a judicialização é muito mais uma constatação do que vem ocorrendo na contemporaneidade do que uma postura a ser identificada (como positiva ou negativa) do Judiciário.[129]

Já em relação ao ativismo judicial, este ocorre quando o Judiciário – que deve se pautar pelo respeito à normatividade (isto é, decidir por meio de argumentos jurídicos), desvirtua sua atuação via argumentos morais ou de política. Se o fundamento da atuação do Judiciário é, exatamente, a existência de lesão ou ameaça de lesão a direito, é paradoxal quando em sua decisão ele lança argumentos extrajurídicos (morais ou de política) como razão de decidir. Como se pretender restabelecer a normatividade violando-a com argumentos que a desconhecem?

No mesmo sentido, Streck, para quem "um juiz ou tribunal pratica ativismo quando decide a partir de argumentos de política, de moral, enfim, quando o direito é substituído pelas convicções pessoais de cada magistrado (ou de um conjunto de magistrados)".[130]

O argumento jurídico reflete o respeito à normatividade – é uma garantia para o cidadão de que no julgamento pelo Judiciário uma regra geral (o texto normativo), válida para todos os que estão no seu feixe de incidência (princípio da isonomia), está sendo individualizada (na geração da norma do caso concreto). Já um argumento de política ou moral advém de uma escolha pessoal do julgador, não estando previamente definido e nem constituindo uma regra geral. E por ter um conteúdo ideológico, como será visto no exemplo alemão, tem um alcance e gera consequências imprevisíveis... depois não podemos nos queixar do ditado que diz (com palavras menos elegantes) que de nádegas de recém-nascidos e cabeça de juiz ninguém sabe o que vem.

O juiz ativista age como se pudesse ser o arauto da moralidade e da correção política, esquecendo, porém, do déficit democrático de sua postura. Infelizmente, ela permeia boa parte do corpo da magistratura, notadamente nos tribunais superiores, haja vista que em face ao fenômeno da hierarquização, a ser visto no próximo capítulo, há uma interdição parcial do discurso

129 TASSINARI, Clarissa. **Jurisdição e ativismo judicial**: limites da atuação do judiciário, op. cit., p. 32.

130 STRECK, Lenio Luiz. **Verdade e consenso**: Constituição, hermenêutica e teorias discursivas, op. cit., p. 589, nota de rodapé 123.

das bases – de modo a agirem com posturas ativistas, mas como uma espécie de prepostos dos grandes enunciadores de juízos prévios. Em todo caso, da postura de autoridade para a de autoritário é só um pequeno passo para o magistrado, mas um grande abismo para a constitucionalidade.

Podemos enxergar o desvio da normatividade na práxis judiciária como efeito da vontade de poder se espraiando horizontal e verticalmente. Em seu sentido horizontal, torna-se prática em todas as instâncias judiciais. Em sentido vertical, impõe-se pela cúpula sobre as bases do Judiciário. Em sentido horizontal, podemos detectar três vertentes: a) a atribuição inautêntica de sentidos – normas que não guardam relação de verdade (como fusão de horizontes e dentro de uma tradição) com o texto; b) utilização de princípios *ad-hoc* e de conceitos assertóricos. Em sentido vertical, identificamos as seguintes práticas e institutos: a) o julgamento por citação de ementas judiciais descoladas da faticidade (*common law* à brasileira); b) súmulas comuns e súmulas vinculantes; c) os institutos da repercussão geral e dos recursos repetitivos. Veremos, por ora, as práticas horizontalmente consideradas.

3.2.1 A Atribuição Inautêntica de Sentidos

A atribuição inautêntica de sentidos, uma típica postura solipsista, significa gerar uma norma a partir de um texto de modo a que aquela não seja autêntica dentro de uma tradição. Isto, é, a norma não é verdade enquanto fusão de horizontes, senão exercício de arbítrio por meio da retórica. Um caso paradigmático é o do art. 212 do Código de Processo Penal, com a redação dada pela lei 11.690/2008:

> Art. 212. As perguntas serão formuladas pelas partes diretamente à testemunha, não admitindo o juiz aquelas que puderem induzir a resposta, não tiverem relação com a causa ou importarem na repetição de outra já respondida.
>
> Parágrafo único. Sobre os pontos não esclarecidos, o juiz poderá complementar a inquirição.

Há constrangimentos semânticos invencíveis, dentro de uma atribuição intersubjetiva de sentido autêntica. Há, como diz Lenio Streck, "uma entificação minimamente compreensível no plano do imaginário dos juristas".[131] Há conceitos compartilhados pela comunidade que não autorizam (a autoridade da tradição – Gadamer) a que se entenda que as expressões "As perguntas serão formuladas pelas partes diretamente à testemunha" e "Sobre os pontos não esclarecidos, o juiz poderá complementar a inquirição" levem à conclusão de que pode o magistrado iniciar a colheita do depoimento, isto é, sobre pontos não complementares. Não há como se admitir mais o sistema presidencialista. Mesmos assim, anos após a lei, o STF e o STJ continuam a aceitar a violação da regra, sob a alegação de que se trata de nulidade relativa.[132] Acresce-se a essa prática, como será visto, a contaminação do Judiciário pelo discurso eficienticista, que utiliza argumentos utilitaristas para sobrepujar a normatividade e, ao mesmo tempo, concentrar poder na cúpula.

Nesta dimensão, a autonomia do direito seria substituída pelo pragmatismo político-jurídico que coloca a ordem jurídica em um estado de exceção permanente, o que importa no declínio do império do direito – o que comumente ocorre em países de modernidade tardia, um risco para a democracia,[133] fenômeno ao qual Marcelo Neves deu o nome de alopoiese.[134]

Com nossa realidade histórica marcada pelo autoritarismo, pela fragilidade da democracia, não é difícil concluir quem se beneficia dessa diáspora entre o texto e a norma na atribuição inautêntica de sentidos: os estamentos e o capitalismo financeiro que hoje é seu coautor e/ou legatário, haja vista sua proximidade com o poder e a capacidade de produzir discursos de verdade. Tais discursos ganham força em um Judiciário corporativo,

---

131 STRECK, Lenio Luiz; ABBOUD, Georges. **O que é isto – o precedente judicial e as súmulas vinculantes?** Porto Alegre: Livraria do Advogado, 2013, p. 32.

132 BRASIL. Supremo Tribunal Federal. **Habeas corpus nº 116285**. Relator(a): Min. Teori Zavascki, Segunda Turma, Brasília, julgado em 16 abr. 2013, processo eletrônico DJe-080 divulg. 29 abr. 2013, public. 30 abr. 2013.

133 STRECK, Lenio Luiz. **Verdade e consenso**: Constituição, hermenêutica e teorias discursivas, op. cit., p. 43.

134 "[...] no Brasil, o problema não reside primacialmente na falta de suficiente adequação e abertura (cognitiva) do sistema jurídico ao seu ambiente social (heterorreferência). Contrariamente a essa tradição jurídico-sociológica, tenho destacado que se trata de insuficiente fechamento (normativo) por força das injunções de fatores sociais diversos. Além da sobreposição destrutiva do código hipertrófico 'ter/nãoter' e de particularismos relacionais difusos, a autonomia operacional do direito é atingida generalizadamente por intrusões do código político" (NEVES, Marcelo. **Entre Têmis e o Leviatã**: uma relação difícil. São Paulo: Martins Fontes, 2006, p. 245).

um Judiciário da *accountability* e de atores jurídicos *pop stars* a mercê dos meios de comunicação social. Não tem jeito: não há como se aceitar a quebra da autonomia do direito sem o ônus do enfraquecimento da democracia e a utilização do direito, como razão instrumental, pelos poderosos. Transforma-se no exercício da "vontade de poder" nietzscheana. E a história nos ensina que a corda sempre arrebenta do lado mais frágil. Normatividade é garantia de igualdade. É a virtude soberana.[135] E igualdade é a expressão basilar do Estado Democrático de Direito. Somente o direito com sua autonomia preservada é capaz de ser transformador, de efetivar os Direitos Fundamentais da Constituição, bem como os direitos reconhecidos nos tratados internacionais incorporados ao nosso ordenamento.

Ainda dentro da ideia de interpretação como vontade de poder em um sentido horizontal, é comum o uso de princípios *ad-hoc* e de conceitos assertóricos. Como já salientado na introdução, preponderam nas cúpulas, que ou os criam ou os legitimam expressamente por meio do seu uso, mas também são produzidos nas bases.

3.2.2 A Construção de Princípios ad-hoc e de Conceitos Assertóricos

Frente a um texto constitucional de vanguarda e atributivo de direitos, o discurso de poder[136] do estamento e do capital busca a solução para sobrepujá-lo: desfuncionalizar a hermenêutica jurídica, desatrelando-a da normatividade constitucional, através: a) da atribuição arbitrária de sentidos, como já visto; b) da construção de princípios *ad-hoc* e de conceitos assertóricos; c) por meio da ponderação de princípios. Esses fenômenos ocorrem em todas as instâncias do Judiciário (efeito horizontal) face ao fenômeno da hierarquização, como será visto no mais à frente (Cap. 4), tanto a atribuição arbitrária de sentidos quanto a construção de princípios *ad-hoc* e de conceitos assertóricos

135 DWORKIN, Ronald. **A virtude soberana**: a teoria e a prática da igualdade. Tradução de Jussara Simões. São Paulo: Martins Fontes, 2005.

136 Embora a desfuncionalidade seja cíclica e formando um ciclo vicioso, como já enfatizamos, notamos que nas cúpulas predomina o decisionismo – caracterizado por uma visão solipsista e discricionária – e nas bases um processo de hierarquização, por meio do julgamento atrelado a precedentes apartados da facticidade em dupla dimensão – tanto na facticidade do caso que deu origem ao precedente quanto na do caso que está sendo julgado.

promanados dos tribunais superiores – exercício da vontade de poder – ocasionam um efeito perigoso para a democracia: criam um teto epistemológico que restringe a independência funcional dos magistrados de instâncias inferiores, possibilitando a centralização e hierarquização das decisões judiciais de acordo com interesses nem sempre confessáveis. Ademais, como salienta Mauricio Martins Reis,

> Sob o pretexto e se combater o anacronismo e a morosidade, não se pode suprimir o direito constitucional de acesso à justiça, objetivando as controvérsias e deformando as pretensões em direitos subjetivos conceituais.[137]

Lenio Streck tem uma visão mais otimista. Para ele, essa construção do dogmatismo jurídico é uma espécie de "adaptação darwiniana" do positivismo jurídico devido à judicialização dos conflitos. A criação de conceitos jurídicos universalizantes teria a finalidade de superar o modelo discricionário, mas

> Passaram a ser anulados por conceitualizações, que acabaram por transformá-los em 'regras' ou 'protorregras' (verbetes, conceitos lexicográficos, enunciados, súmulas etc.). E tudo volta à origem, com o sacrifício da singularidade do caso concreto, isto é, o que caracteriza o direito como saber prático é obnubilado pelo modelo conceitualista que domina a operacionalidade do direito.[138]

Abordaremos agora os princípios *ad-hoc* e os enunciados assertóricos. Deixaremos para o próximo capítulo a abordagem das súmulas comum e vinculante, e dos pseudoprecedentes judiciais de tribunais superiores. Entendemos que estes estão mais relacionados à hierarquização e à situação de tratamento em massa das decisões judiciais, sem perder seu conteúdo de exercício da vontade de poder de quem os cria, e até porque têm sua origem, necessariamente, na cúpula do Judiciário.

---

137 REIS, Maurício Martins. O (o)caso concreto: a problemática decidenda pode ser subsumida em teses jurídicas abstratas? In: STRECK, Lenio Luiz; MORAIS, José Luis Bolzan de (Org.). **Constituição, Sistemas Sociais e Hermenêutica**. Porto Alegre: Livraria do Advogado, 2010, n. 7, p. 222.

138 STRECK, Lenio Luiz. **Verdade e consenso**: Constituição, hermenêutica e teorias discursivas, op. cit., p. 224.

3.2.2.1 Princípios ad-hoc e Princípios Pragmáticos ou Problemáticos

A criação de princípios *ad-hoc* é uma das manifestações da postura decisionista e solipsista, absolutamente contrária à Constituição. Trata-se, porém, de uma prática disseminada na atualidade. E o pior, com um pretenso viés de vanguarda. Ao alvedrio da normatividade (aqui entendida como ordem de regras e princípios constitucionalmente referenciada), surge como protorregra.

Há, agora, a figura do fazedor de "princípios", notadamente nos tribunais superiores. Quando não o criam, institucionalizam-no quando os utilizam como *ratio decidendi.* Os princípios ad-hoc funcionam tal qual um slogan: quando mais impactante, melhor. Trata-se de um estratagema, pois esconde sua real finalidade: decidir conforme o desejo de quem os cria/utiliza, contornando a normatividade. O princípio *ad-hoc* foge da Constituição (e dos tratados internacionais aqui vigentes) porque não tem sustentação normativa.

Em vários textos Lenio Streck denuncia essa falsificação dos princípios jurídicos, pois são lançados nas fundamentações como pretexto para o exercício da pura vontade de poder. Aproveitamos para comentar alguns desse chamados princípios *ad-hoc* tão em moda na nossa prática forense: [139] a) *princípio da confiança no juiz da causa* – uma espécie de canivete-suíço retórico, que no processo penal é usado tanto para manter preso quanto para soltar alguém com base na confiança que se teria no juiz de primeira instância, que estaria mais próximo dos fatos; b) *princípio do fato consumado* – sob seu auspício toda sorte de ilegalidades pode ser mantida, mesmo que ao alvedrio das determinações legais em relação à prescrição e decadência de direitos – um guarda-chuvas retórico na proteção da má-fé; c) *princípio da instrumentalidade processual* – herdeiro da filosofia da consciência, por meio dessa falácia normativa se viola o devido processo legal através de posturas utilitaristas; d) *princípio da verdade real* – trata-se, talvez, do maior caso de "buraco-negro normativo" ainda em pleno uso no nosso processo penal, inadmissível em um sistema acusatório. E aproveitamos para desafiar o leitor a encontrar o fundamento constitucional dessa grande falácia. Sob o pretexto de busca da verdade

139 STRECK, Lenio Luiz. **Hermenêutica jurídica e(m) crise**: uma exploração hermenêutica da construção do direito, op. cit., p. 147-149.

real atua, lamentavelmente, o inquisidor que há dentro do juiz. O Estado Democrático de Direito, claro, naufraga nessas horas.[140]

Além dos pretensos princípios acima, Lenio Streck cita outros:[141]

> princípio da simetria (menos um princípio de validade geral e mais um mecanismo ad hoc de resolução de controvérsias que tratam da discussão de competências); princípio da precaução (nada mais, nada menos que a institucionalização de uma tautologia jurídica; afinal, por que a 'precaução' – que poderíamos derivar da velha prudência – seria um 'princípio'?); [...] princípio da não surpresa (não passa de um enunciado com pretensões performativas, sem qualquer normatividade; de que forma uma demanda é resolvida utilizando o princípio da não surpresa?); [...] princípio da absoluta prioridade dos direitos da Criança e do Adolescente (interessante nesse standard retórico é a expressão 'absoluta'...); princípio da afetividade (esse prêt-à-portêr nada mais faz do que escancarar a

140 O juiz que conduz a produção da prova, por mais bem intencionado que seja, termina se contaminando pelo objeto da busca. Vincula-se psicologicamente ao que procura. E "quem procura, acha". E por que procura? Porque quem procura já saiu do lugar de isenção que deveria estar, já deixou a posição de imparcialidade. As partes existem exatamente para fazer a procura. Sem perceber, o juiz investigador da "verdade real" se despe da toga e passa a vestir a beca da acusação. E por que a da acusação? Porque o ônus de provar o alegado é do acusador. Ora, se a função do acusador é comprovar a materialidade a e autoria dos fatos, o magistrado que também investiga termina por auxiliar o acusador em um ônus que é exclusivo deste. Deixemos as partes se atuarem e cumprirem seus papéis. Cabe a elas a iniciativa da prova e sua produção. Ao juiz, garantir a paridade de armas, o respeito aos direitos constitucionais das partes, a valoração das provas colhidas por estas e o julgamento com base em um juízo normativamente motivado. Inclusive, sob uma ótica lacaniana (Real, Simbólico e Imaginário) o Real jamais será conhecido como tal porque o real é o que não nos é acessível. Em razão da impossibilidade de apreensão do todo é que simbolizamos. Nós vivemos na esfera do Simbólico, que faz a mediação com o que nos é possível assimilar, conhecer: a realidade. O Real é o que sobra. Já em relação ao Imaginário, o magistrado-investigador se deixa tomar por ele e, com ele, pelas imagens de uma pretensa verdade *a priori* da instrução criminal. O imaginário desliza... é o lugar do ilusório. Na verdade, o trabalho do magistrado nada mais é do que o de um historiador. E, no sistema acusatório, quem fornece o material de estudo para o magistrado são as partes. É importante que o juiz tenha consciência desse seu papel.

141 Na obra Verdade e Consenso, Streck enumera nada menos que trinta e nove pseudoprincípios, entre eles, alguns com nomes sugestivos: princípio da situação excepcional consolidada; princípio da jurisdição equivalente; princípio lógico do processo civil; princípio da dialeticidade; princípio da elasticidade ou adaptabilidade processual; princípio da cortesia; princípio da pureza ou exclusividade orçamentária; Princípio da beneficência de Hipócrates (STRECK, Lenio Luiz. **Verdade e consenso**: Constituição, hermenêutica e teorias discursivas, op. cit., p. 519-534).

> compreensão do direito como subsidiário a juízos morais; daí a perplexidade: se os princípios constitucionais são deontológicos, como retirar da 'afetividade' essa dimensão normativa?); princípio do processo tempestivo (mais uma amostra de uma 'principiologia' ad hoc e sem limites, que confunde meros argumentos ou pontos de vista com princípios jurídicos). [142]

Mas subsistem, também, categorias antigas de princípios, atreladas ao paradigma do positivismo ainda em uso: os chamados princípios gerais do direito. Segundo Rafael Tomaz de Oliveira, os princípios gerais do direito são reminiscências do jusnaturalismo, como figuras capazes de suprir eventuais lacunas no direito sob a ótica positiva e de reduzir eventuais contradições que pudessem surgir da interpretação dos códigos.[143] Do jusnaturalismo também advém sua forma de aplicação, como axiomas de justiça a partir do qual a dedução seria feita. Eles se extrairiam, em última análise, da própria lei.[144] Não há, assim, uma referência à Constituição – omissão que também é, em nosso estágio de evolução da teoria constitucional, absolutamente inaceitável. Terminam tendo, hoje, o mesmo destino dos princípios *ad-hoc*: nenhuma força cogente porque não são *princípios*, normativamente considerados.

Lenio Streck dá o nome de pan-principiologismo[145] a essa prática de criar princípios *ah-doc*, como se fosse possível, a partir da assunção de uma ideia de "elasticidade" semântica da Constituição, rompê-la por meio da retórica. Sempre, claro, ao bel prazer do intérprete e conforme seus valores pessoais (leia-se, arbitrariedade). Em razão da prévia hierarquização, esses princípios ou são fabricados ou referendados e posteriormente reproduzidos nas instâncias superiores e utilizados como álibis teóricos nas decisões desses tribunais e pelos juízes das esferas iniciais da Jurisdição. Uma rápida reflexão denuncia sua auto-referência, seu caráter de embuste

---

142 STRECK, Lenio Luiz. **Hermenêutica Jurídica e(m) crise**: uma exploração hermenêutica da construção do direito, op. cit., p. 146-147.

143 OLIVEIRA, Rafael Tomaz de. **Decisão judicial e o conceito de princípio**: a hermenêutica e a (in)determinação do direito, op. cit., 2008, p. 50.

144 Ibid., p. 51.

145 STRECK, Lenio Luiz. **Hermenêutica Jurídica e(m) crise**: uma exploração hermenêutica da construção do direito, op. cit., p. 102-103.

discursivo, uma vez que são desatrelados da produção de sentidos a partir da Constituição e dos tratados internacionais incorporados à nossa ordem jurídica. Sua força é de pura eloquência vazia, fruto, como já dito, do impacto do significante.

Nesse ponto, aliás, cabe acrescentar uma questão muito importante. Há uma diferença ontológica entre regras e princípios – os verdadeiros, os princípios pragmáticos ou problemáticos,[146] e não esses embustes retóricos *ad-hoc*. Regras e princípios são diferentes, mas não estão cindidos. Os princípios são a inserção do mundo prático no direito. Não são uma "abertura da interpretação", como querem os neopositivistas. Isso significa que não se aplicam princípios isoladamente (ou o que seria do direito se o juiz pudesse julgar sempre com base no princípio da proporcionalidade ou da razoabilidade, diretamente?). E nem regras são aplicadas diretamente. Isso porque não há uma regra que não tenha um princípio que a sustente normativamente. Toda regra só pode ser entendida a partir da existência de um princípio instituidor. E os princípios são sempre considerados sob a ótica constitucional.[147] Princípios validam ou invalidam regras. Sendo assim, não existem, dentro de uma ideia de Estado de Direito, princípios que não tenham um fundamento na Constituição e nos tratados internacionais incorporados à nossa ordem jurídica, como ressaltamos. Por isso não existem os tais princípios *ad-hoc*.

Há uma antecipação de sentido em toda norma que deriva de uma regra, e a referida regra se fundamenta em um princípio, embora tal princípio nem seja percebido pela cotidianidade como ocorre quando um ator jurídico se depara com um caso que considera "fácil". Somente quando no plano hermenêutico se torna problemática a compreensão é que ele aparece. Mas o princípio sempre esteve lá, validando ou não a regra, na atribuição de sentido que é a norma. Lembramos, aliás, que sempre com-

146 Cf. OLIVEIRA, Rafael Tomaz de. **Decisão judicial e o conceito de princípio**: a hermenêutica e a (in)determinação do direito, op. cit., 2008, p. 50.

147 E diz Streck "Por isso, todo ato interpretativo (portanto, aplicativo) é ato de jurisdição constitucional. Mesmo quando o problema parece estar resolvido mediante a aplicação da regra, deve o intérprete – e se trata de um dever constitucional que tem a sua dimensão ditada pelo nível de seus pré-juízos legítimos (ou ilegítimos) – *verificar se o princípio que subjaz à regra* não aponta em outra direção (quando não se está diante de simples análise paramétrica, em que a regra afronta princípios ou preceitos constitucionais)." (STRECK, Lenio Luiz. **Verdade e consenso**: Constituição, hermenêutica e teorias discursivas, op. cit., p. 315).

preendemos o texto (regras e princípios) como normas, na facticidade. Portanto, como dizemos aqui nesse escrito, não existem casos fáceis ou difíceis *a priori*, isto é, longe da faticidade.

Se todo ente só é no seu ser, não há regras que não digam respeito a algo. Não existem conceitos em abstrato, longe da faticidade. A distinção entre regras e princípios, assim, não é estrutural como quer Alexy. Como acentua Streck, os princípios representam a tentativa de resgate de um mundo prático abandonado pelo positivismo. E as regras são meios para garantir um "estado de coisas" desejado. Mas essa distinção só pode existir no plano apofântico. No plano hermenêutico, da compreensão, não há cisão, apenas diferença. Como novamente explica Streck,

> A diferença é que sempre há uma ligação hermenêutica entre regra e princípio. *Não fosse assim, não se poderia afirmar que atrás de cada regra há um princípio instituidor.* Esse princípio, que denominamos instituidor, na verdade, constitui o sentido da regra na situação hermenêutica gestada no Estado Democrático de Direito. Essa é a especificidade; não é um princípio geral do direito, um princípio bíblico, um princípio (meramente) político. No fundo, quando se diz que entre regra e princípio há (apenas) uma diferença (ontológica, no sentido da fenomenologia hermenêutica), é porque regra e princípio se dão, isto é, acontecem (na sua norma) no interior do círculo hermenêutico. O sentido depende do outro, a partir desse engendramento significativo.[148]

3.2.2.2 Conceitos Assertóricos

Além disso, há, também, a criação de chavões, de jargões com pretensão metajurídica. Da mesma forma com o que acontece com os princípios *ad-hoc*, são álibis retóricos que servem para o exercício da vontade poder de quem os utiliza. Esses clichês são utilizados de maneira atemporal e abstrata, de modo a encobrir seu caráter de manipulação discursiva da razão instrumental. O caso concreto fica obnubilado em detrimento de teses. O conceito assertórico é o que se põe no lugar da facticidade. Mas ele também é vazio de um sentido *a priori*, até porque, como explica-

148 STRECK, Lenio Luiz. **Verdade e consenso**: Constituição, hermenêutica e teorias discursivas, op. cit., p. 305-306.

mos (Cap. 2), não existe um sentido *a priori* das coisas – as coisas não têm essência. O positivismo esconde a facticidade. Na busca da pureza, faz-se necessário o sacrifício do mundo prático. E com isso se dá abertura para uma atribuição de sentidos descolada da realidade do caso concreto. Sem concretude, barra-se a inserção da Constituição no *mundo*. Possibilita-se, assim, o exercício da vontade de poder. E quanto mais autoritária uma sociedade, maior o manejo desses recursos para fins destoantes dos apregoados na Constituição e nos tratados internacionais que incorporamos.

Para facilitar o entendimento do que vem a ser um enunciado assertórico, trazemos alguns exemplos. "O ordinário se presume; o extraordinário se prova" – foi com esse chavão que a ministra Rosa Maria Weber fundamentou seu voto pela condenação de José Dirceu no afamado julgamento da ação penal 470. Ocorre que na sua famosa obra do século XIX, Malatesta disse que o ordinário, no processo penal, é sempre a inocência;[149] assim, descolada de seu contexto, a frase acima se tornou uma mera ferramenta retórica que, diante da corruptela do uso dos precedentes judicias (Cap. 5), serviu para fins completamente contrários ao sentido atribuído pelo próprio autor, tornando-se uma protorregra dentro de uma tradição inautêntica. Outro: "a palavra da vítima tem especial importância nos crimes contra os costumes". Tem ou não tem. Isso vai depender do caso concreto. Um julgamento não é algo tão simplório que caiba em um chavão.

Acerca dos conceitos assertóricos, Lenio Streck faz a historicidade do tão conhecido e usado "legítima defesa não se mede milimetricamente". O *leading case* dizia respeito a um caso em que o acusado, após ver a vítima conversando com a esposa daquele, foi tomar satisfações e após

149 Para Malatesta, existem dois princípios que regem a prova. Um que ele chamou de princípio lógico – que advém dos meios de convicção que o espírito humano possui e também no modo de ser das coisas. Para ele, "na colisão entre um facto positivo e um facto negativo, quem afirma o facto positivo tem de o provar, com preferência a quem afirma o facto negativo. É o velho brocardo: *probatio incumbit ei qui dicit, non qui negat*." O outro é o princípio ontológico, sempre superior ao lógico e que apregoa que o ordinário é as pessoas não cometerem crimes. E arremata: "O homem no maior número dos casos não comete acções criminosas, o homem ordinariamente é inocente; a inocência por isso presume-se. A presunção da inocência não é portanto mais do que uma especialização de grande presunção genérica, que exposemos: o ordinário presume-se. E como, pelo princípio ontológico, presumindo-se o ordinário, é o extraordinário que deve provar-se, segue-se daí que, aberto o debate judiciário penal, é à acusação que cumpre a obrigação da prova" (MALATESTA, Nicola Framarino dei. **A lógica das provas em matéria criminal**. 2. ed. Tradução de J. Alves de Sá. Lisboa: Livraria Clássica, 1927, p. 141.)

ter sido insultado, descarregou o revólver, tendo uma das balas atingido a vítima nas costas. E assim, o enunciado, descolado de sua facticidade,

> [...] passou a ser aplicado a casos concretos de faca contra revólver, pedaço de pau contra espingarda, um simples puxar de um pente para justificar a legítima defesa putativa e até mesmo para justificar a 'legítima defesa da honra' (sic), para citar apenas algumas das hipóteses.[150]

Descolados da facticidade, esses enunciados assertóricos são como produtos em uma prateleira. No supermercado dos conceitos, eles estão à disposição. É só pegar, pôr no carrinho e usá-los como se bem quiser.[151] São o coringa do jogo. O problema é que a atribuição de sentidos não pode ser um jogo no qual se exercita (escamoteadamente) a vontade de poder.

3.2.3 Ponderação de Princípios e o "Princípio da Razoabilidade"

Sob o pretexto da ponderação de princípios também tem havido, com frequência, mero exercício de arbítrio, de vontade de poder. Recordamo-nos de um diálogo que travamos com um colega magistrado acerca da concessão ou não do direito de apelar em liberdade, em um congresso no Rio de Janeiro. Ele nos explicou que quando queria soltar ou prender fazia sempre uma ponderação de princípios, elegendo quais os princípios em conflito e os sopesando, de modo a dar maior peso ao que achava ser o mais adequado ao seu posicionamento, pois, segundo ele, o que importaria seria fazer "justiça".[152] Pois é para os fazedores de "justiça" que a ponderação serve. E os princípios ponderados são vistos, comumente, como se valores fossem, o que nem Alexy autoriza porque os princípios são deontológicos. O que o comumente se faz, no desvirtuamento da ponderação alexyana, é

---

150 STRECK, Lenio Luiz. **Hermenêutica jurídica e(m) crise**: uma exploração hermenêutica da construção do direito, op. cit., 2011, p. 102-103.

151 O STJ, por exemplo, é o Walmart. Tem chavões oriundos de julgados para todos os gostos. Para os mais duvidosos (e inacreditáveis), inclusive.

152 É Ocorre que, como asseveraremos mais à frente, em seu famoso livro "Minha Luta", Hitler usou trinta e sete vezes a palavra "justiça". Cf. HITLER, Adolf. **Minha luta**. São Paulo: Centauro, 2001.

escolher simplesmente o "valor" que lhe interessa, relegando o outro. Contudo, um juiz não pode impor aos outros os seus próprios valores, não pode construir sua decisão com base em argumentos de política. Isso não é ser democrático. O campo de atuação do juiz deve ser o normativo. E como nele está inserido, o juiz não está acima das regras e princípios.

Ademais, cabe asseverar que Robert Alexy fala a partir de uma matriz teórica alicerçada no racionalismo discursivo e analítico. Sua obra é repleta de fórmulas matemáticas.[153] Ademais, seu paradigma tem como *background* o direito alemão sob a influência da jurisprudência dos valores.[154] Por fim, o objetivo de Alexy não é outro senão o de fornecer respostas racionalmente fundamentadas às questões que surgem na aplicação dos direitos fundamentais. Como ele mesmo diz, a finalidade de sua teoria, ao contrário do desvirtuamento que aqui no Brasil, é construir

> [...] *una teoría normativo-material de los derechos fundamentales y, con ello, un punto de partida para responder a la pregunta acerca de la posibilidad y los límites de la racionalidad en el ámbito de los derechos fundamentales.*[155]

O ponto de partida da sua teoria é a distinção entre regras e princípios. Robert Alexy concorda com Dworkin que tanto as regras quanto os princípios são *normas* porque ambos dizem o que deve ser.[156] Porém, enquanto Dworkin afirma que os princípios são, no caso concreto, apenas

---

153 Qualquer método é falho porque a compreensão sempre vem antes. Inclusive o de Alexy. Quando se escolhe um "método" ou se avalia qual o quantitativo de uma determinada variável, a compreensão já se realizou. Em todo caso, aproveitamentos para colocar um ingrediente a mais: salientar a complexidade da ponderação. Eis apenas uma das equações, esta relativa à fórmula de peso (ALEXY, Robert. **Teoria dos direitos fundamentais**. Tradução de Virgílio Afonso da Silva. São Paulo: Malheiros, 2008, p. 604):

$$GP_{i\text{-}n}C = \frac{IPiC \,.\, GPiA}{WPjC \,.\, GPjA + \ldots WPnC \,.\, GPnA}$$

154 A conjuntura sobre a qual nasceu a tese de Alexy é a da jurisprudência dos valores, em que culminava a ideia de que "*os 'valores' são um acto de opção pessoal, não passíveis de uma fundamentação racional*" (LARENZ, Karl. **Metodologia da ciência do direito**. Tradução de José Lamego. 4. ed. Lisboa: Fundação Calouste Gulbenkian, 2005, p. 165). Alexy visa, portanto, contrapor-se a esse ideário.

155 ALEXY, Robert. **Teoría de los derechos fundamentales**. Madrid: Centro de Estudios Constitucionales, 1993, p. 81.

156 Ibid., p. 83.

levados em conta como uma razão que se inclina em uma ou outra direção, para Alexy os princípios

> *Son normas que ordenan que algo sea realizado en la mayor medida posible, dentro de las posibilidades jurídicas y reales existentes. Por lo tanto, los principios son mandatos de optimización, que están caracterizados por el hecho de que pueden ser cumplidos en diferente grado y que la medida debida de su cumplimiento no sólo depende de las posibilidades reales sino también de las jurídicas. El ámbito de las posibilidades jurídicas es determinado por los principios y reglas opuestos.*[157]

Afirma, também, que a diferença entre regra e princípio é qualitativa e não de grau. A solução em um conflito de *regras* pode ser estabelecida de duas maneiras. A primeira é introduzindo em uma das regras uma cláusula de exceção que elimina o conflito ou declara inválida uma delas, pelo menos.[158] Em se tratando de colisão de princípios, um tem que ceder ante o outro. Mas isso não significa a invalidade do que foi desprezado. Acentua que o conflito de regras ocorre no âmbito da validez. Já o conflito de princípios – que pressupõe a validade de ambos – tem lugar mais além: na dimensão de peso.[159] E este peso varia conforme a situação em concreto, podendo um princípio suplantar ou outro numa situação e ser suplantado em outra. E tal mecanismo é ponderação. Concluindo: o conflito de regras se dá na dimensão da validade; o conflito de princípios se resolve com base no valor preponderante.

Alexy desenvolve, então, uma metodologia baseada na máxima da proporcionalidade que, para ele, é composta de três máximas parciais: a) adequação; necessidade; c) proporcionalidade em sentido estrito.[160] Delas deriva uma regra que é a norma de direito fundamental atribuída. Fala ele,

---

157 "São normas que ordenam que algo seja realizado na maior medida possível, dentro das possibilidades jurídicas e reais existentes. Por outro tanto, os princípios são mandados de otimização, que se caracterizam pelo fato de poderem ser cumpridos em diferentes graus e que a medida devida de seu cumprimento não só depende das possibilidades reais senão da jurídicas. O âmbito das possibilidades jurídicas é determinado pelos princípios e regras opostos" (Ibid., p. 86, tradução nossa).

158 Ibid., p. 88.

159 Ibid., p. 89.

160 Ibid., p. 111-112.

ainda, em comensurabilidade racional, que deriva de um ponto de vista uniforme sobre a Constituição e de uma escala que avalia os graus de perdas e ganhos jurídico-fundamentais.[161]

Não obstante o desenvolvimento da teoria com o fim de racionar a concretização dos direitos fundamentais, Alexy, em posfácio à obra, quedou-se nos seguintes termos:

> Os direitos fundamentais não são um objeto passível de ser dividido de uma forma tão refinada que exclua impasses estruturais – ou seja, impasses reais no sopesamento –, de forma a torna-los praticamente sem importância. Nesse caso, então de fato existe uma discricionariedade para sopesar, uma discricionariedade estrutural tanto no legislativo quanto no judiciário.[162]

Alexy reflete ainda dentro da metafísica, haja vista que defende uma distinção estrutural entre regras e princípios, isto é, de que ela existe *a priori*, fora da experiência. Seu conceito semântico de norma é o mesmo de Kelsen. Dessa forma, termina por repristinar o positivismo jurídico, pois aposta em um modelo lógico-cartesiano de compreensão, sem perceber que a compreensão, na verdade, é um existencial humano e não algo que derive de algum método, do cumprimento de etapas ou via argumentos. O um-juiz é um ser-no-mundo. Não existe, para um ser-no-mundo, um grau zero de sentido, ou seja, um ponto arquimediano fora do mundo, da tradição. Não há como se fugir da tradição, da cultura e do seu próprio tempo. O homem é um ser histórico. Assim, no momento em que um julgador pretensamente escolhe os princípios "racionalmente", como entes a serem ponderados, o ser se manifestou. Já compreendeu e já sabe onde quer chegar. A ponderação é uma pseudopergunta porque a resposta já vem embutida sorrateiramente nela. Torna-se o pretexto. E em se tratando de nossa conjuntura, vira instrumento para o exercício da vontade de poder.

Da mesma forma, a diferenciação prévia entre casos fáceis (colisão de regras) e difíceis (colisão de princípios) também é metafísica, na medida em

---

161 ALEXY, Robert. **Constitucionalismo discursivo**. Porto Alegre: Livraria do Advogado, 2007, p. 142.

162 ALEXY, Robert. **Teoria dos direitos fundamentais**. Tradução de Virgílio Afonso da Silva. São Paulo: Malheiros, 2008, p. 611.

que o que poderia ser difícil, no momento em que é compreendido, torna-se fácil. Também tais categorias não existem como entes fora da tradição, e livres da pré-compreensão (visão prévia, posição prévia e concepção prévia) e dos preconceitos (como juízos prévios, provisórios) do intérprete.

Mais grave é aplicar a ponderação sem atentar para as especificidades que Alexy trouxe em sua teoria, ignorando: a) o contexto sob o qual ela foi pensada; b) as etapas por ele propostas para que a ponderação seja devidamente executada (incluindo a utilização das fórmulas matemáticas); c) que a proporcionalidade para Alexy não é princípio, mas regra e que o resultado também é uma regra; d) que não cabe, dentro de sua teoria, ponderação de regras; e) que a ponderação não é um instrumento para contornar qualquer tentativa de impor limites ao arbítrio. Pelo contrário, foi pensada exatamente para combatê-lo.

O desvelamento da ponderação como razão instrumental é bem exemplificada por Lenio Streck ao comentar o HC 82424, que versou sobre um autor, editor e distribuidor de livros antissemitas acusado de racismo. No referido julgamento, dois dos Ministros do STF se utilizaram da técnica da ponderação de princípios e chegaram a resultados absolutamente opostos. Alerta, acertadamente, Streck:

> O recurso ao relativismo ponderativo obscurece o valor da tradição como guia da interpretação, isto é, a ponderação acaba sendo uma porta aberta à discricionariedade. O 'pendor da balança' em pretensos conflitos de direitos pode acabar por reconhecer direito onde direito não há, como na edição de obras evidentemente racistas. [...] Onde o direito brasileiro vê um crime mais grave – porque evidentemente atentatório a um dos principais objetivos da República e à própria dignidade humana como direito fundamental –, um misto de relativismo axiológico e ponderação principiológica pode até mesmo enxergar um fato atípico. [163]

Em relação à razoabilidade, dá-se o mesmo. O que é razoável sob uma ótica pessoal de alguém não pode ser imposto aos outros sem que haja um fundamento normativo anterior e comum, isto é, sem que haja um texto normativo por trás.

---

163 STRECK, Lenio Luiz. **Verdade e consenso**: Constituição, hermenêutica e teorias discursivas, op. cit., p. 600.

Assim, a atribuição inautêntica de sentidos, a construção de princípios *ad-hoc* e de enunciados assertóricos e a ponderação à brasileira (e a original alemã também), constituem uma forma de escamotear a vontade de poder. Passemos, agora, a refletir sobre os riscos disso.

3.3 A Vontade e o Poder – um Exemplo para Além do Direito

Em um dos tópicos da obra *Para Além do Direito*,[164] Richard Posner reflete sobre a justiça alemã durante o período do Reich. E tenta encontrar os motivos pelas quais os juízes alemães foram engolidos pela ideologia nazista, não questionaram as leis do regime ditatorial de Hitler. A comunidade jurídica alemã do pós-guerra apregoa que não o fizeram por temerem por suas vidas, somente, mas porque foram educados sob uma tradição positivista: o conteúdo do direito se esgotaria nos decretos das autoridades constituídas. Os juízes não poderiam modificá-los ou anulá-los com base no direito natural.

Mas esse ponto de vista é rechaçado fortemente em uma obra intitulada *Hitler's Justice: The Courts of the Third Reich*,[165] de Ingo Müller. Segundo o autor, essa postura nada tem a ver com o positivismo legalista. Começa com Bismarck, que preencheu o Judiciário alemão com ultraconservadores cujo lema era "aquilo que o exército faz em nossas fronteiras nossas decisões devem fazer dentro delas".[166] E mesmo sob a Constituição de Weimar, eles se mostraram uma força subversiva, adaptando e distorcendo as leis, de modo a interpretá-las com máximo rigor contra uns (os esquerdistas) e deixando impunes outros (os direitistas mais perigosos).

No julgamento de Adolf Hitler pela participação do Putsch de Munique, em 1923, embora: a) a sentença mínima fosse de cinco anos e a máxima fosse ilimitada; b) Hitler estivesse em liberdade condicional – o que impedia

164 POSNER, Richard. **Para além do direito**. Tradução de Evandro Ferreira da Silva. São Paulo: Martins Fontes, 2009.

165 MÜLLER, Ingo. **Hitler's justice**: the courts of the Third Reich. Cambridge: Harvard University Press, 1991.

166 "*What the army is at our borders, our decisions must be within them!*" (Ibid., p. 9).

a suspensão condicional da pena; c) e fosse estrangeiro[167] (de nacionalidade austríaca – o que ensejaria deportação), foi sentenciado a uma pena de somente seis meses de prisão, a ser cumprida em um luxuoso castelo. A corte recusou a deportação sob a alegação de que "no caso de um homem como Hitler, de ideais e sentimentos tão alemães, a opinião desta corte é que os desígnios e propósitos da lei não se aplicam".[168] Enquanto isso, os judeus eram punidos implacavelmente. Os magistrados judeus e os identificados como sociais-democratas foram afastados e depois demitidos.[169] E os advogados judeus, proibidos de exercer sua profissão, foram transformados em "consultores jurídicos", podendo apenas aconselhar os judeus.[170] Leis flagrantemente inconstitucionais eram validadas sob as togas do Judiciário.

E livres dos judeus e dos democratas, o Judiciário ariano mergulhou, de uma vez, nos ideais nazistas. As leis elaboradas sob a validade da Constituição de Weimar eram, sempre que necessário, "nazificadas" na sua interpretação. Os juízes identificados com a ideologia totalitária se desapegavam da normatividade, pois a Constituição de Weimar lhes era um obstáculo. Portanto, primeiro decidiram perseguir implacavelmente os judeus, ciganos e comunistas, protegendo os nacionais-socialistas, e depois garimpavam os fundamentos – ou pretextos.

Segundo relatado do Müller, no novo contexto, "os juízes deveriam emitir juízos de valor coerentes com a ordem jurídica nacional-socialista e com os desígnios das lideranças políticas; as pessoas poderiam ser punidas por um ato que, mesmo não estando previsto expressamente em nenhuma lei, merecesse".[171] Depois vieram as leis raciais nazistas, mas todas com o beneplácito do Judiciário que decidia conforme a consciência dos seus julgadores. Como foi possível isso acontecer em um país que é referência na filosofia moderna e contemporânea, berço de homens como Walter Benjamin, Carnap, Dilthey, Engels, Eschenmayer, Feuerbach, Fichte, Frege, Hartmann, Jaspers, Kant, Loewenstein, Rosa de Luxemburgo, Maier, Marcuse, Marx,

167 "'*[...] every person found guilty of high treason is to receive a fine as well. The amount of the fine is not limited'. The same law stated: 'In the case of foreign nationals, the court must issue an order for deportation infringement of deportation order by imprisionment.*'" (Ibid., p. 16).

168 Ibid., p. 16.

169 Ibid., p. 37.

170 Ibid., p. 62.

171 POSNER, Richard A. **Para além do direito**, op. cit., p. 158.

Nietzsche, Radbruch, Schopenhauer, Simmel, Stammler e Weber? Que dizer do Brasil, saído há menos de trinta anos de um regime de exceção?

3.4 Decisão Judicial: ato de vontade ou de respeito à normatividade?

Não existe salvo-conduto para atribuição arbitrária de sentidos. É preciso compreender a discricionariedade como sendo uma arbitrariedade, arvorando-se o juiz na faculdade de preencher a "zona de penumbra" do modelo de regras. Isso sem esquecer que essa "zona de penumbra" pode ser fruto também da vontade do juiz, por uma questão ideológica, uma vez que, devido ao desejo de impor a todo custo sua vontade, cria-a ou a amplia.[172] Mas o Judiciário não possui essa liberalidade em face da legislação democraticamente produzida, principalmente em relação à Constituição. O pretenso poder de escolha do juiz é violento, na medida em que deixa à margem da atribuição de sentidos os interesses da parte prejudicada pela escolha ideológica discrepante dos limites impostos pela tradição,[173] não raras vezes oriundos de discursos exógenos, que ferem a autonomia do direito (como é o caso do discurso utilitarista).

Ora, toda interpretação é um ato produtivo. O intérprete atribui sentido a um texto. Não existe reprodução de sentidos já existentes (por isso que as súmulas não resolvem a indeterminação do direito, na medida em que elas também se submetem a uma atribuição de sentido – o que

---

172 STRECK, Lenio Luiz. **Verdade e consenso**: Constituição, hermenêutica e teorias discursivas, op. cit., p. 39.

173 Foram os racionalistas que buscaram, através do método, um grau zero de sentido, desprezando a tradição. Mas como diz Gadamer, "Na realidade, não é a história que pertence a nós, mas nós é que a ela pertencemos. Muito antes de que nós compreendamos a nós mesmos na reflexão, já estamos nos compreendendo de uma maneira auto-evidente na família, na sociedade e no Estado em que vivemos. A lente da subjetividade é um espelho deformante. A auto-reflexão do indivíduo não é mais que uma centelha na corrente cerrada da vida histórica. Por isso os preconceitos de um indivíduo são, muito mais que seus juízos, a realidade histórica de seu ser" (GADAMER, Hans-Georg. **Verdade e método I**: traços fundamentais de uma hermenêutica filosófica. Tradução de Flávio Paulo Meurer. 6. ed. Bragança Paulista: Vozes, 2004, p. 415).

só ocorre em um caso concreto).[174] O que há na "discricionariedade judicial" é, na verdade, despotismo enrustido. Arbitrariedade. Aposta-se no protagonismo judicial, considerado como inevitável (conforme Kelsen já dizia).[175] Mas o fato do intérprete atribuir o sentido não quer dizer que ele possa, sempre, dar o sentido que lhe bem convier (como se houvesse uma separação integral entre texto e norma).

> Ou seja, a força normativa da Constituição – que se manifesta pelo elevado grau de autonomia conquistado pelo direito a partir do segundo pós-guerra – pode, dependendo do modus compreensivo-interpretativo utilizado pelos juristas, vir a ser fragilizado ou até mesmo anulado pelo crescente aumento das posturas pragmatistas (nos seus mais variados matizes) que, a pretexto de superar o 'ultrapassado' silogismo dedutivista do paradigma liberal-formal-burguês, vêm deslocando o *locus* do sentido do texto – que representa a produção democrática do direito – na direção do protagonismo (acionalista--indutivista) do intérprete.[176]

O protagonismo judicial quebra a autonomia do direito, uma vez que repristina a filosofia da consciência – que parte do pressuposto do sujeito inteiramente apartado do objeto que compreende e que consegue, através de sua racionalidade, compreender e assimilar a realidade tal como ela é.

Sob o prisma da teoria sistêmica autopoiética, Marcelo Neves também aborda a questão com as mesmas preocupações, ao falar da alopoiese, como já visto. O ativismo é a invasão do sistema jurídico pelo político. O ativismo aponta para o veneno e o chama de antídoto. Onde enxerga a cura, está chaga. Caminha para o abismo imaginando achar a luz.

> Paradoxalmente, depois dessa revolução copernicana representada pelo acentuado grau de autonomia do direito conquistado no Estado Democrático de Direito, está-se diante de uma crescente perda dessa característica, o que pode ser interpretado simbolicamente nesses tempos difíceis de pós-positivismo, a partir das

---

174 STRECK, Lenio Luiz. **Verdade e consenso**: Constituição, hermenêutica e teorias discursivas, op. cit., p. 40.

175 Ibid., p. 43.

176 Ibid., p. 43-44.

> diversas teses que apostam na análise econômica do direito, no interior das quais as regras e os princípios jurídico-constitucionais só têm sentido funcionalmente. Ou seja, em uma dimensão absolutamente pragmática, o direito não possui 'DNA'.[177]

O juiz que julga por meio de valores (posturas pragmático-axiológicas) assume uma postura apartada da normatividade. Enfraquece-se o direito, uma vez que o afasta da tradição e o instrumentaliza.[178]

E acrescento: precisamos tanto de constitucionalistas quanto de Constituição e tanto de democratas quanto de democracia. São aqueles que efetivam estas. Busquemos o caráter ontológico da Constituição. O *ser* da Constituição e não somente sua mera entificação como um calhamaço de folhas de papel. Para o Judiciário a Constituição só pode existir enquanto prática social, isto é, quando se concretiza nas decisões judiciais. E quanto à democracia, ela é exercício. A democracia é um processo – sempre inconcluso. Democracia é, antes de tudo, uma jornada, uma grande caminhada. Pede uma atenção e um cuidado constante. A democracia exige de nós estarmos em alerta.

O caso da Alemanha é agudo, ilustrativo e sintomático. Revela os prejuízos causados à democracia pela permissibilidade de juízos de valor a partir da consciência.

O direito não está a dispor do juiz. Ele não pode decidir conforme seus valores, pois os valores são um atributo pessoal, que advém da formação de cada um (ou da manipulação ideológica negativa a que possa estar sendo submetido, inclusive de modo a descolar suas decisões da normatividade). O decidir pela consciência, além de perigoso, é retrógrado. Remete a um período pré-iluminismo. Volta-se ao Estado Absolutista, em que o monarca dizia o que era o direito. Juízes não são reis. Vivemos em uma República. Nela, o primado é da Lei e não da vontade (e da pretensa consciência que lhe anima).

Mas por que decidir somente com base em argumentos jurídicos? Porque a sociedade tem uma garantia: o respeito à Constituição. Ninguém está acima dela. Ela é o norte do regime democrático porque condiciona todos a um regramento único. Contudo, surge a questão: como

177 Ibid., p. 44.

178 Ibid., p. 44.

garantir que não haja manipulação da interpretação? Para isso, foi necessária uma incursão pela virada linguística e pela ideia de tradição (Cap. 2). E será preciso agora refletir sobre a coerência e integridade do direito.

3.4.1 *Coerência e Integridade dentro da Tradição do Civil Law*

Por falar em coerência e integridade, faz-se de bom alvitre entender seu sentido dentro de nossa ordem jurídica. Como sabemos, Ronald Dworkin é norte-americano. Fala a partir de um paradigma diverso, o *common law* (Cap. 5). Nessa tradição, os precedentes constituem fonte formal do direito e são, inclusive, o ponto de partida da decisão judicial, (e desde já advertindo que nem por isso no *common law* se aceita que uma decisão judicial seja proferida ferindo uma lei constitucional). Além disso, vigora o costume do *stare decisis* (Cap. 5). Esses dois pontos se ligam, diretamente, com as ideias de direito como integridade[179] e com a coerência que se exige na atuação dos juízes e das cortes.

Contudo, em se tratando de um direito da tradição do *civil law* (ou romano-canônico), como é o nosso caso, deve-se atentar para uma importante mudança de referencial. É que aqui a lei é a fonte formal principal do direito, constitucionalmente reconhecida como tal ("art. 5º, II - ninguém será obrigado a fazer ou deixar de fazer alguma coisa senão em virtude de lei"). Portanto, a "integridade do direito" aqui diz respeito não somente às decisões judiciais dos demais tribunais em relação a uma "comunidade de princípios". Há um *plus* aí. A decisão judicial precisa estar constitucionalmente embasada. Isto é, a norma do caso concreto precisa advir de uma produção de sentido autêntica dentro da tradição[180] na relação de compatibilidade com o primeiro e maior referencial em nossa tradição jurídica: a

---

179 A tese da integridade de Dworkin, como ele mesmo afirmou sustenta "que direitos e responsabilidades decorrem de decisões anteriores e, por isso, têm valor legal, não só quando estão explícitos nessas decisões, mas também quando procedem de princípios de moral pessoal e política que as decisões explícitas pressupõem a título de justificativa". (DWORKIN, Ronald. **O Império do direito**. Tradução de Jefferson Luiz Camargo. São Paulo: Martins Fontes, 2003, p. 121).

180 Tradição no sentido gadameriano (Cap. 2). Embora Dworkin não fale o significante "tradição" diretamente em seus escritos, resta claro que o significado é o mesmo, na medida em que ele afirma que o direito como integridade tem a ver com a verdade hermenêutica, derivada "dos princípios de justiça, equidade e devido processo legal que oferecem a melhor interpretação construtiva da prática jurídica da comunidade" (Ibid., p. 272).

Constituição.[181] E a partir daí, a *chain novel*[182] pode ser referenciada como precedente como argumento legítimo.

Dworkin não afirma expressamente o que entende por coerência. Em todo caso, podemos recolher a seguinte passagem, na qual destaca Dworkin que ela está associada a uma responsabilidade política dos juízes – enquanto "autoridades políticas", no sentido de que "as autoridades políticas devem tomar somente as decisões políticas que possam justificar no âmbito de uma teoria política que também justifique as outras decisões que eles se propõem a tomar".[183]

E como Sustenta Francisco Borges da Motta, a integridade dos julgamentos "pede aos responsáveis por decidir o que é a lei, que a vejam e façam cumprir como sendo coerente nesse sentido, aspecto que justifica, inclusive, a atribuição de um poder especial próprio ao 'passado' do tribunal".[184]

Assim, integridade e coerência caminham juntas com o fim de que os juízes apliquem aos novos casos o direito como interpretação (como produção de sentido no caso concreto), de modo "que a situação de cada pessoa seja justa e equitativa segundo as mesmas normas".[185] Com isso, afastam-se decisões discrepantes com base no pretenso poder discricionário do juiz, de poder utilizar artifícios que terminem, em última instância, sendo mero exercício da vontade de poder.

Cabe, por fim, afastar qualquer eventual impugnação de nossa argumentação com base em uma pretensa contradição: como poderíamos criticar a uniformização pretendida pelas ementas de julgados, súmulas

181 No Brasil, quem melhor aborda o tema em uma monografia é MOTTA, Francisco José Borges. **Levando o direito a sério**. 2. ed. Porto Alegre: Livraria do Advogado, 2012.

182 Como salienta Stanley Fish, Dworkin caracteriza a prática jurídica e a crítica literária como um trabalho em cadeia em que a interpretação é o prolongamento de uma história institucional feita de inumeráveis decisões, estruturas, convenções e práticas. Na *chain novel*, obra coletiva em que cada um inicia a partir do local em que o outro a deixou, obedecendo a um sentido coerente, os autores são, ao mesmo tempo, intérpretes e criadores da norma, pois para adicionarem o seu capítulo, devem interpretar o que foi escrito pelos anteriores (FISH, Stanley. Trabajando en cadena: La interpretación en derecho y literatura. In: TORRE, Mariano C. Melero de la. **Dworkin y sus críticos**. ed. digital Kindle. Valência: Tirant lo Blanch, 2012, posição 4313).

183 DWORKIN, Ronald. **Levando os direitos a sério**. Tradução de Nelson Boeira. São Paulo: Martins Fontes, 2002, p. 127.

184 MOTTA, Francisco José Borges. **Levando o direito a sério**, op. cit., p. 106.

185 DWORKIN, Ronald. **O Império do direito**, op. cit., p. 291.

vinculantes, repercussões gerais se adotamos a tese da integridade? É que naquelas há o encobrimento da faticidade. Não dá para uniformizar antes da produção de sentido em concreto. Textos, pretensiosamente vistos como entes, não uniformizam porque a compreensão humana trabalha sempre na dimensão da diferença ontológica (ente no seu ser). Não há como fugir dela (Cap. 2). A resposta correta surge nessa dimensão, de modo a funcionar tal qual um romance em cadeia. Mas isso se dá dentro de uma tradição autêntica, aqui entendida como a integridade que não obnubila a faticidade e nem viola a Constituição em razão de atribuição arbitrária de sentidos. Garante-se, assim, a isonomia, a virtude soberana.

Portanto, no exemplo que citamos acerca do direito de apelar em liberdade (item. 3.2.3), uma das duas decisões se torna inautêntica em razão da violação da coerência direito e, com isso, torna-se também inconstitucional.

Passemos agora ao outro lado da moeda da deformação de nossa hermenêutica: a hierarquização. Da "liberdade do intérprete" como libertinagem normativa para a "eficiência econômica" como deficiência normativa.

4 A hierarquização

Vivemos numa época em que muito se fala de eficiência no serviço público, de racionalidade, de redução de custos e de incremento de resultados. O Estado, uma estrutura jurássica, burocrática, corrupta e disfuncional, precisaria, para sua redenção, das ideias e dos ideais do mercado: racional, eficiente, que produz riqueza, ao invés de desperdiçá-la. Esse é o discurso dominante.

E o conceito de eficiência,[186] realmente, em si mesmo, nada tem de pejorativo. Segundo Robert Cooter,[187] um processo de produção é eficiente quando: a) não é possível gerar a mesma quantidade de produção com insumos de custos menores; ou b) não é possível gerar mais produção usando a mesma combinação de insumos. Porém, no exercício de um Poder do Estado nada é ideologicamente neutro (Cap. 2). E em se tratando de um país como o Brasil, com um histórico secular de arbitrariedades e autoritarismos dos que exercem o poder, tem-se que ter um cuidado redobrado. É esse o plano da nossa abordagem. E esse plano passa pelo discurso que faz a relação entre direito e economia. Ele sempre foi pendular, atendendo aos interesses das nações dominantes em determinada época.

O problema que agora se apresenta, porém, é novo. Trata-se de uma implosão da autonomia do direito, pois feita a partir de suas próprias fronteiras, por meio da análise econômica do direito. No caso do Brasil, também, com os influxos promanados do Consenso de Washington e da ideologia que a globalização traz consigo, tendo o Judiciário assimilado a ideia de justiça como *business* e que atua como corporação – visando a eficiência.

186 Visando, desde já, evitar eventual preconcepção negativa, o autor alerta que não é contra a eficiência. Aliás, dá, de antemão, seu lugar de fala: após três anos como juiz titular da 2ª Vara Criminal da Zona Norte de Natal, o número de processos em andamento foi reduzido a ¼ do acervo originário. Foram julgados vários casos em menos de dois meses – do fato à sentença, sem açodamentos às partes. A formação deste autor engloba MBA em Poder Judiciário, do qual resultou um programa de planejamento estratégico que hoje compõe o Banco de Boas Práticas de Gestão do Judiciário, do Conselho Nacional de Justiça – CNJ. E várias práticas adotadas e implantadas por este autor na referida serventia judicial culminaram no Manual de Rotina das Varas Criminais do RN.

187 COOTER, Robert; ULLEN, Thomas. **Direito & economia**. 5. ed. Porto Alegre: Bookman, 2010, p. 38.

Procuraremos aqui alertar para um elemento ideológico (e por isso encoberto) que está presente nessa ideia de eficiência correlata à de corporação. Trata-se da hierarquização do Judiciário e de sua submissão aos interesses do mercado. À parte o prejuízo ao Estado de Direito em razão da concentração de poder nas cúpulas, a hierarquização do Judiciário, via estandardização, faz com que os processos deixem de ser decididos tendo em conta suas especificidades para se embasarem em pautas gerais, por via de discursos de fundamentação prévia. E como precisa ser por via remota (não há como controlar diretamente, via supressão de instância, milhões de processos), causa prejuízos inegáveis aos jurisdicionados, na medida em que seu pretexto é uma utopia: um julgamento sem a consideração da facticidade. Isto é, sem a atribuição de sentido, com base em textos que não remeteriam a uma norma – desconsiderando a diferença ontológica (Cap. 2). Mas como ela ocorre?

Sob o pretexto de incremento de números, de resultados, de produtividade, o modo de pensar neoliberal (com seus pré-juízos subjacentes) se faz presente e, em determinadas situações, até preponderante frente ao discurso de defesa da normatividade do direito, o que termina sendo um grande risco para o pleno reconhecimento dos direitos fundamentais pelo guardião da Constituição, o Poder Judiciário (como um todo – não só a sua cúpula), e, reflexamente, para a democracia.

Como já frisamos no capítulo anterior, construímos, historicamente, uma ideia de poder como dominação, da *potentia* desprovida de *potestas*, esquecendo a diferença ontológica que, todavia, nunca as separa. Isso explica o estamento e o patrimonialismo, bem como as posturas solipsistas – puro exercício da vontade de poder – horizontalmente consideradas (atribuição inautêntica de sentidos; utilização de princípios *ad-hoc* e de conceitos assertóricos). Nesse estado de exceção hermenêutico, a hierarquização – enquanto fenômeno de deturpação hermenêutica – termina surgindo como algo natural dentro da ideia de poder como dominação. Mas para melhor dimensionar o que entendemos por hierarquização neste texto, significa a destituição do poder-dever (de fato e, às vezes – como nas súmulas vinculantes – de direito também), dos magistrados das instâncias inferiores de, nos casos concretos a eles submetidos, atribuírem o sentido (gerando a norma). A hierarquização tem um cunho eminentemente ideológico, afinal, o sucesso do exercício do poder pela cúpula, nesse caso, como dominação, como poder condicionado (Cap. 2), jamais pode confessar-se como tal. Como alerta Dalton Sausen,

> Faz-se necessário, igualmente, atentar para o conteúdo ideológico desse 'ideal de homogeneização do pensamento jurídico' produzido pelos Tribunais Superiores a partir da utilização dos significantes (personificados em súmulas, repercussão geral e recursos repetitivos), mormente o Supremo Tribunal Federal e o Superior Tribunal de Justiça, porquanto pode ser a revelação de uma forma de controle social, pois o direito passa(rá) a ser quase que exclusivamente aquilo que é dito por eles.[188]

Para se legitimar, nada melhor do que equiparar o Judiciário ao mercado pelo modo de funcionamento: como uma corporação. E assim, incólume, hasteará as bandeiras da estrutura hierarquizada, da eficiência, da uniformização, da economia, da produtividade e da celeridade. Ela se negará enquanto violência, visto que a violência é sempre rechaçada por ser a expressão da força ilegítima e não da normatividade – e como fundar uma ordem, a não ser sobre um fundamento natural, socialmente aceitável e interiorizável?[189] Como relação desigual de poder, o exercício da força será sempre coberto por uma armadura jurídica e ideológica que o esconderá.

Como violência sistêmica (Cap. 2), muitas vezes a hierarquização se efetiva sem que se necessite de "ordens" expressas por meio do poder carismático, como no caso de Reclamação no STF por desobediência a uma súmula vinculante, ou por meio de mecanismos compensatórios como vantagem nas promoções da carreira ou acesso ao Tribunal, por força de Resoluções como a de nº 106 do Conselho Nacional de Justiça (CNJ), que será vista mais à frente. Introjetada a partir do *habitus*, a hierarquização judiciária nem precisa ser imposta. É posta como natural, no ser-no-mundo do um-juiz submetido ao senso comum teórico. E assim, as práticas "eficientes" muitas vezes insuspeitas, difundidas na cotidianidade, são menosprezadas em sua dimensão de violação do Estado Democrá-

---

188 SAUSEN, Dalton. **Súmulas, repercussão geral e recursos repetitivos**: crítica à estandardização do direito e resgate hermenêutico. Porto Alegre: Livraria do Advogado, 2013, p. 20-21.

189 STRECK, Lenio Luiz. **Hermenêutica jurídica e(m) crise**: uma exploração hermenêutica da construção do direito, op. cit., p. 36.

tico de Direito. Esses pragmatismos, por assim dizer, vão se naturalizando no dia-a-dia do senso comum jurídico. Firmam-se na práxis forense e vão sendo aceitos como algo trivial – cotidianizam-se, tudo em nome de uma razão utilitarista que, ao fim, nada mais é do que o exercício de da vontade de poder da cúpula e do mercado – os criadores da ideia de "Reforma do Judiciário", como será visto.

O problema da cotidianidade é que ela tem a capacidade de anestesiar, de naturalizar, de embrutecer. Como diz Heidegger, não há nada mais distante de nós, na cotidianidade, do que nossos óculos.[190] O juiz preso na cotidianidade, no dia-a-dia, perde o referencial da normatividade e se torna presa fácil para a tentação de uma lógica tão pura e simples, fundamentalmente, como é a da relação meio-fim da eficiência.

Assim, se a eficiência é pretexto para se exercer o controle desde cima e do centro da magistratura, gera também prejuízos ao Estado de Direito com a sua assimilação desse discurso pelos magistrados de primeira instância e pelos membros dos tribunais estaduais e regionais. Dá-se o mote, tem-se a glosa. Para ilustrar, trazemos alguns exemplos na área criminal dessa cotidianidade tomada pela eficiência: a) decretação de prisão preventiva com base em mera suposição de fuga, para evitar postergar o processo; b) produção antecipada de provas sem um fundamento concreto verossímil, sob o pretexto geral de não se perder a prova pelo esquecimento da testemunha; c) assunção da posição de inquisidor nos interrogatórios, visando obter a confissão, de modo a agilizar o julgamento; d) não intimar alvo de uma interceptação telefônica inexitosa, após seu fim, sob o argumento de que gera custos com papel e postagem – ou que atrapalharia eventuais investigações posteriores; e) conduzir o juiz os depoimentos orais, a despeito da previsão do art. 212 do Código de Processo Penal (CPP), porque seria mais rápido (Cap. 3); f) iniciar a redação da sentença condenatória antes mesmo do fim das alegações finais orais da defesa (embora que, muitas vezes, ela nem perceba isso); g) fundamentar as decisões com base em ementas de julgados, sem a averiguação da pertinência entre a ementa e o caso que deu origem à própria ementa (a facticidade de origem), bem como

190 "Para quem usa óculos, por exemplo, que, do ponto de vista do intervalo, estão tão próximos que os 'trazemos no nariz', esse instrumento de uso, do ponto de vista do mundo circundante, acha-se mais distante do que o quadro pendurado na parede em frente" (HEIDEGGER, Martin. **Ser e tempo**, op. cit., p. 155).

entre o caso que deu origem à ementa e o caso concreto em julgamento (a facticidade de destino); h) julgamento por adesão a uma das teses, sem abordagem da antítese, para julgar mais rápido (*confirmation bias*). Houve tribunais que implantaram os chamados "Gabinetes Criminais de Crise" por meio de uma Portaria, um vício de inconstitucionalidade de origem, sem falar, claro do ferimento do princípio do Juiz Natural.[191]

A hierarquização, enquanto discurso ideológico e de inspiração neoliberal, vale-se crescentemente de pretensos institutos que seriam originários do paradigma anglo-saxão, em especial o julgamento por adesão a supostos "precedentes" e a súmulas comuns, e a utilização das chamadas súmulas vinculantes – proclamadas como a resposta eficiente ao enfrentamento de nossa demanda judicial.

A criação deste *mundo* (Capítulo 2) também precisa de uma outra ideia que se atrele à eficiência: a de corporação. Este significante remete ao mercado e aos seus principais agentes. Mas quais as implicações de um Judiciário que atua como corporação? Como as corporações agem? A partir de um texto e de um documentário, captaremos neste capítulo o "DNA" ontológico dessas instituições que hoje inspiram o Poder Judiciário em sua autuação. Buscaremos, também, refletir sobre quais as consequências jurídico-constitucionais, isto é, quais os reflexos no Estado Democrático de Direito de um Judiciário que se torna apenas mais uma corporação no "grande mercado", tendo como seu *engine* (tal qual uma máquina) a eficiência. Visa, ainda, avaliar qual a dimensão do princípio da eficiência no Judiciário em um Estado Democrático de Direito para, então, recompor a ideia de independência funcional e de atrelamento à normatividade nos julgamentos.

4.1 Direito e Economia: do princípio utilitário à maximização da riqueza

Desde a modernidade europeia, o discurso sobre relação entre direito e economia sofre um movimento pendular. Esse movimento pode

191 Sabemos, até o momento, que o TJSP (Portaria 8678/12) e o TJPR (Portaria 4962-D.M) o fizeram.

ser compreendido dentro de um panorama em que o detentor do poder hegemônico dita o lema que lhe é mais conveniente. Durante o período do mercantilismo, os Estados do norte da Europa (principalmente, a Inglaterra) promoveram uma forte intervenção (via direito) na economia. Por meio de medidas protecionistas,[192] buscaram desenvolver a indústria nascente o mais rapidamente possível, bem como acumular riquezas em metais e instituir pactos e expansões coloniais, visando à dominação de Estados e aos mercados a serem explorados.

Após a obtenção da hegemonia industrial e econômica, a Inglaterra e os Estados europeus mais industrializados impuseram, no século XVIII, o discurso do *laissez-faire* (liberalismo econômico) que visava evitar que as demais nações ou colônias obtivessem os mesmos resultados e pudesse concorrer em igualdade de condições. Claro, tudo isso encoberto pelo conveniente discurso da liberdade de contratar.

Tal discurso da mão invisível do mercado prevaleceu até pouco antes das crises que culminaram em um novo modelo intervencionista – marcado pelo *New Deal* – que durou até recentemente. Da mesma forma que fez a Inglaterra nos séculos anteriores, os Estados Unidos, juntamente com os países mais ricos, passaram a apregoar novamente o absenteísmo do Estado após se tornarem a sede hegemônica das maiores corporações transnacionais, isso para que o capital financeiro dos mesmos Estados centrais pudesse realizar a exploração dos Estados periféricos também nessa dimensão especulativa. Para tanto, organismos internacionais como a OMC visam à regulação dessas relações, mas partindo do pressuposto de um mercado livre para a circulação dos fluxos.

Contudo, não há registro, nessa relação histórica entre direito e economia, de que o econômico tenha tentado dominar o jurídico desde dentro deste. Essa inovação se dá a partir da matriz da Análise Econômica do Direito – da chamada *Chicago Trend*, numa tentativa de transformação do direito em mero braço normativo do mercado.

Essa tendência se iniciou na Universidade de Chicago, com nomes como Ronald Coase, que, em 1960, publicou *The Problem of Social Cost*; Guido Calabresi, com *Some Thoughts on Risk Distribution and the Law*

192 CHANG, Ha-Joon. **Chutando a escada**: a estratégia do desenvolvimento em perspectiva histórica. Tradução de Luiz Antônio Oliveira de Araújo. São Paulo: Editora UNESP, 2004, p. 214.

of Torts, de 1961; e, principalmente, com Richard Posner que, em 1972, publicou o afamado *Economic Analysis of Law*. O pensamento da *Chicago Trend* é conservador. Visa rever o modelo do *Wellfare State* de modo a transpor a ideia que se tem da redistribuição e da acumulação da riqueza. Baseia-se na busca de um modelo de mercado com equilíbrio perfeito de competição, por meio da negociação por indivíduos que são vistos como maximizadores racionais da riqueza. [193]

A referida corrente de pensamento efetua um giro no utilitarismo econômico. As origens modernas do utilitarismo nessa esfera remontam a Jeremy Bentham. Para ele, existe um princípio utilitário[194] que implica em se buscar a maior satisfação possível e para o maior número possível de pessoas, pois a grande aspiração utilitária é o bem-estar da comunidade. E assim, em seu entender, não deve haver nenhuma legislação que promova certa categoria de pessoas, de modo a criar uma desigualdade,[195] e nem se permitir que o Estado estimule práticas que gerem aumento da desigualdade social.

O giro proposto pela *Chicago Trend* transmuda o utilitarismo do bem-estar coletivo (relação custo-benefício social) para a *maximização da riqueza* (por meio da eficiência econômica), tomada como o referencial verdadeiro da sociedade. Está subjacente a ela a mera análise custo-benefício econômico, cujo critério de aferição é o valor quantitativo. A maximização da riqueza se diferencia do princípio utilitário porque abs-

193 Cabe destacar que há variações do *Chicago Trends*, mas sem a mesma importância e impacto na relação com o direito: A *new institutional economics*, com base em Coase, abordou a racionalidade vinculada às pressões institucionais; a *behavioral law and economics* que se centra no comportamento irracional; a *welfare economics*, que analisa o bem-estar social, mas sob um ponto de vista de indivíduos dentro de uma sociedade de consumo; a *public choice theory*, que analisa, sob o ponto de vista econômico, a oferta e a procura de bens e serviços públicos; a *new haven school*, que trabalha numa perspectiva da riqueza não como algo com um fim em si mesmo, mas como um critério utilitarista para alcançar a igualdade. Vide COPETTI NETO, Alfredo. **Democrazia sostanziale e analisi economica del diritto**. 2010. 9 f. Tese (Doutorado em Teoria del Diritto e della Democrazia) – Scuola Dottorale Internazionale di Diritto ed Economia "Tullio Ascarelli", Università Degli Studi "Roma Tre", Roma, 2010.

194 O utilitarismo de Bentham é uma filosofia moral que se funda na premissa de que devemos sempre agir de maneira a promover a maior felicidade para o maior número de pessoas (BENTHAM, Jeremy. **An introduction to the principles of morals and legislation**. Edição digital Kindle. Warrenton: White Dog Publications, 2010).

195 Ibid., posições 236-314.

trai a dimensão coletiva e humanizadora. No máximo, há a pessoa sob uma ótica de consumo. Da dimensão coletiva de bem-estar de Jeremy Bentham se passa à consideração de indivíduos consumidores dentro de um mercado.[196] Isso só é possível por meio de um artifício: a abstração dos aspectos históricos, sociológicos e políticos. A economia, assim, passa a se resumir a uma espécie de junção entre a matemática (aritmética e estatística) e o *behaviorismo* (comportamento do consumidor).

Do *homo faber* para o *homo economicus*. Do cidadão para o consumidor. Há um esvaziamento aí: o da ética. Como consequência, não existe espaço para criticismos quanto aos fins, mas somente quanto aos meios. Os fins já estão dados como dogma: a maximização da riqueza. Um fim pretensamente fora da história e do espaço: é o Mercado.

Para que esse giro possa se fazer sem entraves, a Análise Econômica do Direito da *Chicago Trend* anseia reconstruir a relação direito-economia, mas rompendo a autonomia do direito por meio de um discurso que apregoa o reposicionamento do espaço jurídico nessa relação com o econômico. Para ser convertido em instrumento do mercado, ele precisa ser pensado de modo que esvazie seu conteúdo teórico. Isso é possível através de sua apreciação, tão somente, sob uma dimensão prática, alheia à filosofia do direito, mas, mesmo assim, tendo que dar respostas a temas que exigem alto grau de abstração.[197] Mas, para que isso aconteça, o discurso também deve se focar nos meios, de modo a afastá-lo de qualquer juízo moral.

Enfim, castrado e dominado, o direito passa a uma pretensa dimensão de neutralidade e clareza científica. Sobre esse direito asséptico se impõe o pressuposto da maximização da riqueza como o valor social genuíno a ser buscado. Abrem-se as portas para a massificação e a hierarquização (autoritarismo/fascismo das cúpulas) na práxis forense, em especial quantos aos magistrados, agora vistos como agentes da corporação. O direito se automatiza e se converte em sustentáculo normativo dessa racionalidade instrumental. Porém, há um obstáculo: o direito é uma ciência social

196 STRATHERN, Paul. **Uma breve história da economia**. Tradução de Maria Luiza X de A. Borges. Edição digital Kindle. Rio de Janeiro: Jorge Zahar, 2012.

197 COPETTI NETO, Alfredo. **Democrazia sostanziale e analisi economica del diritto**. 2010. 19 f. Tese (Doutorado em Teoria del Diritto e della Democrazia) – Scuola Dottorale Internazionale di Diritto ed Economia "Tullio Ascarelli", Università Degli Studi "Roma Tre", Roma, 2010.

aplicada. Há que se domesticar os atores jurídicos que a aplicam. Nada melhor para fazer a conversão dos ímpios do que inseri-los dentro da estrutura do mercado. Como fazê-lo? Via corporação.

4.2 Afastando-se da Normatividade Constitucional

É sempre um risco pensar o direito, que trata da normatividade, através dos números. Cai-se na armadilha do *Law and Economics* de se raciocinar por uma ótica utilitarista, retirando a autonomia do direito. Um saber sem autonomia vira instrumento a ser usado pelas forças hegemônicas e, no caso do direito, os prejuízos são amplos e profundos: abre-se a porta para a violação da Constituição, dos Direitos Fundamentais que ela carrega e do próprio Estado de Direito. Sendo assim, precisamos ter cuidado na abordagem de números e estatísticas. Antes de buscarmos ser mais "eficientes" na caminhada, precisamos saber para onde esse discurso está querendo nos levar.

Essa realidade se torna mais grave em países periféricos como o Brasil, onde o estamento consegue influenciar na indicação de membros de tribunais superiores. Tais indicações, não raro, são precedidas de conchavos políticos comprometedores. E a identificação com valores propalados pelo estamento ou pelo mercado são bem recebidos em razão da proximidade ou confusão que termina por se estabelecer entre cúpula judiciária e elite patrimonial e política. Visa-se garantir que não haja viradas de mesa nesse jogo. Acresça-se a isso a baixa constitucionalidade,[198] tornando o terreno fértil para que o fundamento da práxis jurídica deixe de ser a normatividade e passe para a utilidade,[199] como ferramenta de proteção da liberdade econômica e da propriedade.

---

198 STRECK, Lenio Luiz. **Hermenêutica jurídica e(m) crise**: uma exploração hermenêutica da construção do direito, op. cit., p. 359.

199 Nada mais eficiente que um juiz inquisidor. O juiz "combatente da criminalidade". Afinal, imagina-se parte do esforço concentrado da política de segurança pública. Despe a toga e calça a botina. "Corrige" a falta de eficiência dos meios de investigação por meio de posturas persecutórias do propalado princípio "verdade real", cujo fundamento constitucional até hoje não foi encontrado, senão na busca da eficiência ou em outras posturas menos democráticas. Uma busca pela justificativa de uma convicção *a priori*, afinal, como se diz no jargão policial, não está ali por acaso. O resultado é de fácil previsão: quem procura, acha.

A partir de uma leitura psicanalítica, numa ordem neurótica a Lei surge para dar a interdição do gozo. Em nome do amor, fazer caminhar as massas. Anota Legendre que "o jurista é exatamente isto: o especialista, no seu lugar e no que lhe compete, de uma manipulação universal para a ordem da Lei. Ele próprio ignora isso, pois seu saber está aí para propagar a submissão, e nada mais".[200]

Assim, o que se passa a ter, em vez de uma ordem soberanamente produzida, é uma outra *ordem*: crescentemente recebida dos agentes econômicos. Como adverte José Eduardo Faria, a globalização econômica está substituindo a política pelo mercado, como instância privilegiada de regulação social. Onde havia os textos do direito positivo, põe sobre eles os costumes e as regras sempre flexíveis da *lex mercatoria*; do princípio do *pacta sunt servanda* para a cláusula *rebus sic stantibus*; da institucionalização dos conflitos (via judicialização) para a informalidade mercantilista da mediação e da arbitragem[201] – ou a *pax americana* imposta pelas possibilidades militarizadas de definir os rumos da política em alguns locais do Planeta. Esse processo leva ao fenômeno da desregulamentação, variante menor das propostas de desconstitucionalização. E no intramuros judiciário, passa-se da ideia de membro de poder dentro da Potestade Estatal para a de gerente-gestor inserido na corporação.

4.3 A Corporação

O documentário *The Corporation*,[202] codirigido por Mark Achbar e Jennifer Abbott, mostra como, em cento e cinquenta anos, uma instituição quase insignificante se tornou o núcleo do mercado: a corporação. E, de maneira surpreendentemente profética, o roteiro previu, cinco anos antes, a crise financeira mundial.

É bem verdade que as corporações hoje dominam o mercado porque, pela forma como funcionam, conseguem obter resultados de ma-

200 LEGENDRE, Pierre. **O amor do censor**: ensaio sobre a ordem dogmática. Rio de Janeiro: Forense Universitária: Colégio Freudiano, 1983, p. 44-45.

201 FARIA, José Eduardo. **O direito na economia globalizada**. São Paulo: Malheiros, 2004, p. 35.

202 THE CORPORATION. Produção de Mark Achbar e Bart Simpson. Direção de Mark Achbar e Jennifer Abbott. Escrito por Joel Bakan. Canadá, 2003. 1 DVD (145 min).

neira mais eficiente do que pequenas empresas. E em seu fundamento, portanto, as corporações, assim como a eficiência, nada têm de negativo. Pelo contrário, remetem a uma ideia de racionalidade, o que é benéfico ao homem e à natureza porque visa alcançar os meios mais adequados de utilizar os recursos disponíveis – o que seria a aspiração ecológica e humana mais legítima e perfeita.

Porém, no *The Corporation*, película baseada no livro homônimo de autoria de Joel Bakan[203], mostra-se que a prática dessa qualidade fundamental das corporações – de serem altamente eficientes – termina sendo pervertida dentro da estrutura e da funcionalidade do Mercado. O documentário e o livro fazem uma analogia entre uma corporação econômico-financeira e uma mente psicopata. E conseguem demonstrar que as corporações terminam agindo como um ente antissocial.[204] Assim, por mais paradoxal que pareça, uma corporação tende a atuar predatória e até mesmo perversamente, mesmo que dirigida e sob o capital de executivos e acionistas que são, individualmente, profissionais respeitados, pessoas que seriam o padrão de educação, temperança e equilíbrio (protótipos do que o senso comum chama de "homem de bem", um bom pai, amigo, vizinho ou parente).

Uma explicação, talvez, esteja no fato de que as responsabilidades legais e éticas individuais terminam por se diluir no conglomerado, em que cada ser humano se funcionaliza, transforma-se em uma espécie engrenagem dentro da grande máquina. Assim como Arendt aponta em *Ei-*

203 BAKAN, Joel. **A corporação:** a busca patológica por lucro e poder. Tradução de Camila Werner. São Paulo: Novo Conceito Editorial, 2008.

204 1º) *Descaso pelos sentimentos alheios* – produção a baixo custo, transferindo suas fábricas para países onde os direitos trabalhistas básicos não são respeitados; 2º) *Incapacidade de manter relações duradouras* – mudança imediata de foco de produção, fechamento de fábricas ou sua transferência, logo que constada vantagem nesse proceder; 3º) *Descaso pela segurança alheia* – não raros são os casos de produtos perigosos ou até mesmo cancerígenos postos à venda, mesmo com a ciência de seus efeitos, como ocorre com o cigarro e o amianto; 4º) *Insinceridade: repetidas mentiras e trapaças para obter lucro* – uso do trabalho infantil, destruindo a infância de milhares de crianças, e depois ainda se postarem como doadoras de causas em favor delas; 5º) *Incapacidade de sentir culpa* – adoção deliberada de práticas prejudiciais aos consumidores, causando prejuízos financeiros ou até mesmo à saúde; 6º) *Incapacidade de seguir as normas sociais de conduta dentro da lei* – as limitações da legislação são vistas como externalidades que precisam ser contornadas ou vencidas, seja pela utilização de *lobby* visando modificação do texto legal ou da interpretação dele decorrente, de modo a favorecer à corporação; seja pelo descumprimento da legislação, desde que comprovada a vantagem de assumir o risco de ser punido em razão da baixa probabilidade da punição ou do valor da multa compensar tal risco. Exemplos dessa ordem não faltam no cenário brasileiro. O diagnóstico do que Joel Bakan chama de "psicopatia institucional" resta completo (Ibid., p. 102).

chmann in Jerusalem, é o espaço da burocracia que desumaniza o homem e dessignifica a barbárie.[205] A atuação individual, muitas vezes acometida de pequenos sacrifícios à ética, isoladamente não é significativa, mas feita de maneira coletiva e ao longo do tempo (velada pela cotidianidade), produz resultados impactantes. Assim, sem que alguém se sinta diretamente responsável, criam-se entes egoístas, sedentos por lucros e estatísticas azuis a todo custo. O certo é que esse exército de "pessoas de bem", muitas impecavelmente vestidas e educadas, não raras vezes armadas com suas belas canetas Montblanc, destrói a saúde e a vida de outras pessoas; o meio ambiente; e conduz a humanidade a uma futura extinção.

Cabe, nessa hora, lembrar o corifeu do neoliberalismo, Milton Friedman que, ao falar da função social da empresa, disse o seguinte:

> Há uma e apenas uma responsabilidade social no mundo dos negócios – usar os recursos e se engajar em atividades destinadas a aumentar os seus lucros, contanto que permaneça dentro das regras do jogo, o que quer dizer, se engajar em concorrência aberta e livre, sem engano ou fraude.[206]

Sua observação, contudo, cai por terra diante da realidade trazida por "The Corporation". As corporações, dentro de um mercado, como acima dissemos, assumem um comportamento predatório. No linguajar corporativo, a dimensão de respeito à normatividade se torna mera "externalidade" desfavorável, algo prejudicial ao fim de lucro. Deve-se confrontá-la, corrompê-la ou contorná-la.

E seus acionistas, na medida em que cobram a maximização da riqueza, não se apercebem e nem se responsabilizam pelos desvios ético-normativos do conglomerado como um todo. Este será sempre o norte de atuação da corporação: crescer e gerar mais dividendos, ainda que isso

---

205 "Of course it is important to the political and social sciences that the essence of totalitarian government, and perhaps the nature of every bureaucracy, is to make functionaries and mere cogs in the administrative machinery out of men, and thus to dehumanize them." (ARENDT, Hanna. **Eichmann in Jerusalem**: a report on the banality of evil. New York: Penguin Books, 2006, p. 289).

206 FRIEDMAN, Milton. The social responsibility of business is to increase its profits. **The New York Times Magazine**, New York, 13 Sept. 1970. Disponível em: <http://www.colorado.edu/studentgroups/libertarians/ issues/friedman-soc-resp-business.html>. Acesso em: 17 mar. 2013.

cause "externalidades". A crise mundial que começou em 2008 é sintoma disso. Richard Posner atribui ao "risco" a culpa pela crise.[207] Pronto. Mas nos perguntamos: e o risco tem existência própria? Não. Mas essa qualidade de despessoalização, que gera a perda de um referencial ético-individual é, ao nosso entender, a tônica do capitalismo comandado por meio de corporações. E assim, a busca do lucro a todo custo não tarda a ser feita de forma até violenta, isto é, destruindo deliberadamente a concorrência, o meio ambiente, a saúde ou a vida das pessoas e sem se preocupar com os efeitos a longo prazo, uma vez que ninguém é o verdadeiro culpado. A culpa é transferida para o "sistema".

4.4 A Eficiência

Uma vez que a busca da eficiência – um conceito, em si, até positivo no que há de fundamental, como já dito – torna-se o mote para que esse comportamento predatório se concretize nas corporações, é preciso ter cautela em seu transplante para o Judiciário. Pode ser o pretexto bem oportuno para unir os interesses do mercado com o da vontade de poder das cúpulas por meio da hierarquização funcional do Judiciário.

Mas, desde já, também advertimos que a chamada "Reforma do Judiciário" trouxe vários dispositivos que expressam o princípio da eficiência[208] e que, em si, nada trazem de negativo à atividade jurisdicional. Podemos exemplificar os seguintes: o que visa à razoável duração do processo[209] e os meios que garantam a celeridade da tramitação (art. 5º, LXXVIII); a aferição do merecimento dos magistrados conforme critérios

207 POSNER, Richard. **The crisis of capitalist democracy**. Cambridge Massachusetts e London: Harvard University Press, 2010, p. 250.

208 O princípio constitucional da eficiência, previsto expressamente em nossa ordem jurídica com a Emenda Constitucional nº 19/98, já existia estava presente desde 1988 em nossa Carta, no art. 74, II, da CF, como parâmetro de avaliação dos resultados da gestão orçamentária, financeira e patrimonial dos órgãos e entidades da administração federal, bem como na aplicação de recursos públicos. E na legislação infraconstitucional desde de 1967, com o Decreto-Lei nº 200, de 25 de fevereiro de 1967.

209 O que não se confunde com julgar açodadamente ou sem avaliar a facticidade do caso concreto.

objetivos de produtividade e presteza[210] e pelo aproveitamento em cursos de aperfeiçoamento (art. 93, II, c); a não promoção do juiz que, injustificadamente, retiver autos em seu poder além do prazo legal (art. 93, II, e); os cursos oficiais de preparação, aperfeiçoamento e promoção de magistrados (art. 93, IV); a atividade jurisdicional ininterrupta e com juízes em plantão permanente (art. 93, XII); a proporcionalidade na distribuição de juízes em relação à demanda à população (Art. 93, XIII); a delegação de atos de administração e atos de mero expediente aos servidores (art. 93, XIV); a distribuição imediata de processos (art. 93, XV); a criação do Conselho Nacional de Justiça (art. 103-B), sob o qual recai a competência de zelar pela observância do art. 37 da Constituição (art. 103-B, II).

O que propomos, na verdade, é dimensionar o significado do princípio da eficiência em face de um Judiciário que, em seu atuar, deva resguardar o Estado Democrático de Direito, seriamente comprometido pelas práticas autoritárias que, a pretexto de maior eficiência, convertem-se em instrumentos de ferimento da independência do magistrado, desrespeitando a Constituição e conduzindo a julgamentos que não observam as peculiaridades de cada caso.

Passemos agora a historicizar a emergência do discurso da eficiência atrelado à ideia de corporação no Judiciário dentro de um contexto maior – o da globalização. E com isso o risco de sua adesão como um metaprincípio, um significante primevo na atividade-fim da magistratura, a pairar, inclusive, por sobre a normatividade.

4.4.1 *Do Estado do Bem-Estar ao Estado do Mal-Estar Neoliberal*

O Estado Liberal foi um avanço em relação ao Estado Absolutista, na medida em transplantou a vontade do soberano para a vontade da lei, bem como o reconheceu direitos individuais oponíveis até mesmo ao poder público. Mas conforme preleciona Dalmo Dallari,[211] caracterizou-se pelo ultra-in-

210 No sentido de quem atende ou ajuda com rapidez e boa vontade, mas que jamais pode ser confundida com subserviência, obediência à cúpula.

211 DALLARI, Dalmo de Abreu. **Elementos de teoria geral do Estado**. 31. ed. São Paulo: Saraiva, 2011, p. 280.

dividualismo, pelo comportamento egoísta, pano de fundo da revolução industrial, e da formação e exploração do proletariado, criando um verdadeiro exército de miseráveis nos grandes centros urbanos. A ideologia dominante apregoava a defesa dos direitos individuais, notadamente os de propriedade e de liberdade, vista esta última, no final das contas, como liberdade de contratar, sem a existência de um "poder" de ser livre para todos.

A "liberdade" isoladamente considerada naturaliza e vela as desigualdades sociais. É a liberdade como discurso e a proteção ao *in-divíduo* possuidor do capital, como prática. Isto é, a defesa do *status quo* dos que tem o *status* (de ter materialmente ou potencialmente acesso ao capital) – em contraposição aos despossuídos.

Não há como, em um Estado como o Brasil, com gritantes índices de desigualdade econômica, regional e étnica, defender uma liberdade asséptica. A igualdade, tomada como "virtude soberana"[212] é que deve prevalecer, ainda mais quando em nossa Carta se põe entre os objetivos fundamentais a construção de uma sociedade livre, justa e solidária, a erradicação da pobreza e da marginalização, a redução das desigualdades sociais e regionais (Constituição da República, art. 3º) e, logo em seu artigo 1º, eleva a dignidade da pessoa humana como um dos seus Fundamentos. E dignidade aqui tomada no sentido de Kant, para quem

> Em el reino de los fines todo tiente um precio o uma dignidade. Aquello que tiene precio puede ser sustituido por algo equivalente; en cambio, lo que se halla por encima de todo precio y, por tanto, no admite nada equivalente, eso tiene una dignidad.[213]

---

212 A igualdade, para Dworkin, é a virtude soberana. E nem poderia ser diferente. Embora não concordemos integralmente com o sentido que ele a empresta, de cunho liberal, com ele estamos quando a enxerga como meio de proteção dos direitos do outro como ser com igual consideração e dignidade. O primado da democracia, aliás, na tradição em que vivemos, parte da concepção de que todo poder emana do povo e de que a cada homem, um voto. Isto é, dentro de uma ideia de dignidade imanente à pessoa humana. Não existem homens mais ou menos valiosos do que outros.

213 "No reino dos fins tudo tem um preço ou uma dignidade. Aquilo que tem um preço pode ser substituído por algo equivalente; ao contrário, o que se está por cima de todo preço e, portanto, não admite nada equivalente, esse tem dignidade" (tradução nossa) (KANT, Immanuel. **Fundamentación de la metafísica de las costumbres**. ed. eletrônica Kindle. [S.l.: s.n.], 2012. posições 726-1079).

Assim, o conceito filosófico de liberdade passou ao largo, deturpando-se o significado a um mero aspecto de proteção econômica dos "economicamente livres". E a burguesia, outrora revolucionária, passou ao conveniente conservadorismo. Estava armado o cenário para o segundo ato: os revolucionários movimentos socialistas.[214]

As Constituições Sociais foram uma resposta capitalista para arrefecer os ânimos da ameaça socialista. Nos Estados Unidos da América, o *New Deal* respondeu à grande crise de 1929 – e à temida "onda vermelha" – por meio do intervencionismo na economia. Intervencionismo esse que foi essencial também nos esforços de guerra e na reconstrução dos países europeus (e do Japão) e de suas economias, no período imediatamente posterior.[215] Mas nos países periféricos as Constituições Sociais não passaram de anestésico ideológico – concretizadas muito mais no discurso formal do que nas práticas sociais. Nesses países o Estado Social não passou, na prática, de um embuste.[216]

Com o enfraquecimento e a queda dos regimes comunistas da Europa Oriental – o que representou o quase total abandono do discurso da segunda via – o pêndulo passou, novamente, a se inclinar pelo absenteísmo do Estado. O discurso único consagrou-se. Consoante Daniel Sarmento, após seu abandono, o Estado (interventor ou não) passou a ser denunciado como sinônimo de ineficiência, desperdício e burocracia excessiva.[217] Houve quem prenunciasse o seu fim.[218] Mas tal ideia não passa de mito, afinal, o neoliberalismo precisa do Estado para manter a "liberdade econômica". Obviamente, defenderá o fim do Estado Providência, mas jamais o do Estado Polícia.

---

214 DALLARI, Dalmo de Abreu. **Elementos de teoria geral do Estado**. 31. ed. São Paulo: Saraiva, 2011, p. 281.

215 Ibid., p. 283.

216 Ibid., p. 283.

217 Para tanto, recomendamos a leitura de CHEVALLIER, Jacques. **O Estado pós-moderno**. Tradução de e prefácio de Marçal Justen Filho. Belo Horizonte: Fórum, 2009.

218 Para Kenichi Ohmae "*[...] the nation state has rapidly become an unnatural, even dysfunctional, unit in terms of which to think about or organize economic activity.*" ("O Estado Nação se tornou uma não natural, mesmo uma disfuncional, unidade em termos de se pensar ou organizar a atividade econômica" (tradução nossa) (OHMAE, Kenichi. **The end of the Nation State**: the rise of regional economies. London: Haper Collins Publishers, 1996, p. 42).

Em razão da concentração do capital na mão de poucos e do esvaziamento ou (so)negação dos direitos sociais, as reivindicações e revoltas das camadas desfavorecidas precisam ser contidas pelos meios de controle social. E o Estado é o maior e o mais aparelhado para excluir os excluídos, seja oficialmente (pelos sistemas penal e manicomial), seja oficiosamente (pelo sucateamento do sistema público de saúde ou pela conivência com grupos de extermínio etc.). Não há neoliberalismo sem um Estado forte na repressão, para poder proteger os opressores dos oprimidos e manter o *apartheid* encoberto no discurso.

Dentro da globalização capitalista, em Estados como o Brasil, em que o problema não é a liberdade econômica, mas a igualdade, será preciso um Estado repressor muito forte e eficiente. Observe-se, também, que o discurso de frouxidão dos mercados nunca é acompanhado de liberação das barreiras territoriais à imigração. As nações pobres e seus povos estarão sempre lá para serem explorados. Lucros vão. Gente, não. Gente, entendida e respeitada como tal, fica só do lado de cá do muro. Do outro lado, a escória.

"Globalização", [219] "mercados" e "liberdade econômica" viraram dogmas. O economista sul-coreano Ha-Joon Chang denuncia[220] que os países desenvolvidos se utilizaram de políticas econômicas intervencionistas para se desenvolverem e, em seguida, tentaram impedir os países em desenvolvimento de fazerem o mesmo. Ele usa uma metáfora: de que eles subiram usando uma escada (o intervencionismo) e depois a chutaram (com a ideologia neoliberal), impedindo que os países em desenvolvimento também crescessem. Para ele a Organização Mundial do Comércio (OMC),[221] o Banco Mundial (World Bank – WB) e o Fundo

---

219 Uma reflexão crítica acerca da globalização é feita por Paul Tiyambe Zeleza. Segundo ele aponta, o mundo não está perfeitamente integrado, como a globalização apregoa. Os defensores da globalização estão entre os países e tecnocratas em ascensão, e entre as empresas dominantes e as classes comerciais. Os críticos, entre os países dominados, camponeses, trabalhadores e pequenas firmas. Os ambivalentes, entre os que tanto podem ganhar quanto perder com ela (ZELEZA, Paul Tiyambe. Conhecimento, globalização e hegemonia: produção do conhecimento no século XXI. In: UNESCO. **Sociedade do conhecimento X economia do conhecimento**: conhecimento, poder e política. Unesco-SESI, Brasília, 2005, p. 19-22).

220 CHANG, Ha-Joon. **Chutando a escada**: a estratégia do desenvolvimento em perspectiva histórica, op. cit., p. 214.

221 Ibid., p. 211.

Monetário Internacional (FMI),[222] sob o pretexto de ajudá-los, servem mesmo é para manter a exploração dos países periféricos – e são, na verdade, obstáculos à redução da pobreza e das desigualdades na esfera internacional. E que foram os países que adotaram as políticas ditas "ruins" os que mais cresceram nas últimas décadas, com a China à frente.[223]

No mesmo sentido, Lenio Luiz Streck, para quem a globalização, enquanto prática, não vem acompanhada por um comportamento "liberal" dos países centrais. As barreiras alfandegárias são o novo protecionismo disfarçado.[224]

O flagrante da falácia neoliberal e da globalização (sua verdadeira face de embuste discursivo para uma recolonização dos mercados periféricos), [225] deu-se com a crise de 2008. Sob a alegação de necessidade de salvar o "mercado mundial", Keynes foi ressuscitado da maneira mais extremada.[226] Jacques Chevallier fala em fim do mito da "globalização feliz".[227] Ora, a globalização só foi "feliz" no "centro" do mundo geopolítico. Na periferia, miséria e manutenção ou aumento das disparidades.

---

222 Ibid., p. 231.

223 Ibid., p. 221.

224 STRECK, Lenio Luiz. **Jurisdição constitucional e hermenêutica**, op. cit., p. 65. Joseph Stiglitz também traz vários exemplos de barreiras não tarifárias como a salvaguarda (como a aplicada em favor da indústria do aço norte-americana); as taxas antidumping (como as aplicadas ao tomate mexicano); as barreiras técnicas (como as aplicadas às carnes brasileiras) que o autor mesmo reconhece serem as mais difíceis de derrubar em face da força retórica da proteção da saúde pública; as regras de origem, em que se exige que um produto tenha cem por cento dos componentes fabricados no país de origem (STIGLITZ, Joseph Eugene. **Globalização**: como dar certo. São Paulo: Companhia das Letras, 2007, p. 142).

225 Paul Zeleza a define globalização como "o conjunto dos processos contemporâneos de reestruturação capitalista global, fundamentados em ideologias neoliberais e intervenções políticas, conhecido no sul global pela designação ignominiosa de programas de ajuste estrutural (SAPs)" (ZELEZA, Paul Tiyambe. Conhecimento, globalização e hegemonia: produção do conhecimento no século XXI. In: UNESCO. **Sociedade do conhecimento X economia do conhecimento**: conhecimento, poder e política. Brasília: Unesco-SESI, 2005, p. 25).

226 Com medidas como a garantia estatal dos empréstimos no mercado interbancário; aquisição de ativos "tóxicos" de bancos; aquisição de capital de grandes bancos, sem falar de igual medida em relação a grandes empresas, evitando sua falência ou desnacionalização; incentivo à produção e consumo nas economias; financiamento de grandes obras de infraestrutura, com o fim de amenizar o desemprego (CHEVALLIER, Jacques. **O Estado pós-moderno**. Tradução de e prefácio de Marçal Justen Filho. Belo Horizonte: Fórum, 2009, p. 280-281).

227 Ibid., p. 284.

Fechando um pouco mais o foco de análise para o processo histórico brasileiro, o intervencionismo estatal aqui não veio para edificar direitos sociais. O discurso no Brasil sempre foi desenvolvimentalista, com o mote "crescer o bolo para depois reparti-lo". A funcionalidade patrimonialista de nosso Estado revelou a estrutura estamental, em que os próximos ao poder auferiam financiamentos a fundo perdido, desviando os recursos do "bolo" que deveriam ir para os que necessitavam de condições de vida dignas, concretizadas por meio de políticas públicas tais como o direito a renda mínima, alimentação, saúde, habitação e educação efetivas. Contudo, os poucos recursos que restaram foram distribuídos como caridade, como um favor, um beneplácito, não como direito político.[228] E assim, o Estado brasileiro chegou ao fim do século XX grande, ineficiente, com bolsões endêmicos de corrupção e sem conseguir vencer a luta contra a pobreza.

4.4.1.1 O Consenso de Washington

Foi fácil por aqui, portanto, a absorção do discurso do Consenso de Washington, um conjunto de dez regras que, se utilizadas pelos países periféricos,[229] possibilitaria seu crescimento econômico e, que, por sua vez, fez parte de um projeto maior, que abarcou aspectos políticos, econômicos e sociais – o neoliberalismo.

Surgido no final da década de 80 do século passado, como fruto de um estudo feito por economistas de organismos internacionais sediados em Washington (FMI, Banco Mundial e Departamento de Tesouro dos Estados Unidos), sua finalidade manifesta seria ajustar macroeconomicamente os países periféricos e permitir o recebimento de ajuda financeira por parte dos ditos organismos.[230] Haja vista os resultados desastrosos,[231] como o au-

228 STRECK, Lenio Luiz. **Jurisdição constitucional e hermenêutica**, op. cit., p. 56.

229 Entendo melhor utilizar esse significante, numa ideia de contraposição aos "países centrais", do que o eufemista "países em desenvolvimento", afinal, passadas tantas décadas, nenhum país dito "em desenvolvimento", desenvolveu-se, efetivamente.

230 As medidas englobavam: disciplina fiscal; redução dos gastos públicos; reforma tributária; juros de mercado; câmbio de mercado; abertura comercial; investimento estrangeiro direto, com eliminação de restrições; privatização das estatais; desregulamentação das leis econômicas e trabalhistas; proteção da propriedade intelectual.

231 STIGLITZ, Joseph Eugene. **Globalização**: como dar certo. São Paulo: Companhia das Letras, 2007, p. 446.

mento da miséria e a recessão nos países que o adotaram, até mesmo John Williamson,[232] o homem que cunhou a expressão "Consenso de Washington", passou a atacá-la. Dentre uma série de críticas, afirmou que, na América Latina, houve uma errada transformação dos postulados em ideologia e que jamais defendeu que o Estado deixasse de intervir na economia.

O Consenso de Washington foi rejeitado pelo hoje desenvolvido Leste Asiático, mas aplicado na sofrida América Latina de maneira até radical, como foi o caso do Brasil. Vinte anos depois, temos pobreza e baixo desenvolvimento em toda região que o adotou, e forte crescimento econômico nos países que se protegeram do plano pretensamente bondoso de Washington.[233]

Cumprido fielmente, houve o corte radical nos gastos sociais tão necessários, e, ao mesmo tempo, um processo avassalador e desmedido de privatizações – sob o pretexto de melhoria dos serviços públicos. Só que, conforme o desmascaramento efetuado por Têmis Limberger, "o setor que é passado à iniciativa privada é o que apresenta a possibilidade de lucro, enquanto os setores deficitários são desempenhados pelo setor público".[234] E exemplifica os casos da saúde e da segurança pública, em que os mais

232 WILLIAMSON, John. **Did the Washington consensus fail?** Washington: Peterson Institute for International Economics, 2002. Disponível em: <http://www.iie.com/publications/papers/paper.cfm?ResearchID=488>. Acesso em: 17 mar. 2013.

233 O prêmio Nobel de economia Joseph Stiglitz preceitua que um dos motivos de sucesso dos chamados "Tigres Asiáticos" e da China foi exatamente não cumprir o alegado no referido Consenso. Segundo aponta, basearam-se nas exportações (e não nas importações, como aqui); não se focaram somente na estabilidade dos preços, mas com ampla intervenção na economia interna e mediante dirigismo estatal (principalmente na educação, na infraestrutura e na escolha de setores tecnológicos em que se daria a ênfase econômica), inclusive com criação de empresas públicas voltadas à intervenção na atividade econômica – exatamente o posto do aqui propalado. A abertura para importações foi gradativa. Os setores estratégicos ficaram a salvo de aquisições estrangeiras (STIGLITZ, Joseph Eugene. **Globalização**: como dar certo. São Paulo: Companhia das Letras, 2007, p. 106). No Brasil, pelo contrário, abriram-se abruptamente as portas para das exportações, autolimitou-se a intervenção na economia e se promoveu uma privatização radical, inclusive com a da sua maior mineradora – com suas jazidas estratégicas –, junto com a quebra do monopólio do petróleo e, por pouco, a Petrobras não foi inteiramente vendida.

234 LIMBERGER, Têmis. As novas tecnologias e a transparência na administração pública: uma alternativa eficaz na crise dos controles clássicos do Estado, a fim de viabilizar a concretização de direitos. In: SANTOS, André Leonardo Copetti; STRECK, Lenio Luiz. ROCHA, Leonel Severo (Org.). **Constituição, Sistemas Sociais e Hermenêutica**. Porto Alegre: Livraria do Advogado, 2006. n. 3, p. 211.

pobres têm que se sujeitar ao SUS e a uma polícia despreparada e má equipada – enquanto os que têm condições financeiras possuem plano de saúde e segurança privada.

Para Streck, a minimização do Estado em países que passaram pelo Estado Providência ou *Wellfare State* gera consequências bem diversas das que ocorrem em países como o Brasil. Aqui, o Estado Social ocorreu para as camadas médio-superiores da sociedade. Para a avassaladora maioria da população, o que houve foi um simulacro de modernidade.[235] E já que não se realizaram as promessas da modernidade, qual a solução óbvia para manter os privilégios e o *status quo*? O Estado Neoliberal. E o pensamento hegemônico se impõe por meio da falácia desenvolvimentista: ser pós-moderno é ser ou estar *in*.

4.4.1.2 O Documento Técnico nº 319 do Banco Mundial

Há que se reconhecer, segundo alerta de Jânia Saldanha,[236] que o direito processual brasileiro, de matiz romano-germânica, envelheceu, uma vez que se perdeu, principalmente, no individualismo e no formalismo, e se reduziu à instrumentalidade. Com a constitucionalização dos Direitos Fundamentais, fenômeno que, no Brasil, efetivamente ocorreu com o advento da Carta de 1988, abriu-se um fosso separando a normatividade da realidade social.[237] Alçado a uma condição de protagonista, contudo, também submetido aos interesses do estamento, embora em menor escala,[238] e afogado numa verdadeira explosão de demandas baseadas na defesa individual de interesses coletivos e difusos – fruto de nosso atrasado modelo processual individualista –, o Judiciário não conseguiu absorvê-la. Seguiu-se a inevitável

---

235 STRECK, Lenio Luiz. **Jurisdição constitucional e hermenêutica**, op. cit., p. 63.

236 SALDANHA, Jânia Maria Lopes. A jurisdição partida ao meio. A (in)visível tensão entre eficiência e efetividade. In: STRECK, Lenio Luiz; MORAIS, José Luis Bolzan de (Org.). **Constituição, Sistemas Sociais e Hermenêutica**. Porto Alegre: Livraria do Advogado, 2010. n. 6.

237 Ibid., p. 76.

238 Embora, de um lado, o ingresso por concurso público dos magistrados, do outro, a distribuição de cargos de comissão se dá nos moldes estamentais em razão, entre outros fatores, da sua não democratização interna – ocorre uma centralização do poder nas cúpulas, uma característica, aliás, típica das corporações.

deterioração da sua imagem pública, "o que legitima qualquer sacrifício das garantias e dos direitos".[239] É nessa dimensão que o discurso utilitarista se instala. É o vale-tudo contra o "inimigo".

Correta a observação de Jânia Saldanha de que é uma quimera imaginar que a jurisdição é isenta e distante dos influxos das forças políticas e econômicas.[240] O enfraquecimento do Judiciário frente à população tornou fácil a chamada Reforma do Judiciário brasileiro. Sob o discurso de modernização interna do Judiciário (mas sem jamais abordar a necessidade de sua democratização interna) e inspirado no Documento Técnico 319 do Banco Mundial – DT 319 –, um texto paralegislativo, que traça as diretrizes de como deveriam ser as reformas nos sistemas judiciais dos países latino-americanos, deu-se a conversão da jurisdição em instrumento nas mãos dos interesses do mercado. O discurso da eficiência surgiu como o baluarte para a "salvação" do nosso sistema jurídico. É o pretexto.

A cúpula do Judiciário, inicialmente refratária, logo foi cooptada pelo discurso ideológico e pelo interesse de exercer a vontade de poder mediante um processo de hierarquização de um Judiciário de demandas individuais em massa. Isso porque o foco de interesse do DT 319 é a proteção de direitos individuais, notadamente os patrimoniais.

Paradoxalmente, para ficar bem cristalino, cria-se um modelo de Judiciário de "produção em massa", mas que não se foca na "proteção das massas", via demandas coletivas, mas nos direitos individuais, mormente os patrimoniais.[241]

Boaventura de Sousa Santos afirma que esse é o campo hegemônico

> É o campo dos negócios, dos interesses econômicos, que reclama por um sistema judiciário eficiente, rápido, que permita a previsibilidade dos negócios, dê segurança jurídica e garanta a salvaguarda dos direitos de propriedade. Os protagonistas do campo hegemônico são o Banco Mundial, o Fundo Monetário Internacional e as grandes agências multilaterais e nacionais de ajuda ao desen-

239 ZAFFARONI, Eugenio Raúl. **Poder Judiciário**: crises, acertos e desacertos. Tradução de Juarez Tavares. São Paulo: Revista dos Tribunais, 1995, p. 33.

240 Ibid., p. 89.

241 Não sem razão, como um dos artifícios (ou pretextos) para aumentar a eficiência do Judiciário seria por meio da arbitragem – tipicamente utilizada em relações comerciais.

> volvimento, como o Banco Interamericano de Desenvolvimento, a USAID etc. É neste campo que se concentra a grande parte das reformas do sistema judiciário por todo o mundo. Há vários anos que analiso as reformas que tiveram lugar em vários países, sobretudo, na Europa, na América Latina e em África. Com diferentes níveis de intensidade, o sistema judicial desses países está a ser orientado para atender às expectativas deste campo hegemônico, o que significa que as reformas se centram, muito seletivamente, nos setores que melhor servem aos interesses econômicos, deixando de fora todos os outros. As reformas são orientadas, quase exclusivamente, pela ideia de rapidez, isto é, pela necessidade de se construir um sistema de justiça célere. Há áreas do judiciário e formas de atuação que são consideradas importantes e outras não. A formação dos magistrados, por exemplo, é orientada, fundamentalmente, para as necessidades da economia.[242]

Assim, da forma com que se engendraram tais significantes, tratou-se de uma racionalidade instrumental que visou a proteção dos interesses do mercado e ocasionou um processo de centralização do poder na cúpula do Judiciário, mesmo que com custos à qualidade da prestação jurisdicional e à independência funcional. Uma verdadeira reforma (ou revolução) da Justiça precisa passar, acima de tudo, pela qualidade da justiça.

O DT 319 não surgiu por acaso. Foi fruto de um processo que se originou quinze anos antes, com o Consenso de Washington. Portanto, como parte da estratégia neoliberal na esfera judiciária latino-americana, o Banco Mundial o produziu. O título era "O setor judiciário na América Latina e no Caribe: elementos da reforma".[243] Esse documento apregoou como objetivo dos esforços de reforma a promoção do desenvolvimento econômico. A reforma do Judiciário seria parte do processo de redefinição do Estado e de sua relação com a sociedade, e o desenvolvimento econômico não poderia continuar sem a efetiva aplicação, definição e interpretação dos direitos de propriedade.

---

242 SANTOS, Boaventura de Sousa. **Para uma revolução democrática da justiça.** 3. ed. rev. e ampl. São Paulo: Cortez, 2011, p. 34-35.

243 Na verdade, o documento foi fruto do trabalho de uma equipe comandada por Maria Dakolias, executiva do "Setor Judiciário da Divisão do Setor Privado e Público de Modernização" do Word Bank (DAKOLIAS, Maria. **The judicial sector in Latin America and the Caribbean:** elements of reform. Washington: Word Bank, 1996).

A reforma do Judiciário visaria aumentar a eficiência e a equidade na resolução de litígios, através da melhoria do acesso à justiça que não seria, até então, exercida de maneira racional. Ela se daria com vistas a promover o desenvolvimento do setor privado.[244] Seu desiderato é assegurar o patrimônio, os lucros e os direitos autorais. Enfim, salvaguardar os interesses predominantemente oriundos dos Estados centrais. Não se abordam as demandas de proteção de direito sociais, senão quando, falaciosamente, apregoam a defesa dos interesses do setor privado como meio de aliviar as injustiças sociais. Nessa ordem, *desenvolvimento econômico* significa a efetiva proteção dos direitos de propriedade.

Para o DT 319, os programas de reforma do sistema judiciário deveriam se concentrar na formação dos juízes e, mais importante, no convencimento dos juízes atuais. Pela ótica do Banco Mundial, as reformas em curso só seriam bem sucedidas se os juízes estivessem convencidos da necessidade dela.[245]

4.4.1.3 A Eficiência como Maximização da Riqueza

O neoliberalismo tem seu substrato teórico nas teorias econômicas desenvolvidas pela *Chicago Trend*. E o apêndice jurídico desse pensamento é exatamente a Análise Econômica do Direito[246] (AED), que se diz multidisciplinar e ideologicamente neutra, afirmando que o direito e a economia têm estruturas similares, sendo possível uma leitura do direito a partir da economia. E um dos seus maiores nomes hoje, quiçá o maior, é Richard Posner. Partiu dele a tese da eficiência como maximização da riqueza.[247] Tese esta que, embora por ele abandonada posteriormente,[248]

---

244 DAKOLIAS, Maria. **The judicial sector in Latin America and the Caribbean**: elements of reform. Washington: Word Bank, 1996, p. xi.

245 Ibid., p. 60.

246 No inglês, *law and economics*.

247 Segundo Bruno Salama, Posner não distingue eficiência (geralmente voltada para os meios) e maximização da riqueza (que seriam, para muitos, os fins). Usa-as como indistintamente (SALAMA, Bruno Meyerhof. A história do declínio e queda do eficienticismo na obra de Richard Posner. In: LIMA, Maria Lúcia L. M. Padua (Org.). **Agenda contemporânea**: direito e economia: 30 anos de Brasil. São Paulo: Saraiva, 2012. v. 1, p. 289).

248 Posner reviu a estatura da eficiência no sistema jurídico. Inicialmente, o jurista norte-americano procurou elevar o critério de eficiência à pedra de toque para a formulação e interpretação do

ainda segue, subterraneamente, sendo o condutor da nossa política judiciária e, consequentemente, da prática jurídica.

Elevada a uma categoria de metaprincípio, na abertura dos pré-juízos, com cunho ideológico,[249] a eficiência como mera maximização da riqueza (relação custo-desempenho, aferida enquanto valor atribuível monetariamente) passa a condicionar não só o dia-a-dia dos cartórios. Ingressa na operacionalização da hermenêutica e, consequentemente, da concretização do direito em um Judiciário que deveria funcionar tal qual uma corporação privada. Com isso, abre-se a possibilidade de esvaziamento, no discurso jurídico, da referência primordial à Constituição. O direito passa a existir a partir da eficiência como meio e da maximização da riqueza enquanto fim.[250]

A análise econômica do direito, na verdade, não se expressa numa dimensão normativo-legal, mas especulativo-matemática. Ontologicamente, é a faceta jurídica do pensamento econômico, com o fim de expressá-lo na ordem da Lei.

Nos moldes do que já vimos aqui dizendo, em um estudo crítico sobre a invasão do direito pelo discurso econômico, Alexandre Morais da Rosa assevera que a resistência ao discurso do *Law and Economics* não pode se dar aceitando-se trabalhar sob os princípios da economia, sob

---

direito. Isso significa dizer que se uma norma promove a eficiência, ela seria justa (Ibidem, p. 294). Mas já em 1990, com o "Problemas de Filosofia do Direito", Posner abandonou a defesa da maximização da riqueza como fundação ética do direito, reconhecendo que "se trata de uma teoria insatisfatória, e ainda que muitas dessas críticas possam ser respondidas, algumas não são passíveis de resposta" (POSNER, Richard A. **Problemas de filosofia do direito**. São Paulo: Martins Fontes, 2007, p. 503). Em recentes escritos, como já mencionado acima, Posner também reconheceu suas falhas em imaginar um mercado autorregulável (POSNER, Richard A. On the receipt of the Ronald H. Coase Medal: uncertainty, the economic crisis, and the future of law and economics. **American Law & Economics Review**, Oxford, v. 12, n. 2, p. 268, 2010).

249 A compreensão, como diz Heidegger, é um existencial. E uma existência inautêntica, condicionada pela força dos interesses hegemônicos que escondem uma relação desigual de poder mantida pela ideologia que subjaz ao eficienticismo, servirá à razão instrumental, com vistas a obscurecer a compreensão da Constituição e do seu catálogo de Direitos Fundamentais. Jogada na passividade, uma massa considerável do corpo da magistratura deixa de cumprir seu mister de guardião da normatividade (entendido, aqui, como constrangimento epistemológico do texto, de modo a gerar uma norma constitucionalmente válida) (HEIDEGGER, Martin. **Ser e tempo**, op. cit., p. 228).

250 Segundo Bruno Salama, Posner usa "maximização da riqueza" e "eficiência" indistintamente (SALAMA, Bruno Meyerhof. A história do declínio e queda do eficienticismo na obra de Richard Posner. In: LIMA, Maria Lúcia L. M. Padua (Org.). **Agenda contemporânea: direito e economia**: 30 anos de Brasil. São Paulo: Saraiva, 2012. v. 1, p. 294).

pena de violação da autonomia do direito.[251] Isso porque, sob o ponto de vista econômico, as decisões judiciais (e acrescento a obediência a certos ritos e formalidades) podem ser antieconômicas, em especial as que reafirmem o Estado do Bem-Estar Social, pois geram um custo elevado, contrariando a "maximização da riqueza".

E o que passa a ser o interesse público sob o prisma econômico? Segundo Alexandre Morais da Rosa e José Manuel Aroso Linhares, é a manutenção da ordem espontânea representada pelo Mercado. Veda-se qualquer pretensão finalística, dentre elas a justiça social. O código com que se trabalha é o matemático e a relação a ser considerada é a do custo/benefício econômico. Para o autor, cria-se um novo princípio jurídico, o "do melhor interesse do mercado".[252] Refundam-se os alicerces do pensamento jurídico, mas não sem prejuízos democráticos.

Aqui, o problema se acentua em razão da baixa constitucionalidade,[253] que torna o terreno fértil para que o fundamento da práxis jurídica deixe a normatividade e passe para a utilidade, como ferramenta para a proteção da liberdade econômica e da propriedade. E isso se engendra em três dimensões diferentes: a) *na esfera micro* – pela assunção de posturas que visam a relação custo-benefício alienada e acrítica; b) *na esfera macro* – pelo tratamento em massa de demandas individuais – como se fosse possível aprisionar, de maneira autoritária, a facticidade em uma fórmula enlatada; c) *enquanto mundo corporativo* – como modo de pensar e agir que retroalimenta as duas primeiras esferas, numa dimensão individualista, hierarquizada e de referencial econômico (aumento da riqueza), de modo a bloquear qualquer instância crítica.

---

251 ROSA, Alexandre Morais da; LINHARES, José Manuel Aroso. **Diálogos com a law & economics**. Rio de Janeiro: Lumen Juris, 2009, p. 9.

252 Ibid., p. 51.

253 Com efeito, a necessidade de desvelamento é destacada por Lenio Streck: "Deste acobertamento/ entulhamento provocado pelo sentido comum (*habitus*) decorre – e não é muito difícil perceber isto – a perda do substrato social do Direito – ou, se se quiser, da sua função social. Esta perda deve ser debitada na conta da 'baixa constitucionalidade', que, dentre outros fatores, decorre da não recepção dos novos paradigmas jurídico-constitucionais, bem como da falta de compreensão acerca da evolução da Teoria do Estado (condição de possibilidade para a Teoria da Constituição)" (STRECK, Lenio Luiz. **Hermenêutica jurídica e(m) crise**: uma exploração hermenêutica da construção do direito, op. cit., p. 359).

O princípio da eficiência é bem-vindo em nossa Constituição. Disso não há dúvida sequer. Mas também resta a certeza de que o sentido de "eficiência" a ser transposto ao direito como "princípio constitucional da eficiência" aqui precisa ser outro que não o apregoado pela *Chicago Trend*. No direito, nem sempre o que é mais "eficiente" em termos econômicos é o mais adequado normativamente,[254] principalmente quando se tratam de *a prioris* muito diversos como o dos EUA e o do Brasil, não só em termos jurídicos (*common law* de um lado, romano-germânico do outro), como também políticos, econômicos e sociais.

Para muitos, nem mesmo uma crise planetária mostrou o óbvio: vira catástrofe qualquer ramo da atividade social sem regulamentação. Um trocadilho com o que disse certa vez Milton Friedman se tornou tentador: *o direito é importante demais para ficar nas mãos de economistas*. O direito é instrumento de legitimação de qualquer Estado, na medida em que insere o elemento democrático da legislação no funcionamento das instituições sociais. Insere considerações humanistas e sociais ao pragmatismo matemático de um mercado voltado à busca antiética do lucro.

4.5 O Judiciário como Corporação

Como reflexo do neoliberalismo na América Latina, concebido e executado através do "Consenso de Washington" e do Documento Técnico 319 do Banco Mundial, a ideia de Judiciário enquanto corporação passou a ser vista com simpatia por aqui. Um Judiciário que fala a língua do mundo dos negócios e em uma época de predomínio do capitalismo financeiro. O risco é o Judiciário descer para o palco das grandes corporações, típicas representantes econômicas desse capitalismo ultranacional e ultrarracional,[255] regidas por um significante primordial que é o do *aumento da riqueza*, do qual deriva a eficiência como meio para esse fim. Se o aumento da riqueza é a *direção* a se tomar, a eficiência se torna o seu

254 Por exemplo, as práticas da Alemanha nazista em matar e cremar os prisioneiros dos campos de concentração mediante a utilização de câmaras de gás e fornos foi uma medida eficiente. Isto significa dizer que a eficiência tomada por si só não é aceitável. Desumaniza.

255 Que somente há pouco teve suas entranhas reveladas por uma crise econômica sem precedentes por ele mesmo causada.

vetor. Torna-se sinônimo do que é moderno, útil e indispensável. Torna-se um conceito performático. Basta-se. É o dogma.

O Poder Público, nessa dimensão, passa a ser mais um território conquistado. E o mercado, a eminência parda do Judiciário. A mão invisível, o seu fundamento teológico de fé (no deus mercado).[256]

Se o Judiciário assume a eficiência como norte de sua atuação, ocorre, com isso, um profundo comprometimento com a visão de mundo que a referida ideia traz consigo. O mesmo acontece se houver a assunção pelo Judiciário do discurso da corporação. A assunção do discurso leva à prática. Toda a cadeia de significantes deflui para dar vazão ao fim perseguido: a eficiência. Por ser um conceito não jurídico, mas advindo da economia e da administração privada, sua importação, por assim dizer, precisa sofrer fortes constrangimentos epistemológicos. E em razão da dimensão que assume essa revolução, os prejuízos se tornam muito caros ao regime democrático e aos direitos fundamentais.

A palavra "eficiência", há que se reconhecer, tornou-se a pedra de toque do discurso da cúpula do Judiciário. Aplausos aos "eficientes", mas não se, para isso, tiverem que despir a toga para se tornarem, finalmente, "administradores", gerentes de um entreposto judiciário. "Operários do direito", no seu sentido maquinal e autômato.

Sintoma disso foi a publicação da resolução nº 106 do Conselho Nacional de Justiça – CNJ, por nós recebida com surpresa e preocupação, já que estabeleceu como critério para promoção, remoção e acesso de magistrados por merecimento, o seguinte: "Art. 5.º Na avaliação da qualidade das decisões proferidas serão levados em consideração: [...] *e)* o respeito às súmulas do Supremo Tribunal Federal e dos Tribunais Superiores".[257] Não fosse isso, vez ou outra surgem críticas ao "independentismo" da magistratura de primeiro grau, como se ter uma postura independente e

256 ROSA, Alexandre Morais da; LINHARES, José Manuel Aroso. **Diálogos com a law & economics**, op. cit., p. 11.

257 CONSELHO NACIONAL DE JUSTIÇA (CNJ). **Resolução nº 106, de 8 de dezembro de 2004.** Dispõe sobre os critérios objetivos para aferição do merecimento para promoção de magistrados e acesso aos Tribunais de 2º grau. Disponível em: <http://www.cnj.jus.br/atos-administrativos/atos-da-presidencia/323-resolucoes/12224-resolucao-no-106-de-06-de-abril-de-2010>. Acesso em: 28 maio 2013. Tratamos anteriormente do tema no seguinte texto: SANTOS JÚNIOR, Rosivaldo Toscano dos. As circunstâncias legais e a aplicação centrífuga da pena. **Revista dos Tribunais**, São Paulo, v. 908, p. 233-262, jun. 2011.

crítica fosse algo reprovável.[258] Mas o juiz não é independente, é verdade. Ele tem um senhor: a Constituição.

Sob o discurso da eficiência a todo custo conjugada com a visão de mundo do Judiciário como corporação, encobre-se a hierarquização, a concentração de poder nas cúpulas (leia-se STF, principalmente, STJ e demais tribunais superiores, nessa ordem) e o ferimento da independência funcional dos magistrados de primeira instância, e dos tribunais estaduais e regionais federais. Trataremos a seguir de como se dá, na práxis, esse modelo. Como já predito, na relação decisionismo-hierarquização, os centros produtores dos discursos de verdade são seus principais construtores.

4.5.1 O Judiciário Corporativo Pop Star, "Opiniões Públicas" e o Contramajoritarismo

No Judiciário neoliberalizado, os atores jurídicos das cúpulas são *pop stars* da corporação. É bem verdade que os magistrados têm liberdade de opinião, como qualquer cidadão, aliás, e que a publicidade é regra.[259] Mas os julgamentos foram para além da publicidade. Fora do plenário, sob os holofotes e microfones, diz-se tudo, inclusive a defesa ou o ataque a teses em casos que ainda serão julgados. Há precedentes em questões de forte coloração político-partidária que[260] são de duvidoso cabimento para o ocupante de um cargo ao qual se exige, no mínimo, temperança e evitar se imiscuir no jogo político-eleitoral. Os julgamentos mais notórios viraram verdadeiras novelas. Ou melhor, *reality-shows*.[261]

---

258 FARIA, Tiago. Mendes critica partidarização do servidor público. **Folha de São Paulo**, São Paulo, 1 ago. 2008. Disponível em: <http://www1.folha.uol.com.br/folha/brasil/ult96u473694.shtml>. Acesso em: 18 mar. 2013.

259 Art. 41 da LOMAN – "Salvo os casos de impropriedade ou excesso de linguagem o magistrado não pode ser punido ou prejudicado pelas opiniões que manifestar ou pelo teor das decisões que proferir".

260 Vide o que determina a Constituição da República: "Art. 95. [...] Parágrafo único. Aos juízes é vedado: [...] III - dedicar-se à atividade político-partidária".

261 No mesmo sentido, a Resolução nº 60/2008, do Conselho Nacional de Justiça – CNJ:
Art. 12. Cumpre ao magistrado, na sua relação com os meios de comunicação social, comportar-se de forma prudente e equitativa, e cuidar especialmente:
I - para que não sejam prejudicados direitos e interesses legítimos de partes e seus procuradores;

Em nosso tribunal mais destacado, brigas, intrigas, críticas e opiniões sobre julgamentos pendentes são manifestadas a apresentadas nos telejornais, como um capítulo à parte de uma trama novelística *borderline* entre a ficção e a realidade.[262] Já houve até episódio em que um dos pares (ou contendedores) convidou o outro para "acertos físicos" de contas, no ambiente externo ao plenário. Toda sorte de juízos de valor são emitidos, a despeito das regras descritas na Lei Complementar nº 35/79, a Lei Orgânica da Magistratura Nacional (LOMAN) e no Código de Ética da Magistratura Nacional, resolução nº 60/2008, do Conselho Nacional de Justiça (CNJ).

Já dizia Maslow que ser reconhecido, ser respeitado e estimado é uma das necessidades do ser humano,[263] isso não há que se negar e nem reprovar. Porém, existe o problema quando essa necessidade é utilizada pela razão instrumental, pautando-se o Judiciário pelos meios de comunicação. Propala-se a ideia do Judiciário deve atentar para a opinião pública (ou publicada). Mas qual a dimensão que tem a opinião pública em uma sociedade mediatizada?

Como acentua Lenio Streck, refletir sobre o constitucionalismo implica o enfrentamento de um *paradoxo*:[264] ao mesmo tempo em que promove a democracia, entendida como a obediência à vontade da maioria, limita o poder destas em face das minorias. E é por meio da jurisdição constitucional – como reafirmação da Constituição – que o contramajoritarismo se concretiza.

II - de abster-se de emitir opinião sobre processo pendente de julgamento, seu ou de outrem, ou juízo depreciativo sobre despachos, votos, sentenças ou acórdãos, de órgãos judiciais, ressalvada a crítica nos autos, doutrinária ou no exercício do magistério.

262 E a LOMAN assim diz a respeito: "Art. 36 - É vedado ao magistrado: [...] III - manifestar, por qualquer meio de comunicação, opinião sobre processo pendente de julgamento, seu ou de outrem, ou juízo depreciativo sobre despachos, votos ou sentenças, de órgãos judiciais, ressalvada a crítica nos autos e em obras técnicas ou no exercício do magistério."

263 Maslow desenvolveu uma teoria até hoje aceita de que o ser humano possui uma hierarquia de necessidades, que obedece a seguinte ordem de hierarquia: 1º) necessidades corporais ou fisiológicas básicas (fome, sono, sede, libido); 2º) proteção e segurança (ter um abrigo (lar), estabilidade no emprego, etc.); 3º) necessidades sociais ou de amor, que é a pertença a um grupo, como uma família, uma comunidade, ser amado em *eros* ou *filos*; 4º) necessidades de estima, que incluem ser respeitado, estimado, reconhecido, aprovado, ter dignidade, amor-próprio; e 5º) necessidades de auto-realização, que incluem liberdade para o mais pleno desenvolvimento dos talentos e capacidades da pessoa, individuação, realização do eu (MASLOW, Abraham H. **Introdução à psicologia do ser**. 2. ed. Rio de Janeiro: Eldorado Tijuca, 1970, p. 233-234).

264 STRECK, Lenio Luiz. **Verdade e consenso**: Constituição, hermenêutica e teorias discursivas, op. cit., p. 74.

É importante que a opinião pública esteja atenta às decisões judiciais, de modo a cobrar do Judiciário uma resposta por meio de argumentos fundados na normatividade. Mas não mais que isso. Os juízes não são eleitos, e mesmo que o fossem, não podem criar ou revogar leis com base em argumentos outros que não a pertinência entre estas e o feixe de regras-princípios constitucionais. A pauta política deve ser feita no foro competente: o Parlamento. E a partir dele a inovação legislativa (desde que respeitada a constitucionalidade dos textos legais). Se a cidadania exige a constante vigilância, adverte Maurício Ramires,

> Não se pode confundir, porém, o saudável controle da opinião pública sobre os provimentos do Judiciário – aquele decorrente da fundamentação e transparência dos julgados – com outra coisa, definitivamente indesejável, que se pode chamar de 'populismo jurisdicional'. Este se caracteriza pela submissão dos juízes à pressão popular, à 'voz das ruas', que pode ser tão naturalmente volúvel quanto artificialmente manipulável.[265]

A questão se torna concreta em manifestações como a feita por um dos Ministros do STF no chamado julgamento da Ficha Limpa: "não cabe a este Tribunal desconsiderar a existência de um descompasso entre a sua jurisprudência e a hoje fortíssima opinião popular a respeito do tema 'ficha limpa'".[266] Quanto a isso, cabem bem aqui os questionamentos de Lenio Streck acerca do assunto:

> Sem precisar entrar no mérito e repristinar o debate sobre aquele julgamento — e nem seria o caso — a questão que fica é: como se afere a opinião pública? Deveríamos plebiscitar os julgamentos da Suprema Corte? Mas se o STF deve julgar conforme o desejo da maioria do povo, por que razão necessita(ria)mos de um tribunal com essa função?[267]

---

265 RAMIRES, Maurício. **Crítica à aplicação de precedentes no direito brasileiro**. Porto Alegre: Livraria do Advogado, 2010, p. 41.

266 BRASIL. Supremo Tribunal Federal. **Ação direta de constitucionalidade nº 29**. Reqte.: Partido Popular Socialista. Intdo.(a/s) :Presidente da República. Intdo.(a/s) :Congresso Nacional. Relator: Min. Luiz Fux, Tribunal Pleno, Brasília, 16 fev. 2012. Disponível em: <http://redir.stf.jus.br/paginadorpub/ paginador.jsp? docTP=TP&docID=2243342>. Acesso em: 27 maio 2013.

267 STRECK, Lenio Luiz. **Compreender direito**: desvelando as obviedades do discurso jurídico. São Paulo: Revista dos Tribunais, 2013, p. 179.

Em escrito que aborda a influência dos meios de comunicação de massa na formação da opinião pública e seus impactos na democracia, Elias Jacob Menezes Neto aponta que

> A ampliação da interferência do poder econômico nas redes de comunicação tornou esses canais paulatinamente mais restritos, o que possibilitou o surgimento de um novo tipo de influência – o poder midiático –, que, com intuito manipulativo, subverteu o princípio da publicidade. A esfera pública, estruturada e dominada pelas *media*, possui imenso poder para ocultar as intenções dos seus proprietários e, simultaneamente, influenciar e controlar o fluxo de informações capazes de determinar comportamentos nas massas.[268] [...] A influência perversa dos meios de comunicação de massas cria a massa de cidadãos desintegrados enquanto público, que, incapaz de participar das decisões políticas, é, paradoxalmente, convocada para legitimá-las, através da aclamação, numa esfera pública manipulada e sem formação discursiva da vontade.[269]

Essa relação de proximidade entre o Judiciário e a mídia, como fenômeno do *marketing* corporativo, ameaça uma das mais importantes características da jurisdição constitucional, o contramajoritarismo – que serve para balizar e refrear as maiorias eventuais que possam tender ao totalitarismo, uma vez que a democracia não é outra coisa senão o regime das maiorias que respeita e fomenta os direitos das minorias. O Judiciário cujo caráter contramajoritário seja barrado, obstado ou turbado por interesses políticos ou econômicos prejudica a normatividade e, por consequência, o Estado Democrático de Direito. Afinal, não há regime totalitário senão com um Judiciário silente aos abusos das maiorias eventuais, das forças econômicas e políticas hegemônicas.

Sob o auspício da *accountability*, não muito longe do "desejo de ser grande" apontado na pirâmide de Maslow, e dentro de uma ideia de que a magistratura não representa um corpo, mas sim concorrentes individuais

268 MENEZES NETO, Elias Jacob de. **Concentração proprietária dos meios de comunicação de massas na democracia constitucional**. 2012. f. 128-129. Dissertação (Mestrado em Direito) – Programa de Pós- Graduação em Direito da Universidade do Vale do Rio dos Sinos – UNISINOS, São Leopoldo, RS, 2012.

269 Ibid., f. 131.

(ou astros) dentro da corporação (ou constelação), o *marketing* pessoal aflora. E assim, a necessidade de "mostrar eficiência" conjugada com as idiossincrasias pessoais e a pressão midiática produtora/manipuladora de "opiniões públicas" (por motivos nem sempre publicáveis) são prejudiciais à democracia, notadamente quando se trata de algum caso de grande repercussão.[270]

Aderindo ao "Judiciário de resultados", prêmios são lançados nas várias campanhas, com ampla cobertura midiática. Tais resultados são alardeados. Mas, quando vistos com minudência, muitos assumem ares de propaganda. Por exemplo, campanhas em que são entregues placas às corporações que mais conciliaram, sem informar (e sem refletir, certamente) que, ao mesmo tempo, são elas, também, as que mais litigam. Isto é, são as que abarrotam o Judiciário e depois ainda são premiadas. À parte a boa vontade dos que instituem tais prêmios, a fórmula de cálculo deveria ser revista. De números absolutos para relativos, para percentual de redução de demandas, sob pena de continuarmos premiando a litigância e fazendo propaganda indevida das corporações que desrespeitam a cidadania.[271]

4.5.2 *Quem Seriam os Clientes do Judiciário como Corporação?*

Ressaltamos, desde já, que os princípios constitucionais aplicáveis à Administração Pública, em especial, os princípios da legalidade, impessoalidade, moralidade, publicidade (incluindo aí a transparência) e eficiência, são não só importantes. São essenciais ao bom uso de recursos e de

---

270 Recentemente, no caso do julgamento do chamado mensalão, o relator, o Ministro Ricardo Lewandowski, queixou-se que soube primeiro pela mídia sobre o ofício da Presidência do STF que indicava a necessidade de liberar o processo naquele dia. "Tirando o inusitado da situação, confesso que fiquei surpreso com a informação constante do mencionado ofício" (BASILE, Juliano. Lewandowski reclama de pressões de Ayres Britto. **G1. Economia**, São Paulo, jun. 2006. Disponível em: <http://m.g1.globo.com/economia/ noticia/2012/06/lewandowski-reclama-de-pressoes-de-ayres-britto.html>. Acesso em: 29 jun. 2012).

271 Motivados por uma campanha do CNJ, vários tribunais estaduais começaram a instituir premiação às empresas que mais conciliaram no ano. Mas como a apuração é feita por números absolutos, o Judiciário termina por se arriscar a fazer propaganda alheia imerecida. Uma depuração das informações dos dados demonstraria resultados bem similares entre os maiores litigantes e os maiores "conciliadores". Mas será que isso interessa ao Judiciário como corporação? Afinal, parafraseando o slogan de uma campanha publicitária de uma marca de refrigerantes, "imagem é tudo".

um patrimônio que é de todos,[272] O que nos preocupa, por conseguinte, é a importação de um ideário de eficiência exacerbado e estranho à nossa realidade política, econômica e, principalmente, social, o que desequilibra e deturpa o sistema principiológico constitucional. Damos a isso o nome de "eficienticismo". Isto porque o regramento público não pode ser igual ao privado. Seus atributos são diversos: distribuir e não concentrar, incluir e não excluir, acolher e não concorrer.

Na empresa privada, a finalidade é gerar o maior lucro possível para o proprietário e/ou acionistas, como já explicou Milton Friedman. E como já demonstrado, essa máquina pode produzir efeitos perversos e devastadores ao homem e à natureza. No âmbito público brasileiro, não é difícil perceber quem são os beneficiários. Um Judiciário voltado para o *homo economicus*, para as relações de consumo – o sustentáculo jurídico do mercado. Não por menos, temos visto a criação de Juizados Especiais nos aeroportos, divulgadas amplamente como exemplo de acesso à Justiça. Onde, efetivamente, em volume e gravidade, há mais violações de direitos fundamentais, nos aeroportos ou nos bairros pobres, periféricos? Onde a população mais precisa de um acesso facilitado à Justiça?

A história nos ensina que o estamento tupiniquim – formado por um grupo que vêm se mantendo no poder e usufruindo dele – não perderá a oportunidade de sequestrar para si os frutos da eficiência. Agora, acompanhado pelos interesses do mercado. Portanto, o discurso que transporta para o setor público a eficiência entendida nos moldes do *law and economics* gera violência objetiva, na medida em que serve à liberdade econômica dos detentores do capital especulativo e aos membros do estamento, em detrimento dos que efetivamente necessitam.

De bom alvitre, nessa altura, o alerta Lenio Streck:

> Paradoxalmente, depois dessa revolução copernicana representada pelo acentuado grau de autonomia do direito conquistado no Estado Democrático de Direito, está-se diante de uma crescente perda dessa característica, o que pode ser interpretado simbolicamente nesses tempos difíceis de pós-positivismo, a partir das

272 Um estudo pátrio bem elaborado acerca da boa administração: FREITAS, Juarez. **O controle dos atos administrativos e os princípios fundamentais.** 4. ed. rev. e ampl. São Paulo: Malheiros, 2009.

diversas teses que apostam na análise econômica do direito, no interior das quais as regras e os princípios jurídico-constitucionais só têm sentido funcionalmente. Ou seja, em uma dimensão absolutamente pragmática, o direito não possui 'DNA'.[273]

4.6 O Processo Judicial (d)eficiente

Precisamos avaliar em que medida o princípio constitucional da eficiência deve ser lido dentro do plano da jurisdição. Se, na órbita privada, a eficiência denota a competência para se produzir o melhor com os recursos humanos, técnicos e financeiros disponíveis, e a efetividade é a capacidade de promover os resultados pretendidos; na órbita pública, suas leituras precisam ser submetidas aos princípios constitucionais que conformam o Estado Democrático de Direito, conduzindo a resultados diversos dos que ocorreriam na esfera privada.

A eficiência no setor público deve buscar a efetivação de direitos. Ela deixa de ser um fim em si mesma ou de se basear em critérios meramente econômicos. E não pode interferir na prestação da jurisdição de modo a afetar a efetividade e a independência desta. E para que a autonomia do direito (via jurisdição) ocorra, há outros princípios que jamais podem ser desconsiderados (legalidade, impessoalidade, moralidade, publicidade, etc.). Em se tratando de atividade jurisdicional, a independência funcional do juiz, fortemente abalada pela Resolução nº 106 do CNJ e pelas práticas realistas que serão vistas a seguir[274] é a garantia do cumprimento de sua missão de, com base nos textos normativos, criar a norma do caso concreto, lastreado em todo o catálogo de direitos trazidos na Carta, sem interdições do discurso.

Há, ainda, um conteúdo ideológico subjacente a toda essa discussão. Não nos enganemos: por trás deste manto de defesa da eficiência a todo custo, existe, sim, uma política alheia aos Direitos Fundamentais que, em

---

273 STRECK, Lenio Luiz. **Verdade e consenso**: Constituição, hermenêutica e teorias discursivas, op. cit., p. 44.

274 Em especial, o julgamento com base em precedentes desprovidos de faticidade, o *common law* à brasileira, as súmulas vinculantes ou não e a repercussão geral.

última análise, vencidas todas as falácias que a sustentam, descerrada a sua máscara, torna-se confessadamente partidária do movimento neoliberal.[275]

Justiça que age baseada na eficiência como metaprincípio não é justiça constitucional, pois toda decisão judicial tem que ter sua âncora na normatividade, considerando a Constituição Federal no vértice superior da pirâmide. Pode até ser aplicadora de eficiência e de maximização de riqueza, mas não do direito. E Justiça que não aplica o direito o que é, realmente?

A preocupação se justifica na medida em que os "operadores jurídicos" do receituário neoliberal, de cunho utilitarista, como nos exemplos já citados, terminam por posicionar a eficiência como um significante primeiro. Isso porque o significante primeiro é estratégico: como está na base, na formação dos pré-juízos[276] (no sentido linguístico-gadameriano de pré-concepções do juiz), interferirá na condução, pelo julgador, dos atos do processo e na (des) consideração dos direitos fundamentais quando da geração da norma para o caso concreto. O significante inicial-fundamental interfere na interpretação dos textos jurídicos, direcionando a postura judicial na prática forense, de modo a reafirmá-lo. E alerta Alexandre Morais da Rosa:

> Os significantes trazidos à colação na cadeia metonímica acabam enleados na trama colonizada. Reside justamente na alteração do significante primeiro uma das possibilidades mais eficazes de re-

---

275 Na esfera do processo penal, o neoliberalismo se expressa pelo "movimento da lei e da ordem" e do "direito penal do inimigo". Vide: SANTOS JÚNIOR, Rosivaldo Toscano dos. As duas faces da política criminal contemporânea. **Revista dos Tribunais**, São Paulo, n. 750, p. 461-471, abr. 1998.

276 Diz Gadamer: "Uma análise da história do conceito mostra que é somente no *Aufklärung* (iluminismo) que o conceito do preconceito recebeu o matiz negativo que agora possui. Em si mesmo, 'preconceito' (*Vorurteil*) quer dizer um juízo (*Urteil*) que se forma antes da prova definitiva de todos os momentos determinantes segundo a coisa. [...] 'Preconceito' não significa pois, de modo algum, falso juízo, pois está em seu conceito que ele possa ser valorizado positivamente ou negativamente. É claro que o parentesco com o *praejudicium* latino torna-se operante nesse fato, de tal modo que, na palavra, junto ao matiz negativo, pode haver também um matiz positivo. Existem *préjugés légitimes*. Isso encontra-se muito distante de nosso atual tato linguístico. A palavra alemã Vorurteil (preconceito) – da mesma forma que a francesa *préjugé*, mas ainda mais pregnantemente – parece ter-se restringido, pelo *Aufklärung* e sua crítica religiosa, ao significado de 'juízo não fundamentado'" (GADAMER, Hans-Georg. **Verdade e método**: traços fundamentais de uma hermenêutica filosófica. Tradução de Flávio Paulo Meurer. 3. ed. Petrópolis: Vozes, 1999, p. 406-407).

> sistência. De pouco adianta a discussão crítica posterior se houver aceitação do critério, uma vez que condiciona o sentido.[277]

Não podemos cair na armadilha retórica do neoliberalismo, expressa pela eficiência como busca da maximização da riqueza. O Judiciário deve sempre ser uma garantia constitucional do cidadão e não do mercado. A Jurisdição não é outra coisa senão a expressão da normatividade constitucional, fundada no respeito aos direitos fundamentais e nos preceitos de uma Constituição transformadora da realidade social, para cumprir os objetivos nela inscritos, em especial os que constam no art. 3º da Carta.[278] Antes de ser eficiente, a Jurisdição precisa ser normativa.

Em resposta aos exemplos apresentados no início deste capítulo, uma análise crítica revelará que os pretensos ganhos eficienticistas podem, pelo contrário, resultar em prejuízos não somente ao regime democrático, mas ao próprio presumido agente "eficiente". Assim,

a) O juiz não é necessariamente mais "eficiente" ou torna o processo mais rápido quando decreta prisões com base em mera suposição de fuga ou outros fundamentos em que subjazem fins utilitaristas. Pelo contrário, viola a presunção de inocência e enseja mais trabalho e delonga com os recursos que advêm dessas decisões. As serventias judiciais que mantêm altos índices de réus presos sob fundamentos "eficienticistas" trabalham sempre sobrecarregadas, com uma demanda maior em razão dos recursos em sentido estrito e dos *habeas corpus* que precisam ser respondidos, sem falar da necessidade de realizar audiências em tempo exíguo (com maior índice de insucesso), com o fim de evitar excesso de prazo. Não raro, cria-se um ciclo vicioso em que a serventia judicial passa a se dedicar aos processos de réus presos, deixando, não raras vezes, prescreverem outras ações penais, ferindo, inclusive, a isonomia de tratamento;

---

277 ROSA, Alexandre Morais da. **Garantismo jurídico e controle de constitucionalidade material**: aportes hermenêuticos. 2. ed. Rio de Janeiro: Lumen Juris, 2011, p. 71.

278 Art. 3º. Constituem objetivos fundamentais da República Federativa do Brasil: I - construir uma sociedade livre, justa e solidária; II - garantir o desenvolvimento nacional; III - erradicar a pobreza e a marginalização e reduzir as desigualdades sociais e regionais; IV - promover o bem de todos, sem preconceitos de origem, raça, sexo, cor, idade e quaisquer outras formas de discriminação.

b) A produção antecipada de provas sem um fundamento concreto, igualmente, ensejará reforma da decisão. E terá sido trabalho em vão, se não for mais encontrado o foragido;

c) Um juiz inquisidor, além de se despir da toga e assumir função anômala, não raras vezes gasta mais tempo do que se deixasse cada parte cumprir o seu mister dentro do sistema acusatório;

d) A não intimação de um alvo de interceptação telefônica sob a alegação de que prejudicaria futuras investigações contra a mesma pessoa, além de ferir o princípio da presunção de inocência, arrisca o Judiciário a ser usado como instrumento para fins escusos, uma vez que o alvo jamais saberá e, com isso, também jamais poderá denunciar, por exemplo, desvio de finalidade na solicitação da interceptação;

e) O juiz que conduz os depoimentos orais, a despeito da previsão do art. 212 do Código de Processo Penal, além de ferir o devido processo legal, abrindo as portas para uma futura anulação do processo, também assume postura incompatível com o sistema acusatório;

f) Iniciar a redação da sentença condenatória antes mesmo do fim das alegações finais orais da defesa, possibilita julgamentos nulos pelo desrespeito ao contraditório e a ampla defesa, bastando uma simples filmagem com um smartfone por parte do defensor;

g) Decisões com base em ementas de julgados, sem a averiguação da pertinência entre a ementa e o caso concreto que lhe deu origem (a facticidade), também dão ensejo a um julgamento reformável por não se compatibilizarem com o que há nos autos;

h) O mesmo falamos quanto aos julgamentos por *confirmation bias*.[279]

E os chamados "Gabinetes Criminais de Crise", se devidamente enfrentados pela Corte Constitucional, devem ser literalmente varridos do mapa. Junto com eles, quiçá, centenas de ações penais absolutamente nulas.

279 Quando o juiz adere a uma tese e não enfrenta os argumentos da tese contrária.

Podemos enxergar que se deve evitar ao máximo o atraso ou o reaprazamento de audiências não porque isso fere a eficiência, mas porque as pessoas que se deslocam ao fórum (réus, vítimas, testemunhas ou familiares e amigos) são protegidas pelo princípio da dignidade da pessoa humana e, assim, merecem tratamento digno, que reconheça que, não raras vezes, algumas delas tiveram que escolher entre usar o dinheiro para tomar o ônibus para vir à audiência ou comprar o pão do café da manhã.

Sob a mesma ótica da dignidade da pessoa humana, o processo deve ser ágil não porque precisa ser eficiente, mas porque há prazos legais previstos (devido processo legal). O acusado merece uma decisão em tempo razoável para pôr fim ao martírio da incerteza de estar na posição réu e também porque a vítima merece ser respeitada e tratada com a atenção devida. Enfim, ter sua dignidade também considerada. Ambos são gente e não meras estatísticas.

Mas como sair desse círculo vicioso em que a normatividade é interditada ora pelo decisionismo fundado na vontade de poder, ora pela hierarquização subjacente à eficiência econômica de um Judiciário como corporação? É o que ainda veremos aqui.

4.7 A Ressignificação da Eficiência no Estado Democrático de Direito

Como já ressaltado, as concepções de eficiência e de corporação, fundamentalmente, nada têm de negativas. Pelo contrário, remetem a uma ideia de racionalidade, que é benéfica ao homem e à natureza porque visam alcançar os meios mais adequados de utilizar os recursos disponíveis – o que seria a aspiração ecológica e humana mais legítima e perfeita. Da mesma forma, essas ideias devem ser bem-vindas no serviço público.

Porém, dentro de um contexto do mercado, é danosa a visão economicista que subjaz à eficiência corporativa, importada a partir das ideias desenvolvidas pós-Consenso de Washington e direcionadas aos sistemas de Justiça no documento 319 do Banco Mundial. Aliás, a própria ideia de eficiência como maximização da riqueza, e esta como critério de justiça, desmoronou com a crise de 2008. Mas esse discurso fluido e tentador ainda paira sobre o nossa práxis jurídica. Sua adoção inautêntica corrompe a práxis judiciária, transformando-o em utilitarismo. Esvazia-se moralmente o direito e sua autonomia é corrompida.

A eficiência, pensada ingenuamente como abstração, é apenas um meio. Nunca se justifica em si mesma. Mas pode ser razão instrumental. Como tal, diante da inevitável facticidade, seria usada, nossa história mostra, pelo estamento (*potestas* sem respeito à *potentia*) e pelo poderio econômico (pura *potestas*) para se sobrepor aos interesses da coletividade. Se a "liberdade econômica" é o pretexto da razão instrumental para oprimir e violentar, a eficiência é o que se põe no lugar do vazio ético do neoliberalismo. Vira um preocupante "eficienticismo". E para a razão instrumental, é o mote para a quebra da independência funcional das instâncias inferiores.

Como demonstrado, se a histórica relação entre direito e economia é pendular, a corrente da análise econômica do direito inova perigosamente (para o direito, destaco) quando procura não somente limitar a influência do direito na economia. Vai além. Visa à sua dominação pelo *economicus*. A AED atua como um predador interno do próprio direito, a partir de um discurso jurídico, mas com fundamentos utilitaristas inspirados na eficiência como meio para atingir a maximização da riqueza. Cuida-se de uma tentativa de transformação do direito em mero braço normativo do mercado.

Assim, esse texto é um alerta contra a importação de um ideário de atuação do Judiciário como corporação, hierarquizado, desumanizado, e a eficiência econômica como pano de fundo, cuja conjugação se torna um elemento estranho à nossa realidade política, econômica e, principalmente, social, capaz de desequilibrar e deturpar o sistema principiológico constitucional. Damos a isso o nome de "eficienticismo". Isto porque o regramento público não pode ser igual ao privado. Seus atributos são diversos: distribuir e não concentrar, incluir e não excluir, acolher e não concorrer.

Portanto, na esfera do Judiciário, a eficiência sofre fortes constrangimentos – a saber, sua compatibilidade com a Constituição. Sua conversão em princípio, na medida em que o legitima e o reconhece, (de)limita-o também. A racionalidade da eficiência, dentro de um sistema jurídico, não pode ser compreendida como uma relação meio-fim, a partir de um ponto fora da história, haja vista a facticidade do próprio interpretante. Nem como se ela estivesse alheia à tradição, contornando a virada linguístico-pragmática.

Em um paradigma de Estado Democrático de Direito, dentro de nossa tradição, a atribuição de sentido autêntica que se deve dar à eficiência é a de que, entre os meios empregados e o fim de todo ato público (decisório ou não) existe a necessidade de prévia obediência à constitucionalidade. É a *normatividade* da Constituição, fruto da autonomia do direito, balizando os limites da eficiência que a ela se submete. Um Judiciário eficiente significa aquele que dá a resposta constitucionalmente mais adequada, não somente quando se julga a causa, mas durante todo o transcorrer do processo judicial. Em cada passo. Em cada ato.

Não é normativamente eficiente, por exemplo, um Judiciário que desrespeita, durante o trâmite do processo, sob qualquer argumento utilitarista, por melhor que seja seu intuito, a dignidade da pessoa humana, o devido processo legal, a presunção de inocência, o *in dubio pro reo*, o *favor rei*, a ampla defesa, o contraditório e todos os correlatos ao sistema acusatório em nome da "eficiência". Judiciário que age assim não é eficiente. É deficiente. Há um gritante déficit democrático aí. Também é deficiente um Judiciário que julga teses e não casos – que desconsidera que sempre há uma facticidade a ser considerada (Cap. 5). Da mesma maneira, é deficiente um Judiciário que autoritariamente pretende criar tetos epistemológicos aos seus agentes políticos, retirando deles a essencial atribuição de sentido, núcleo da atuação do juiz como membro de poder (Cap. 5).

Portanto, diante da inevitável adoção de um significante primeiro na cadeia de atribuição de sentidos, há que estar a normatividade. Isso significa garantir a autonomia do direito. E a partir da normatividade derivará a compreensão da Constituição como *topos* epistemológico-hermenêutico. Só assim qualquer atribuição de sentido será autêntica, estará dentro da tradição – dentro da compatibilidade com o Estado Democrático de Direito. Caso contrário, cuidar-se-á de uma corrupção dos sentidos, da assunção de uma postura autoritária. Nada mais.

Somente para reafirmar, a relação meio-fim da atuação do Judiciário é sempre precedida de outra: facticidade-normatividade. Senão, o Judiciário deixa de "dizer o direito" e vira, tão somente, mais uma corporação no mercado, em que está mais do que patente que os mais fortes imperam, dominam, massacram e destroem em nome de resultados materiais economicamente aferíveis e nem sempre eticamente defensáveis. No Brasil, de tantas disparidades, os resultados t4rminam sendo trágicos. E o direito, ao invés de emancipador, torna-se o substrato jurídico da opressão. Em vez da balança (da Justiça) a ganância (do Mercado). Veremos, agora, como se engendra esse fenômeno por meio de institutos e práticas. É o controle remoto judicial. Quando a vontade de poder e a hierarquização se encontram.

5 Controle remoto judicial – a flexão no lugar da reflexão

Como acentuado por Streck,[280] o discurso do século XX foi generoso para o direito e a filosofia. O Estado evolui da concepção de mero ordenador (Estado Liberal) para provedor (Estado Social) e, por fim, agregando o *plus* do direito como transformador da sociedade (Estado Democrático de Direito).

Essa evolução assume especial relevância em se tratando de países como o Brasil, de modernidade tardia, uma vez que sequer os direitos de primeira dimensão, que deveriam ter sido providos há muito, ainda não o foram. Isso já se passando mais de 25 anos da Constituição.

Contextualizando esse problema, logo após a promulgação do texto constitucional de 1988, o discurso dominante em relação aos direitos fundamentais na nova Carta era de que os dispositivos constitucionais não teriam plena efetividade. Mas havia, na verdade, uma inefetividade seletiva, notadamente quando se tratava de disposições que dissessem respeito a demandas de interesse das camadas menos representativas da sociedade, as que mais necessitariam de sua efetividade e as tinham (so)negada.

A legislação constitucional era vista como "álibi"[281], como anestesiante para as camadas desfavorecidas, notadamente em se tratando de normas que implicassem em políticas públicas. O lema era "normas programáticas". Belas no discurso. Nulas nos efeitos. Os direitos não eram "levados a sério". O motivo dessa legislação álibi, na verdade, seria a criação de um Estado Democrático de Direito apenas no discurso e no papel (o *Stück Papier* de Ferdinand de Lassalle).[282]

---

280 STRECK, Lenio Luiz. A hermenêutica filosófica e as possibilidades de superação do positivismo pelo (neo) constitucionalismo. In: ROCHA, Leonel Severo; STRECK, Lenio Luiz; MORAIS, José Luis Bolzan de (Org.). **Constituição, sistemas sociais e hermenêutica.** Porto Alegre: Livraria do Advogado; São Leopoldo: UNISINOS, 2005, p. 154.

281 NEVES, Marcelo. **A constitucionalização simbólica**. São Paulo: Acadêmica, 1994, p. 37-40.

282 HESSE, Konrad. **A força normativa da Constituição**. Tradução de Gilmar Ferreira Mendes. Porto Alegre: Sergio Antonio Fabris, 1991, p. 9.

A grande batalha passou a ser a efetivação de tais direitos fundamentais, luta essa que ainda não terminou, mas que já sofreu uma transmutação. Sob a batuta neoliberal, a hermenêutica jurídica no Brasil "evoluiu" para a aplicação hierarquizada de pretensos precedentes de tribunais superiores, com prestígio do efeito vinculante, ainda que, em alguns casos, não o tenham, de direito. Oriundos da chamada "Reforma do Judiciário", de inspiração neoliberal, como já visto,

> [...] súmulas vinculantes, repercussão geral dos recursos e a criação dos Conselhos Nacionais de Justiça e do Ministério Público foram todas elas medidas trazidas pela Reforma do Judiciário e que, a pretexto de imprimir ganhos de eficiência e racionalidade na função judicial, resultaram em maior centralização do sistema e concentração de poder nas mãos das mesmas elites que conduziram o processo reformista.[283]

E a metalinguagem condicionante desses enunciados tem sua inspiração na AED, que eleva à categoria de significante primário a relação custo/benefício da "eficiência" (Cap. 4), previsibilidade e livre circulação de mercadorias. Notadamente na esfera dos tribunais superiores, isso leva, não raras vezes, à pretensa atribuição de sentido surgir de decisionismos (arbitrariedades), através de "correções hermenêuticas *ad hoc*",[284] no dizer de Alexandre Morais da Rosa. As instâncias inferiores terminam por obedecer a esse comportamento autoritário por meio do que a psicologia social chama de "modelagem". Tal processo se inicia nos bancos de faculdade, traspassando as provas de concurso, as disputas nas promoções da carreira até a ascensão aos tribunais, conforme explicaremos.[285]

---

283 ALMEIDA, Frederico Normanha Ribeiro de. **A nobreza togada**: as elites jurídicas e a política da justiça no Brasil. 2010. 329f. Tese (Doutorado em Ciência Política) - Programa de Pós-Graduação em Ciência Política, Universidade de São Paulo, SP, 2010, p. 283-284.

284 ROSA, Alexandre Morais da. O giro económico do direito ou o novo e sofisticado caminho da servidão: para uma nova gramática do direito democrático no Século XXI. In: NUNES, António José Avelãs; COUTINHO, Jacinto Nelson de Miranda (Coord.). **O direito e o futuro, o futuro do direito**. Coimbra: Almedina, 2008, p. 223.

285 Modelagem é um tipo de condicionamento instrumental – processo por meio do qual a pessoa aprende qual a resposta a ser dada em determinada situação em razão de reforço positivo (ganho) ou negativo (perda). Na modelagem, inicialmente se dá o reforço a cada "comportamento que se parece remotamente com a resposta desejada e, depois, exige

O que facilita esse engendramento? É que a dificuldade maior das instâncias inferiores é o de enunciar. O fenômeno da baixa constitucionalidade[286] campeia. Mesmo diante de uma das Constituições mais amplas no seu catálogo de Direitos Fundamentais. Essa dificuldade de enunciar é sintoma, também, do modelo de formação acadêmica da grande parcela dos profissionais que assumem, hoje, lugar de destaque nos postos-chave do Judiciário e do Ministério Público. Os tambores do estado de exceção ainda ecoam na cotidianidade de nosso direito em razão de nossa formação histórica colonial e autoritária, recém reafirmada pelos 20 anos de ditadura militar, gerando a baixa constitucionalidade e a aceitação acrítica de tentativas autoritárias de criar padrões de decisão *a priori*.

Esse condicionamento que parte dos bancos acríticos da faculdade, cujo mercantilismo manualesco é inescondível, passa para o perfil que se busca de um candidato em um concurso público para as carreiras jurídicas: o saber bancário, acrítico, como se o candidato fosse um receptáculo de onde os membros da comissão retirariam os conhecimentos (acríticos e também repetidos como mantras) de pontos específicos do programa. Discutir o direito a partir da normatividade? Nada disso. Não se busca a reflexão. É pura flexão. Isso porque essa mesma plêiade de atores jurídicos oriundos do senso comum teórico (Capítulo 2) forma as bancas de concursos públicos para as carreiras jurídicas e reproduzem seus pré-juízos (com os consequentes prejuízos) nas questões que são apresentadas aos candidatos.[287] A seleção é feita dentro dos mesmos padrões de objetifica-

---

correspondência cada vez maior entre o comportamento do aprendiz e a resposta desejada antes de fornecer o reforço. Assim, a modelagem envolve uma série de aproximações sucessivas, nas quais o comportamento do aprendiz aproxima-se cada vez mais da semelhança com a resposta desejada pelo agente de reforço" (MICHENNER, H. Andrew; DELAMATER, John D.; MYERS, Daniel J. **Psicologia social**. Tradução de Elaine Fittipaldi; Suley Sonoe Murai Cuccio. São Paulo: Pioneira Thomson Learning, 2005, p. 77).

286 STRECK, Lenio Luiz. **Hermenêutica jurídica e(m) crise**: uma exploração hermenêutica da construção do direito, op. cit., p. 359.

287 Cabem aqui as críticas levantadas diuturnamente por Lenio Streck ao modelo de concursos adotado no Brasil, que não estimulam a reflexão. Ademais, segundo ele aponta, "Parcela considerável das questões são 'pegadinhas' ridículas e só servem para vender os livros de determinados juristas ligados a esse tipo de produção. Tenho me colocado, de forma ácida, contra as publicações que buscam estandardizar o Direito. Tenho protestado com veemência contra essa verdadeira "febre eficacial quantitativa" que tomou conta dos tribunais. Tudo acaba em estatística. Metas." (STRECK, Lenio Luiz. **Compreender direito**: desvelando as obviedades do discurso jurídico, op. cit., p. 122).

ção e hierarquização. Antes de refletir, reproduzir. Pensar? Não. Decorar. Sofrível. E alerta Luis Alberto Warat:

> O sentido comum teórico, como um quadro de referência imaginário permite que em nome da verdade se organize a vida social no interior de um grande paradoxo: em nome de uma razão madura (me refiro à razão científica) se consegue a infantilização dos atores sociais. Eles não conseguem mais pensar por si, pensam a partir da mediação que o Estado exerce sobre a produção, circulação e recepção de todos os discursos de verdade.[288]

Assim, exige-se saber do candidato o que diz a letra isolada da lei (incluindo até a sorrateira colocação de vírgulas), a jurisprudência majoritária (as súmulas, oficialmente vinculantes ou não, nem se fala!) ou expressões retiradas de notas de rodapé, sem nenhuma importância prática para o exercício da atividade judicante dos futuros aprovados. Os manuais[289] recomendados, expressa ou implicitamente, são os caudatários dos ementários jurisprudenciais e de informativos dos tribunais superiores, ou meros reprodutores de textos legais cujo embuste consiste em repetir as palavras, muitas vezes apenas invertendo ordem do sujeito e do predicado dentro da oração. Doutrina não é. Se muito, mera reprodutora desses saberes práticos, oriundos mais da vontade de poder do que da normatividade como atribuição de sentido autêntica, intersubjetivamente obtida a partir de textos normativos.

Assim, o ator jurídico, sem se dar conta, termina por ser, também, amestrado. Quem obedecer a esse processo de modelagem será bem-sucedido. Ocorre, assim, um verdadeiro condicionamento operante que não é percebido, mas se dá bem aos moldes da teoria comportamental (Behaviorismo). Os próprios membros das bancas de concurso para as carreiras jurídicas mais relevantes (e as do exame de ordem) geralmente também não têm consciência disso, pois são frutos do mesmo estado de coisas – e não poderia ser diferente, pois é o ponto cego. Apuram-se os reflexos para responder prontamente aos estímulos do meio: absorver e reprodu-

288 WARAT, Luis Alberto. **Introdução geral ao direito, II**: a epistemologia jurídica da modernidade. Porto Alegre: Sergio Antonio Fabris, 2002. 69-70.

289 A que nos recusamos de chamar de doutrina, pois não entendemos existir doutrina sem um juízo crítico, sem uma reflexão sobre o que se está abordando.

zir, sem pestanejar, o pensamento hegemônico. Refletir, criticar? Não há espaço para isso. O estímulo (aprovação) é efeito da resposta (decorar os pseudoprecedentes judiciais, vinculantes ou não). E depois de passar no concurso, já será tarde demais para uma boa parcela dos atores jurídicos.

A gravidade desse fenômeno se revela na seara criminal. O sistema penal deforma a atuação dos seus atores (polícia, promotor de justiça, juiz, advogados) desde a investigação, passando pelo processo de formação de culpa e até o julgamento. Os atores jurídicos sequer percebem, muitas vezes, que estão a agir ao alvedrio daquilo que confessadamente defendem. Tornam-se massa de manobra na manutenção das relações de poder por meio da violência simbólica institucionalizada. Tornam-se instrumentos de opressão do outro pelo "outro" – os grandes enunciadores do Planalto Central. Aliando-se a isso a objetificação predominante na práxis jurídica, imersa em enunciados assertóricos, a consideração da faticidade (da alteridade – vide Cap. 2) fica bloqueada. É um processo violento. E como assevera Alexandre Morais da Rosa,

> O sentido já vem pré-dado pelo discurso jurídico autorizado, cabendo ao ator jurídico, vinculado à *praxis*, encontrar a melhor doutrina ou a jurisprudência consolidada pelos Tribunais, renunciando, assim, ao seu papel de compreender (Cap. 8). Dito de outra maneira, compete ao ator jurídico aderir aos limites de sentido anteriormente estabelecidos pelos intérpretes autorizados ou pelo senso comum teórico. O trabalho deixa de ser hermenêutico para se circunscrever à escolha das significações mostradas, como que numa vitrine, no melhor modelo da sociedade de consumo. Os limites do território do sentido, suas respectivas fronteiras, são estabelecidas, como diz Warat, pelo senso comum teórico como instrumentos de poder, instalados no cenário político, sob o manto da 'ciência neutra' do Direito.[290]

A seguir, arremata:

> Essa postura, contudo, não transparece. Fica escamoteada por meio de recursos retóricos, maquiados como metodológicos e epistemo-

290 ROSA, Alexandre Morais da. **Decisão penal**: bricolagem de significantes. Rio de Janeiro: Lumen Juris, 2006, p. 197.

lógicos do paradigma prevalente. Isto porque o poder somente se desnuda para quem sabe que ele existe, mas 'Eles não sabem o que fazem', responde Žižek.[291]

5.1 O Julgamento por Citação de Pseudoprecedentes Judiciais

Se formos observar a história recente da aplicação do direito no Brasil, vê-se a seguinte evolução: 1º) aplicação pura da lei; 2º) descobriu-se a Constituição como fundamento de validade da lei; 3º) aplicação hierarquizada de pseudoprecedentes de tribunais superiores, com prestígio do efeito vinculante, ainda que não o tenham.[292]

As súmulas (vinculantes ou não), as repercussões gerais e as ementas de julgados, inautenticamente aqui chamadas de "precedentes", pois não guardam similitude com o precedente da tradição da *common law*,[293] tornaram-se verdadeiros fetiches na práxis judiciária, sem os quais o senso comum teórico não consegue obter uma resposta para as questões que surgem, em razão da abordagem da questão de maneira dogmática, repetitiva, maquinal e acrítica. E o mais grave: quem conhece um pouco a realidade dos tribunais superiores sabe bem que lá se julga com base em teses, em abstrações. Termina havendo o que chamamos de "efeito fórmula pronta": a procura de ementas via mecanismo de busca do site de tribunais (principalmente superiores) com base em palavras-chave e, pronto, caso resolvido. Resolvido? Puta utopia. Queremos mostrar que há outro caminho.

E esse caminho passa pela superação do "senso comum teórico" (Cap. 2), que se apresenta como uma espécie de cegueira intelectual, na qual há

291 Ibid., p. 197.

292 No mesmo sentido: ALENCAR, Rosmar Antonni Rodrigues Cavalcanti de. **Efeito vinculante e concretização do direito**. Porto Alegre: Sérgio Antonio Fabris, 2009, p. 52.

293 Como explica Castanheira Neves o precedente "é uma concreta decisão jurisprudencial, vinculada como tal ao caso historicamente concreto que decidiu – trata-se também aqui de uma estrita decisão jurisdicional – que se toma (ou se impõe) como padrão normativo casuístico em decisões análogas ou para casos de aplicação concretamente analógica. Não se ultrapassa assim o plano do concreto casuístico – de particular a particular, e não do geral (a norma) ao particular (o caso) –, com todas as decisivas consequências, quer na intencionalidade jurídico-normativa quer metodológicas, que esse tipo de fundamentação e decisão implica" (NEVES, A. Castanheira. **O instituto dos assentos e a função jurídica dos Supremos Tribunais**. Coimbra: Coimbra Editora, 1983, p. 12).

um apego ao texto legal em si mesmo considerado (desprovido da facticidade, da historicidade e da inevitável presença no *mundo* da Constituição para a atribuição de sentido, a geração da norma) e, agora, e principalmente, aos pseudoprecedentes judiciais, como se eles fossem a tábua de salvação da concretização do Direito. Essa postura enxerga os tribunais superiores como um oráculo que terá já respondido, em algum momento, à indagação interpretativa contida em um caso concreto (isto é, sem consciência histórica e sem a considerar que é impossível haver respostas antes das perguntas). Uma espécie de Nostradamus judicial. Parte-se de uma premissa atemporal, nas reiteradas fundamentações com base em julgados cujos casos subjacentes são impertinentes e/ou anteriores ao contexto normativo discutido no caso concreto. Gadamer teceu severas críticas a esse *modus operandi* de encobrimento do processo histórico quando discorreu sobre a importância da consciência histórica nas ciências humanas:

> A consciência moderna assume – precisamente como 'consciência histórica' – uma posição reflexiva com relação a tudo que lhe é transmitido pela tradição. A consciência histórica já não escuta beatificamente a voz que lhe chega do passado, mas, ao refletir sobre a mesma, recoloca-a no contexto em que ela se originou, a fim de ver o significado e o valor relativo que lhe são próprios. Esse comportamento reflexivo diante da tradição chama-se interpretação. [...] devemos questionar o sentido de se buscar, por analogia ao método das ciências matemáticas da natureza, um método autônomo próprio às ciências humanas que permaneça o mesmo em todos os domínios de sua aplicação.[294]

Diante das dificuldades que o senso comum dos atores jurídicos tem em fazer lume à hermenêutica constitucional na hora de aplicar o direito, "quedar-se"[295] diante de teses encontradas nos tribunais superiores é a dose de anestesia ideológica àqueles que imaginam que como isso estão cumprindo o dever constitucional de fundamentar seu convencimento.

---

294 GADAMER, Hans-Georg. **O problema da consciência histórica**. Organização Pierre Fruchon. Tradução de Paulo Cesar Duque Estrada. Rio de Janeiro: Fundação Getúlio Vargas, 1998, p. 18.

295 É eufemismo. Ajoelhar-se seria a que melhor retrataria, figurativamente.

Os pseudoprecedentes formam a pia moral onde o ator jurídico, envolto no senso comum da práxis jurídica, "lava as mãos", transferindo suas responsabilidades funcionais, amparando-se à jurisprudência de tribunais superiores, relacionada a casos cujas especificidades (facticidades) são encobertas por uma pretensão de generalidade e abstração já há muito superadas na filosofia pela viagem ontológico-linguística, mas que, em nossa práxis inautêntica, ainda vigora impassivelmente. Depois, vai-se dormir o sono dos inocentes, pois o "Supremo" ou o "Superior" (com a devida conotação hierarquizada com que até mesmo os precedentes vêm sendo utilizados) já pensaram por ele. E essa postura é mais comum do que se possa imaginar à primeira vista.

Alia-se a isso a crescente contaminação do Judiciário pelo discurso econômico neoliberal, como já abordado (Cap. 4). Não para menos, tanto se fala hoje em eficiência, como se fosse ela a pedra de torque da atuação do Judiciário. Números impressionam os incautos. Nada melhor ao poder hegemônico do que juízes burocratas, transformados em gerentes de entrepostos judiciais e preocupados em produzir "resultados", em transformar sua flexão (pois não há mais tempo para reflexão) em números. Esses "operários do direito", soldados na guerra contra a morosidade (ou outro pretexto discursivo – e nunca faltará um), agem a serviço do quartel general que lhes manda, por meio de enunciados, as diretrizes e os limites epistemológicos. Adequação da decisão à Constituição? Isso não lhes pertence mais!

Bem lembrado o alerta feito por Alexandre Morais da Rosa, ao metaforizar o Poder Judiciário como uma grande orquestra, comandada

> Por um maestro (STF), com músicos espalhados nos diversos 'instrumentos'. Estes músicos, ainda que arregimentados, eventualmente, por sua capacidade técnica e de reflexão, ficam obrigados a tocar conforme indicado pelo maestro, sob pena de exclusão da 'Orquestra Única'. Não há outra para concorrer; ela é a portadora da palavra. Diz a Verdade. Ainda que alguns dos músicos pretendam uma nota acima ou abaixo da imposta, não lhe dão ouvidos, porque o diálogo é prejudicado. O slogan é: «toque como queremos ou se retire».[296]

296 ROSA, Alexandre Morais da. O Judiciário e a lâmpada mágica: o gênio coloca limite, e o juiz? **Revista Direito e Psicanálise,** Curitiba, v. 1, n. 1, p. 14, 2008.

A mesma advertência faz Isidoro Álvares Sacristán: "*Las tendencias actuales de situar a los jueces bajo la funcionalización choca con el concepto clásico de independencia y nos llevaría a la jerarquización que alentaría una disciplina intelectual cerca del totalitarismo jurisdicional.*"[297] A Resolução 106 do Conselho Nacional de Justiça – CNJ que, a pretexto de estabelecer critérios para promoção na carreira e acesso aos tribunais, é puro exercício de poder compensatório e um aceno totalitário sob o pretexto utilitário (eficiência). Fechando esse parêntesis, Luis Alberto Warat:

> Para que nos serve um saber que não tenha competência para denunciar e colocar em crise os momentos em que o respeito à lei funciona como simulação de uma sociedade democrática? O autoritarismo mais eficiente é o que consegue diluir-se, confundir-se no interior de uma proposta discursivamente democrática.[298]

Mas o senso comum teórico da práxis jurídica, alienado que é, desconhece isso. E atua como se a força de um argumento não estivesse na sua produção de sentido em face do caso concreto e capaz de *convencer*, mas sim na origem de quem o propala, capaz de *vencer*, ainda que ignorando a diferença ontológica entre questões de fato e de direito, entre texto e norma. Alarmante quando constatamos, até mesmo numa leitura despretensiosa dos votos que geram os pseudoprecedentes usados nas decisões judiciais, que eles mesmos também foram construídos sem a devida faticidade.[299]

Por conseguinte, não devemos nos deixar iludir com os discursos assépticos, que apregoam a *verdade* do argumento da autoridade, oriundos dos pseudoprecedentes, notadamente dos enunciados sumulados por tribunais superiores, que querem fazer crer, nas entrelinhas, que existe

297 SACRISTÁN, Isidoro Álvares. **La justicia y su eficácia**: de la constitución al proceso. Madri: COLEX, 1999, p. 79.

298 WARAT, Luis Alberto. **Introdução geral ao direito, II**: a epistemologia jurídica da modernidade, op. cit., p. 260.

299 Abordamos essa questão quando fomos analisar as inúmeras falácias, omissões e contradições, além da falta de consciência histórica dos julgados que deram origem à súmula 231 do STJ ("A incidência da circunstância atenuante não pode conduzir à redução da pena abaixo do mínimo legal"), posteriormente reforçada por outro julgado do STF que, igualmente, ampara-se em uma série de falácias e discursos apelativos (SANTOS JÚNIOR, Rosivaldo Toscano dos. As circunstâncias legais e a aplicação centrífuga da pena. **Revista dos Tribunais**, São Paulo, v. 908, p. 233-262, jun. 2011).

uma hierarquia não só processual, mas material também. Direito não é religião. Não existem dogmas. O ator jurídico deve ser cético, não se contentar com a simples leitura e transcrição de uma ementa, pois ela, em geral, não é suficiente para explicar as peculiaridades do caso concreto que fundou o tal pretenso precedente.

5.1.1 Os Informativos, a Moda e o Consumo

Um julgado não se conhece pela ementa, assim como não se lê um livro pela orelha. Contudo, o que impera hoje são os Informativos dos tribunais superiores, repletos de ementas desprovidas de faticidade. Viraram uma pretensa metalinguagem, um referente fundante de ordem supra ou parajurídica. Dentro de um Judiciário concebido como corporação e enleado pela ideia de mercado, o ciclo se fecha.

O mercado precisa despertar o desejo. O desejo de consumir. E quando esse desejo (que reflete uma falta, um vazio, que jamais será preenchido) parece, enfim, saciado, aí vem a virada. O toque de mestre. Manter o objeto do desejo sempre próximo, mas inalcançado, através de sua (trans)mutação. Pois quando se pensa que se vai, finalmente, gozar, vem a nova estação. Oblitera-se. Muda tudo. A moda.

Com o Judiciário corporativizado não é diferente. No mundo neoliberal, aceleradamente agressivo no seu consumir, o discurso jurídico perde sua importância sob o viés crítico, de conteúdo, e passa a ter um referente (pretensamente) legitimante único: formam-se grifes.

Os discursos jurídicos ecoados pelas grifes *top* do Planalto Central[300] são construídos atendendo ao desejo do mercado. A eficiência é maquiagem perfeita. O suprassumo da sua estética. O mercado exige o fim dos obstáculos à sua voracidade, com efeitos verticalizantes. As grandes grifes, desta feita, ditam, semanalmente, na passarela da jurisprudência, as tendências da estação. Informativos. Criam-se alguns setorizados ao paladar do cliente, para cada nicho de mercado. A ordem está dada. Cumpra-se.

De cima a baixo, os costureiros de maior ou menor status, e seus auxiliares, internalizaram esse estado de coisas. Esforçam-se no corte e

300 ROSA, Alexandre Morais da. **Garantismo jurídico e controle de constitucionalidade material**: aportes hermenêuticos, op. cit., p. 103-105.

costura das peças, mas sempre mantendo o estilo imposto, obedecendo ao molde, expressa ou implicitamente vinculante. Afinal, são eles que, com sua obediência cega e incontestada – deixaram-se colocar no lugar de cumpridores de ordens –, reafirmam e legitimam o poder dos grandes estilistas. Acomodaram-se. As grifes ditam, inclusive, quais as cores e texturas proibidas na passarela. Nem se fale delas, sob pena de histeria. O discurso é único. Já estão sedimentadas e expressas as linhas gerais que devem ser usadas nas oficinas (e escondidos os ideais nem sempre confessáveis do mercado aos costureiros cumpridores de ordens).

A moda também é, na ponta da língua, com eloquência, reverberar o último posicionamento desta ou daquela grife, deste ou daquele estilista. Os compulsivos exercitam sua mania, decorando-os a cada semana. Esperam-nos com ânsia. Enfim, o mais recente! Isso é estar *in* e não *out*. Não importa o que se vista (disse), vale mais a etiqueta (de onde partiu – dos Grandes Enunciadores). Não estou a dizer que as grifes nunca enunciem o belo. A questão não é essa. O problema reside em se presumi-lo a partir da etiqueta.

Os acríticos da grande moda compram essa ideia. Vivem disso, afinal. Seus manuais, meros reprodutores do discurso hegemônico, não se fartam agora de também ecoar os pontos de vista da subjetividade-objetificada das grandes grifes, afinal, para eles até uma abóbora na cabeça cai bem, desde que venha com uma etiqueta Dior.

Quanto maior o destaque da grife na peça, melhor. Não à toa há tanta gente por aí pagando caro para fazer propaganda alheia. Se quer desembolsar dez vezes mais por uma mera camiseta de algodão Santista com a enorme estampa "Armani", problema seu. Mas no mundo dos atores jurídicos as consequências são nefastas. Quem paga caro por ela é a democracia. O direito não pode ser ditado por modas, grifes e modelos. Peças com tamanho único são enganadoras. São uma violência contra as partes no caso concreto.

Dizer o direito? Interpretar a Constituição? Enunciar? A moda (nos) (con)some? Sempre teremos o direito de escolher.

5.1.2 A Quebra da Independência Funcional

A origem e também o posterior reforço do controle das instâncias inferiores pela cúpula é ideológico. E é facilitado devido à nossa histórica convivência com posturas autoritárias, haja vista o paradigma patrimonialista oriundo de nosso processo de formação histórica de matriz colonial de exploração – que forjou uma sociedade extremamente desigual e um Estado que cresceu e se desenvolveu em prol de uma pequena casta – de um estamento que desde sempre, como em um processo de vampirização/parasitismo secular, nutre-se ou se serve da infraestrutura, dos recursos e dos cargos da Potestade Pública, alijando das benesses a ampla maioria da população.[301] E hoje, com o incremento do discurso da globalização, dos interesses do mercado e do capital internacional, majoritariamente dos Estados centrais, também se expressa na ordem jurídica por meio da análise econômica do direito – AED (Cap. 4) –, como visto, tão fortemente abraçada pela Emenda Constitucional nº 45/2004, que criou as súmulas vinculantes e os Conselhos Nacionais de Justiça[302] e do Ministério Público.

Assim, o modelo hegemônico, como matriz ideológica, contorna a normatividade através de institutos[303] e práticas que reforçam a hierarquização entre as esferas do Judiciário, quebrando-se a independência funcional das instâncias inferiores que, porventura, viessem a se tornar obstáculo à consecução dos seus interesses, como visto na malfadada Resolução nº 106/CNJ. Nota-se, aí, um grave ferimento do Estado de Direito. Trata-se da violação da independência do juiz.

Segundo aponta José de Albuquerque Rocha,[304] a independência pode ser interna ou externa. A independência interna pode ser funcional ou administrativa. No primeiro caso, liga-se à própria atividade jurisdicional, enquanto que a segunda diz respeito ao juiz enquanto membro da corporação, enquanto servidor público. Acrescentamos que o juiz é, ao mesmo tempo, agente político e servidor público. É agente político em sua atividade fim (julgamento) e servidor público na atividade meio (de gerir

301 Embora nossas disparidades econômicas venham em queda desde o início da década passada (nosso GINI era 55,3 e melhorou para 51,9), segundo dados da CIA, o Brasil ainda é o 17º país mais desigual do mundo, em um universo de 136 nações (CENTRAL INTELIGENCE AGENCY (CIA). **The world factbook**: distribution of family income – gini index. Washington, 2013. Disponível em: <https://www.cia.gov/library/ publications/the-world-factbook/rankorder/2172rank.html>. Acesso em: 15 maio 2013).

302 Observe-se que o Supremo Tribunal Federal são se subordina ao CNJ.

303 SANTOS JUNIOR, Rosivaldo Toscano dos. As circunstâncias legais e a aplicação centrífuga da pena. **Revista dos Tribunais,** São Paulo, v. 908, p. 239, p. 239, jun. 2011.

304 ROCHA, José de Albuquerque. **Súmula vinculante e democracia**. São Paulo: Atlas, 2009, p. 97-101.

uma unidade jurisdicional, de atender ao público e de seguir diretrizes administrativas dos órgãos de cúpula). Não por menos, se o juiz comete um erro de julgamento em suas decisões judiciais, não cabe se falar em punição administrativa, mas sim em reforma por meio de recurso processual, uma vez que está, nessa ordem, investido de uma função política, como membro de Poder. Mas se falta com o dever funcional de urbanidade, assiduidade e pontualidade, por exemplo, é passível de punição disciplinar.

A independência funcional do juiz é respeitada quando não há interferência externa em seu poder-dever de dizer o direito, de decidir dentro de sua esfera de competência, nos limites de sua parcela de jurisdição constitucionalmente assegurada. É por meio da independência funcional que se permite sua dependência à normatividade, sua vinculação tão somente à produção da norma jurídica para o caso concreto a partir de textos normativos cujo sentido autêntico é intersubjetivamente compartilhado. Não existe, na tradição jurídica da qual fazemos parte, conceber um juiz subalterno – que sofra interferências de qualquer natureza, mesmo que oriunda de dentro dos quadros do Judiciário. E cabe ressaltar que a independência funcional do magistrado não é um privilégio do juiz, mas sim uma garantia para o Estado Democrático de Direito – que necessita (e exige) que o juiz seja independente e imparcial.

Contraditoriamente, o CNJ, além da Resolução nº 106, produziu o Código de Ética da Magistratura Nacional. No Capítulo II, que trata da independência do magistrado, prevê

> Art. 4º Exige-se do magistrado que seja eticamente independente e que não interfira, de qualquer modo, na atuação jurisdicional de outro colega, exceto em respeito às normas legais. [...]
>
> Art. 5º Impõe-se ao magistrado pautar-se no desempenho de suas atividades sem receber indevidas influências externas e estranhas à justa convicção que deve formar para a solução dos casos que lhe sejam submetidos. [...]
>
> Art. 6º É dever do magistrado denunciar qualquer interferência que vise a limitar sua independência. [...]

Além disso, há, também os chamados "Princípios de Conduta Judicial de Bangalore", documento produzido pela ONU e que visa fazer com que os julgamentos realizados pelos do Poderes Judiciários de cada país sejam igualitários, justos e públicos, e proferidos por tribunal independente e imparcial.[305] Foram edificados seis princípios, sendo a independência o primeiro deles.[306] Diz o documento:

> A independência judicial é um pré-requisito do Estado de Direito e uma garantia fundamental de um julgamento justo. Um juiz, consequentemente, deverá apoiar e ser o exemplo da independência judicial tanto no seu aspecto individual quanto no aspecto institucional.[307]

Cabe, também, salientar que para cada um dos seis princípios foi elaborado um comentário, fruto de discussão e avaliação por parte de um grupo de intergovernamental que compreendeu a participação de 35 países. Destacamos o seguinte em relação à independência:

> [...] a independência judicial requer não apenas a independência do Judiciário como instituição. Ela requer também que os juízes sejam independentes uns dos outros. Em outras palavras, a independência judicial depende não apenas da isenção de influência externa indevida, mas também da isenção de influência externa indevida que seja, em algumas situações, proveniente das ações ou atitudes dos próprios juízes.[308]

O documento acentua que "na execução de suas funções, um juiz não é empregado de ninguém". Sua obediência é à normatividade. E prossegue informando que é axiomático que

> Independente do sistema de recurso, um juiz que decide um caso não age sob nenhuma ordem ou instrução de um terceiro de den-

305 NAÇÕES UNIDAS (ONU). Escritório Contra Drogas e Crime (Unodc). **Comentários aos princípios de Bangalore de conduta judicial**. Tradução de Marlon da Silva Malha, Ariane Emílio Kloth. Brasília: Conselho da Justiça Federal, 2008.

306 Os demais são: 2º) Imparcialidade; 3º) Integridade; 4º) Idoneidade; 5º) Igualdade; 6º) Competência e diligência.

307 NAÇÕES UNIDAS (ONU). Escritório Contra Drogas e Crime (Unodc). **Comentários aos princípios de Bangalore de conduta judicial**, op. cit., p. 45.

308 Ibid., p. 57.

> tro ou de fora do Judiciário. Nenhuma organização hierárquica do Judiciário ou diferença no grau ou classe interferirá, de algum modo, no direito de um juiz pronunciar o julgamento livremente, sem influências de considerações extrínsecas.[309]

Nota-se no documento da ONU a preocupação com o eficienticismo ao afirmar que as Corregedorias não devem atuar de modo a conduzir o juiz a favorecer a produtividade em detrimento da qualidade. O desempenho da função judicial só é apropriado quando a decisão considera cuidadosamente as especificidades de cada caso, e não por razões de eficiência.[310] Não é o que vem sendo apregoado por nossa cúpula judicial. Porém, ela jamais poderia usar as vias administrativas para fazer o controle ideológico da atividade fim, do exercício da Jurisdição, seja qual for o pretexto. Nesse sentido, qualquer intromissão, como a realizada pela Resolução 106 do CNJ, configura afronta à independência judicial prevista na Constituição e é, consequentemente, nula.

5.1.3 Reformar sem Democratizar

Em interessante estudo, o magistrado argentino Eugenio Raúl Zaffaroni[311] aponta a existência de três modelos estruturais, todos eles oriundos de estágios diferenciados de evolução política da magistratura. Em um modelo *empírico primitivo*, típico de regimes democráticos no mínimo débeis, há o domínio e o controle do Judiciário pelo poder político. E isso é feito pela nomeação dos juízes pelo poder político – que no momento necessário cobrará a devida lealdade – e por meio da concentração de todo poder decisório nas cúpulas, gerando baixa qualificação técnica e partidarização. Podemos dizer que superamos essa estrutura. O segundo modelo é o *técnico-burocrático*. Afasta-se da arbitrariedade seletiva, pois os juízes são, na grande maioria, escolhidos por critérios de mérito técnico. Contudo, forma-se, em face da estrutura hierarquizada, uma magistratura

---

309 Ibid., p. 58.

310 Ibid., p. 58.

311 ZAFFARONI, Eugenio Raúl. **Poder Judiciário**: crises, acertos e desacertos. Tradução de Juarez Tavares. São Paulo: Revista dos Tribunais, 1995, p. 102-104.

burocrática e carreirista. A independência é apenas externa, impactando, inclusive, no controle de constitucionalidade. Embora corresponda a um ambiente mais estável, não se afasta o caráter autoritário. Por fim, o modelo *democrático-contemporâneo* avança nas conquistas do modelo anterior, pois além da seleção técnica de seus membros, a independência não fica limitada ao ambiente externo. A democratização do Judiciário é feita pela eleição dos órgãos dirigentes pelo voto igualitário de todos os juízes e pela desierarquização administrativa dos colegiados, supressão das sessões secretas e permite a formação de uma magistratura pluralística desde o momento da escolha técnico-meritória dos seus membros. Esse modelo é o que melhor se compatibiliza com o Estado Democrático de Direito.

Embora tais modelos não sejam representações estanques do mundo judicial, é fácil perceber que a Reforma do Judiciário não suplantou o modelo técnico-burocrático. Seu discurso, pelo contrário, é autoritário, na medida em que transforma o Judiciário em corporação. A Casa da Justiça continua dando mal exemplo à democracia. Os juízes não participam da escolha dos seus dirigentes. E recente pesquisa da AMB constatou que 99% deles sequer sabiam qual o percentual dos recursos destinados à sua unidade vara/comarca.[312]

Fechado em sua cúpula, atribuindo à instância inicial a culpa pela sua morosidade, a solução encontrada foi manter o discurso autoritário, desta vez com o engodo da eficiência. Afinal, a culpa é dos juízes que são atrasados, primitivos e ineficientes. A verdadeira questão capaz de revolucionar, sua democratização, passa ao largo. Não por menos se fala tanto em "reforma silenciosa" da Justiça. Ou seria reforma com juízes silenciados? Na ideia de Judiciário como corporação, enaltece-se o *self-made man* (ou *judge*, como preferirem), como exemplo a ser seguido. Prêmio "*Innovare*", mas *senza riflettere, criticare o discutere*. Provoca-se a competição e se desestimula a consciência dos juízes de primeira instância enquanto um corpo de Membros de Poder.

> [...] o discurso da 'reforma silenciosa' busca, em última análise, a criação de um espaço de convergência entre ações individuais

312 ASSOCIAÇÃO DOS MAGISTRADOS BRASILEIROS (AMB). **1ª Pesquisa sobre condições de trabalho dos juízes**. Brasília, DF, 2013, p. 54. Disponível em: <http://www.amb.com.br/portal/docs/pesquisas/MCI_ AMB.pdf>. Acesso em: 25 maio 2013.

> e pontuais de profissionais e instituições de justiça, posicionados nas hierarquias inferiores do campo, e o discurso dominante das elites jurídicas por racionalização e aperfeiçoamento da prestação jurisdicional. [...] É a partir dessa ideia de integração (ou cooptação) – feita a partir das elites jurídicas e dos consensos por elas estabelecidos – que o discurso da 'reforma silenciosa' da justiça fala diretamente ao magistrado de primeira instância e aos tribunais submetidos à progressiva centralização de poder promovida pela Reforma de 2004.[313]

Como bem evidencia José Renato Nallini,

> O desapreço à Democracia como princípio e como regra de convívio entre os profissionais da área tem o seu custo. Reflete-se na incapacidade de enfrentamento endógeno das causas de ineficiência do Judiciário. Impede o debate, a transparência, a discussão profunda e consistente de temática atualizadora da função judicial e a estipulação de alternativas. O modelo de Judiciário brasileiro já teria sido otimizado se as estruturas do Poder não oferecessem resistência ao estabelecimento de maior horizontalidade na tomada de decisões administrativas. A ausência de canais institucionalizados para aferição de múltiplas posturas a respeito de teses de interesse comum – notadamente aquelas provindas dos escalões inferiores – excluiu do grande debate a maior parcela dos magistrados jovens e de um funcionalismo que teria muito a contribuir para com a otimização das estruturas judiciais.[314]

Vejamos, a seguir, como se concretiza a hierarquização.

5.2 Do Common Law à Brasileira ao Novo CPC

A padronização pretendida pelo neoliberalismo e aceita pelas nossas cúpulas judiciais é violenta, na medida em que não respeita as nossas idiossincra-

313 ALMEIDA, Frederico Normanha Ribeiro de. **A nobreza togada**: as elites jurídicas e a política da justiça no Brasil, op. cit., p. 285.

314 NALINI, José Renato. A democratização da administração dos tribunais. In: RENAULT, Sérgio Rabello Tamm; BOTTINI, Pierpaolo (Coord.). **Reforma do judiciário**. São Paulo: Saraiva, 2005, p. 161.

sias. Mas o pior é quando o sincretismo vai além do que o exige o paradigma dos estados centrais. Foi o que ocorreu com a questão do uso das ementas.

Como já alertamos em escrito recente,

> O problema da importação acrítica é que ela anestesia, naturaliza, embrutece, pois se perde na cotidianidade, no senso comum teórico dos juristas. E como diz Heidegger, não há nada mais distante de nós, na cotidianidade, do que nossos próprios óculos. Nossa abordagem, assim, busca retirar os véus, sair dessa cotidianidade a partir da reflexão acerca da naturalização desse costume.[315]

Pretensamente entendida aqui como uma importação dos costumes da *common law*, a utilização de ementas de julgados e súmulas não guarda a pertinência que inicialmente se imagina. Há peculiaridades em cada tradição. Conforme anotam Streck e Abboud, foi entre os séculos XIII e XIV que as tradições francesa (*civil law* – ou romano-canônica) e inglesa (*common law*) se solidificaram. Na diferenciação entre a tradição da *civil law* (1) e da *common law* (2), as seguintes características se acentuaram com o passar dos séculos: a): quanto ao procedimento: (1) procedimento escrito e (2) procedimento oral; quanto à profissionalização da carreira: (1) juízes profissionais e (2) juízes e justiças de paz leigos; c) quanto à base instrutória: (1) julgamento pelo juiz com base em testemunhos e interrogatórios, e (2) acusação e negação pelas partes oponentes e o julgamento pelo júri; d) quanto ao referencial de fundamentação material do julgado: (1) um direito sistematizado, romanizado e codificado e (2) um direito particularista, prático e orientado pera a resolução de casos; e) quanto à base normativa: (1) bipartição em direito público e privado, e (2) um direito comum (*common law*).[316] E cabe acrescentar que o *common law* não é um direito apartado da legislação. Boa parte das regras que hoje se aplicam diuturnamente são legislativas (*statute law*), embora que a atuação do parlamento seja mais restrita em relação à tradição romano-canônica (*civil law*).

---

315 SANTOS JÚNIOR, Rosivaldo Toscano dos. Juristas Colonizados? Crítica à importação de teorias jurídicas. **Revista da AJURIS**, Porto Alegre, ano 40, n. 132, 2013. Disponível em: <http://www.ajuris.org.br/OJS/index.php/REVAJURIS/article/view/34/16>. Acesso em: 28 mai. 2014.

316 STRECK, Lenio Luiz; ABBOUD, Georges. **O que é isto – o precedente judicial e as súmulas vinculantes?**, op. cit., p. 25.

Os dois pontos mais marcantes do *common law* são: a) a regra do *stare decisis*; b) a posição primordial da jurisprudência. Em relação ao primeiro, advém do brocardo *stare decisis et non quieta movere* (está decidido não se mexa no que já está quieto). Cada precedente possui uma *holding*, isto é aquilo que foi objeto de discussão e decisão. Só isso pode vincular. O *dictum* é o que se afirma na decisão, mas que não é necessário para o deslinde da questão.[317]

Já em se tratando de *civil law*, como adverte Streck e Abboud,

> [...] apenas é possível aferir-se a importância da jurisprudência se levarmos em conta sua relação com a lei. Na verdade, isso deveria ser assim [...] em tese, em um sistema com origem romano-germânica, as decisões judiciais deve(ria)m ser fundamentadas em um texto legal, votado democraticamente. Portanto, o papel da jurisprudência deveria ficar caudatário daquilo que chamamos de direito. Nesse ponto, o direito deve ser entendido como conceito interpretativo, constituindo-se naquilo que é emanado das instituições jurídico-políticas, sendo que as questões a ele relativas encontram, necessariamente, respostas nas leis, nos princípios constitucionais, nos regulamentos e nos precedentes que tenham DNA constitucional, e não na vontade individual do aplicador [...].[318]

Contudo, a ânsia pelo controle, com o pretexto da eficiência, da uniformização e da previsibilidade do direito contida em um dos pontos do documento 319 do Banco Mundial, gerou, aqui, o *common law* à brasileira. Julga-se com base em ementas de julgados anteriores, só que: a) encobrindo a faticidade do caso presente no enunciado vago do caso precedente; b) com objetificação metafísica de conceitos, como se fosse possível a interpretação sem produção de sentidos vinculados ao caso concreto.[319] Como alerta Alexandre Rosa, não raro a aplicação do verbete

317 RAMIRES, Maurício. **Crítica à aplicação de precedentes no direito brasileiro**, op. cit.,, p. 68-69.

318 STRECK, Lenio Luiz; ABBOUD, Georges. **O que é isto – o precedente judicial e as súmulas vinculantes?**, op. cit., p. 34-35.

319 Como se fosse possível a existência de conceitos puramente abstratos, inteiramente descolados do imaginário – como se o ser humano não simbolizasse ou imaginasse. Na hora em que digo "mesa!", não há como o intérprete não fazer uma imagem do que ela represente. E cada intérprete irá, mentalmente, criar uma imagem própria do que representa esse significante. O significado é sempre atribuído em concreto.

da ementa é imaginária porque é impossível preencher o fosso do Real na ementa. E completa: "A relação entre uma ementa e o caso que se diz aplicar é arbitrária. E isto é ingênuo, mas vende, e faz 'faz decisões'".[320]

Maurício Ramires fala com muito acerto sobre o assunto. O uso das ementas se tornou discurso de fundamentação, desonerando o intérprete da tarefa de atribuição de sentido. Acontece que a fundamentação é uma garantia para o jurisdicionado e para a sociedade. O problema com o uso de verbetes de ementas também está: a) na elevação dos julgados ao *status* de lei; b) na existência de precedentes antagônicos, adaptáveis a todas as necessidades.[321]

Ramires alerta, ainda, para os riscos de outra prática que está se tornado comum: a da *confirmation bias*:

> O juiz escolhe 'livremente' (leia-se *arbitrariamente*) uma das interpretações trazidas pelas partes, e a seguir a 'confirma' com uma rápida e simples busca em algum dos vários repertórios eletrônicos de jurisprudência, selecionando julgados que convêm à tese (e que passam a constar da decisão) e ignorando os que a infirmam (e que não são sequer mencionados). O resultado dessa operação é uma decisão não fundamentada e, portanto, nula do ponto de vista constitucional.[322]

Tanto na academia quanto na prática jurídica a análise de casos concretos é estranha no Brasil.[323] O interessante é que o verbete da súmula ou a ementa terminam por ganhar independência dos fatos que os geraram. Eis aí a objetificação. Como Ramires salienta,

---

320 ROSA, Alexandre Morais da. **Garantismo jurídico e controle de constitucionalidade material**: aportes hermenêuticos, op. cit., p. 105.

321 RAMIRES, Maurício. **Crítica à aplicação de precedentes no direito brasileiro**, op. cit., p. 45.

322 Ibid., p. 46.

323 Como alerta Ramires, "É sabido que dentre as mais consultadas obras jurídicas na prática forense estão os códigos comentados, que apresentam inúmeros verbetes à guisa de ilustrar a 'interpretação jurisprudencial' de cada artigo. Tais verbetes são enunciados de, quando muito, duas ou três linhas, que ganham ali total independência do contexto para o qual foram originalmente redigidos. As ementas, por sua vez, são resumos dos julgamentos que, por definição, são elaborados nos termos mais gerais que se fizerem possíveis. O ideal que se persegue, em um e outro caso, é sempre a depuração dos conceitos em relação à particularidade dos casos, a 'absoluta pureza' sonhada por Jhering (Ibid., p. 49).

> Os códigos comentados e os livros de doutrina estão cheios de verbetes jurisprudenciais em tons conceituais, com pretensão de validade universal, e, pior, são tomados por universalmente válidos pela comunidade jurídica.[324]

A emissão de súmulas não se aproxima do *common law*, como se imagina, até porque nesse sistema os tribunais não estão autorizados a emitir pronunciamentos em abstrato. As súmulas são uma invenção luso-brasileira, com base nos assentos portugueses que, diga-se de passagem, foram considerados inconstitucionais pelo Tribunal Constitucional de Portugal.[325]

No *common law*, ademais, os precedentes não são elaborados com a finalidade de servir à resolução de casos futuros como as súmulas. Eles são julgados que carregam consigo sua faticidade. Assim, todas as decisões têm um caso concreto próprio a que se ligam desde a origem, tanto que não remetem a algum elemento abstrato para sua individualização, como uma afirmação generalista, um enunciado assertórico como no Brasil. Lá eles guardam sua subjetividade – tanto que são reconhecidos pelos nomes dos litigantes envolvidos ("Marbury *versus* Madson", "Riggs *versus* Palmer", por aí em diante). No Brasil, abstrai-se o fato específico que deu origem ao precedente. Lá, o caso concreto faz parte essencial do *holding* (a razão de decidir).

Aqui, cria-se um conceito assertórico e abstrato, como se o texto da ementa fosse interpretável sem a necessidade de se entender o caso concreto que o originou. Dá-se o esquecimento da faticidade incindível, da diferença ontológica entre o ser e o ente, entre o texto e a norma, duas particularidades essenciais para poder se compreender o porquê do decidido. Isso desnatura completamente a ementa. Não se pode chamar o que se faz aqui de "precedente". Não é uma interpretação autêntica do verdadeiro precedente da tradição do *common law*. Por isso, neste texto chamamos os verbetes de julgados do *common law* à brasileira de "pseudoprecedentes" ou "pretensos precedentes".

Como salienta Georges Abboud,

> O precedente é uma concreta decisão jurisprudencial que se encontra vinculada ao caso historicamente concreto que decidiu, e

324 Ibid., p. 50.

325 STRECK, Lenio Luiz. **Súmulas no direito brasileiro**: eficácia, poder e função. 2. ed. rev. e ampl. Porto Alegre: Livraria do Advogado, 1998, p. 97.

> consiste em uma decisão jurisdicional que se impõe como padrão normativo, a ser aplicada, analogicamente. A casos semelhantes. A vinculação restringe-se ao plano do particular ao particular, não alcançando o geral ao particular.[326]

E diz Maurício Ramires:[327]

> A 'exigência hermenêutica', segundo Gadamer, é justamente a de 'compreender o que diz o texto a partir da situação concreta na qual foi produzido'. Assim, ainda que tenha sido permeável à subjetividade dos métodos, a tradição da *common law* nunca cedeu à tentação de esquecer os fatos ou de escondê-los sob as conceituações jurídicas contidas nas decisões judiciais ou nas *opinions of the court*. Ao contrário, para o juiz daquele sistema decidir invocando um precedente, é imprescindível que antes tome conhecimento dos fatos do caso presente e do caso que deu origem ao julgado pretérito, e só após compará-los, identificá-los e distingui-los ele poderá aplicar a regra.

O costume aqui deturpa a ideia de precedente como razão de decidir, uma vez que há a sua transcrição sem qualquer reflexão sobre o que é da essencial no julgado precedente e o que lhe é meramente circunstancial.[328]

As ementas aqui no Brasil, ao contrário da tradição do *common law*, não têm só o fim precípuo de catalogação biblioteconômica. Ramires alerta para a pretensão de uso direto, da sua transcrição para casos futuros. "Os personagens dos eventos da vida real deixam de ser pessoas de carne e osso, como na casuística anglo-americana (onde têm nome e sobrenome), e passam a ser estereótipos".[329] Objetificações e abstrativizações impedem uma peculiaridade essencial à interpretação dos precedentes no direito estadunidense: o *distinguishing*. Como explica Maurício Ramires,

---

326 ABBOUD, Georges. **Jurisdição constitucional e direitos fundamentais**. São Paulo: Revista dos Tribunais, 2011, p. 243.

327 Ibid., p. 70-71.

328 RAMIRES, Maurício. **Crítica à aplicação de precedentes no direito brasileiro**, op. cit., p. 70.

329 Ibid., p. 51.

> E, como o precedente é necessariamente contextualizado e datado, é eventualmente possível ao julgador negar a sua aplicação, caso entenda que o caso presente não se identifica suficientemente com o precedente, ou quando o contexto jurídico que autorizou a sua produção encontra-se alterado (*precedent overruling*). Tudo isso, é claro, pressupõe um esforço de fundamentação que vai muito além da mera citação do texto.[330]

Adverte Alexandre Morais da Rosa que a questão não é reconhecer qual a melhor tradição (*common law* ou continental), mas reconhecer que implicam em práticas e modos de pensar diversos.[331] A mixagem teórica com institutos estranhos à nossa tradição gera aberrações.

Mesmo assim, o projeto do novo Código de Processo Civil ameaça modificar a espinha dorsal de nossa ordem jurídica e revogar o princípio da legalidade.

A minuta do novo diploma, ainda em tramitação, mas já em fase legislativa final no Senado Federal, está prevendo um capítulo específico sobre precedentes judiciais. Trata-se do Capítulo XV. Diz o texto, no seu art. 520, que os tribunais "*devem uniformizar sua jurisprudência e mantê-la estável, íntegra e coerente*".[332] Se resolveram importar a doutrina dos precedentes, já começa mal. A estabilidade é diferente da integridade e da coerência do direito, pois a "estabilidade" é um conceito autorreferente, isto é, numa relação direta com os julgados anteriores. Já a integridade e a coerência guardam um substrato ético-político em sua concretização, isto é, são dotadas de consciência histórica e consideram a facticidade do caso.

Sob o pretexto de que se almejaria dar efetividade ao princípio da legalidade, cria-se um elo impossível entre este princípio e o pragmatismo dos tribunais. No Capítulo XV o projeto do novo CPC põe abaixo o princípio da legalidade na teoria da interpretação. E o Parlamento, seu

330 Ibid., p. 51

331 ROSA, Alexandre Morais da; LINHARES, José Manuel Aroso. **Diálogos com a law & economics**, op. cit., p. 76.

332 BRASIL. Câmara dos Deputados. **Projeto de Lei nº 6025, de 2005, ao Projeto de Lei nº 8046, de 2010, ambos do Senado Federal, e outros, que tratam do "Código de Processo Civil"**. Disponível em: <http:// www.camara.gov.br/proposicoesWeb/prop_mostrarintegra;jsessionid=62C2CBB7ADA160346957E91F34A67346.node2?codteor=1176221&filename=Tramitacao-PL+6025/2005>. Acesso em: 13 nov. 2013.

autor, comete uma espécie de haraquiri. O suicídio de sua função normativa. Ou pior, revoga por meio de um texto infraconstitucional o princípio constitucional da legalidade. Ao invés da cláusula pétrea do art. 5º, II, da Constituição, "ninguém será obrigado a fazer ou deixar de fazer alguma coisa senão em virtude de lei" para "os juízes serão obrigados a decidir senão em virtude dos precedentes".

Isto é, um texto infraconstitucional que contraria a Constituição, que determina que os juízes não devem mais julgar com base na normatividade, mas sim de acordo com as decisões dos tribunais. Adeus jurisdição constitucional às instâncias que se tornam, de fato, inferiorizadas. O mais grave. Um texto infraconstitucional que altera a espinha dorsal de nossa tradição, baseada no princípio da legalidade. Na prática, opera uma ruptura histórica em nossa ordem jurídica, de romano-canônica para *common law*. Vejamos.

Diz ainda o texto do Projeto do novo CPC (art. 521), que os juízes e os tribunais seguirão "a súmula vinculante, os acórdãos em incidente de assunção de competência ou de resolução de demandas repetitivas e em julgamento de recursos extraordinário e especial repetitivos"; depois, os enunciados das súmulas do STF em matéria constitucional, do STJ em matéria infraconstitucional e dos tribunais aos quais estiverem vinculados, nesta ordem; e "não havendo enunciado de súmula da jurisprudência dominante, os juízes e os tribunais seguirão"... os precedentes do STF, em matéria constitucional, do STJ, em matéria infraconstitucional.

Em não havendo precedente do STF ou do STJ, "os juízes e os órgãos fracionários do Tribunal de Justiça ou do Tribunal Regional Federal seguirão os precedentes do plenário ou do órgão especial respectivo, nesta ordem". Não para por aí. Diz texto que "os juízes e os órgãos fracionários do Tribunal de Justiça seguirão, em matéria de direito local, os precedentes do plenário ou do órgão especial respectivo, nesta ordem". Como no tempo de criança, "cadê" a tradição romano-canônica e a legalidade que estava aqui? O CPC comeu...

5.2.1 *Os Oráculos também Erram: um exemplo do uso inadvertido de "precedentes"*

Um exemplo dos riscos de se decidir com base em ementas diz respeito ao caso da diferença de tratamento do arrependimento posterior na apropriação indébita simples, do art. 168 do CP, e na apropriação indébita previdenciária, do art. 168-A, do CP. Apesar de haver discriminação prejudicial ao agente da apropriação indébita comum,[333] no habeas corpus nº 87.324/SP,[334] o STF afastou a possibilidade de aplicação do princípio da isonomia para extinguir a punibilidade em caso de restituição da coisa ou reparação do dano. Ao irmos além, estudando as ementas citadas nos votos que deram origem ao julgado, verificamos falácias e incoerências inconciliáveis.

Por dois motivos fizemos um estudo sobre pseudoprecedentes no STF: a) tendo em vista o alerta já feito sobre a aplicação hierarquizada das ementas de julgados dos tribunais superiores como razão de decidir de nossa práxis jurídica; b) para demonstrar que argumentos de autoridade não são aceitáveis em um Estado Democrático de Direito; c) que não existe hierarquia funcional entre os órgãos das diversas instâncias; d) que a decisão constitucionalmente adequada reside na consciência do ineditismo de cada caso, muito além de *standards*, de padrões previamente estabelecidos.[335]

---

333 Dois exemplos para facilitar o entendimento: 1º) se um homem furta ou se apropria indevidamente de um televisor (art. 168 do CP), mas repara o dano, restituindo a coisa subtraída ou apropriada, antes do recebimento da denúncia. Resultado: ele será condenado por furto ou apropriação indébita, com uma redução de pena de 1/3 a 2/3 (art. 16 do Código Penal). Se a reparação for após o recebimento da denúncia, será condenado por furto ou apropriação indébita, mas vai ter sua pena atenuada em razão da reparação do dano posterior (art. 65, III, b, do Código Penal); 2º) se um empresário se apropria indevidamente dos valores recolhidos dos seus empregados e que deveriam ser repassados à Previdência Social, mas paga todo o débito antes da ação fiscal e do recebimento da denúncia. Resultado: é extinta a punibilidade (arts. 168-A, § 2º, do Código Penal). Se, após o recebimento da denúncia, pagar todo o débito, com direito ao parcelamento durante até 15 anos, extingue-se a punibilidade (arts. 68 e 69 da lei 11.941/2009). Observação, antes da lei 11.941/2009, que promoveu a limitação do Refis em 180 meses, já houve caso de parcelamento em 890 mil anos. Isso mesmo. 8.900 séculos. Um débito de 128 milhões de reais pagos a 12 reais por mês (SOUZA, Josias de. Governo parcela dívidas em 8.900 séculos. **Folha de São Paulo**, São Paulo, 1 fev. 2004. Disponível em: <http://www1.folha.uol.com.br/fsp/brasil/fc0102200413.htm>. Acesso em: 17 maio 2013.)

334 BRASIL. Supremo Tribunal Federal. Primeira Turma. **Habeas corpus. nº 87.324.** Paciente: Adam Higino Alves Moreira. Impetrante: Defensoria Pública da União. Autoridade Coatora: Superior Tribunal Militar. Relator: Ministro Eros Grau. Brasília, julgado em 29.04.2008, publicação: DJe 152, de 15.08.2008.

335 No ano de 2011 publicamos um artigo sobre o tema. Nele detalhamos o que aqui foi exposto sucintamente. Vide SANTOS JÚNIOR, Rosivaldo. Crime, reparação do dano, falácias e igualdade - Themis pode usar venda, mas o juiz não. In: CONGRESSO INTERNACIONAL DE CIÊNCIAS CRIMINAIS - CRIMINOLOGIA E SISTEMAS JURÍDICO-PENAIS CONTEMPORÂNEOS, 2, 2011, Porto Alegre. **Anais eletrônicos...** Disponível em: <http://ebooks.pucrs.br/edipucrs/anais/cienciascriminais/edicao2/Rosivaldo_Toscano.pdf>. Acesso em: 20 jul. 2013.

O voto da relatora no habeas corpus nº 87.324/SP transcreve trechos do parecer do Ministério Público – e é atravessado por várias falácias.[336] A primeira foi o *apelo à moralidade*,[337] uma vez que a vítima era analfabeta e o acusado, seu advogado. Mas a reparação do dano não perquire sobre a moralidade da conduta, mas sim sobre a existência da reparação ou não do dano. Disse ainda que a reparação do dano só se deu após propositura de uma ação civil. Isso também não é relevante, pois a lei não exige voluntariedade, mas apenas espontaneidade. Além disso, a falácia da petição de princípio se deu quando partiu de um pressuposto fático não enfrentado e que serviu para a conclusão: se os crimes seriam análogos ou não.

Além disso, o Supremo Tribunal Federal não enfrentou a questão da possibilidade ou não de extensão dos benefícios previstos para o crime de

336 Falácia é um raciocínio ou afirmação falsa ou errônea aparentemente verdadeira. É psicologicamente persuasiva, parece correta, mas cai quando examinada cuidadosamente. Por isso, numa área como o direito, em que a linguagem é o instrumento de trabalho (ou arma...) visando (con)vencer mediante o embate de argumentos, é tão importante o seu estudo. Cf. COPI, Irving M. **Introdução à lógica**. 2. ed. São Paulo: Mestre Jou, 1978.

337 Eis os tipos mais comuns de falácias: a) *Petição de princípio*: a conclusão já está escondida nas premissas. Exemplo: "o acusado deve ser condenado porque é mal. E todo mal causado deve ser punido. Assim, o acusado deve ser punido." Será punido por ser mal ou porque agiu mal?; b) *Pergunta complexa*: "você deixou de furtar?" Nesse caso, em qualquer das respostas o interlocutor estará confessando a prática de furtos; c) *Apelo à compaixão*: "ele deve ser absolvido ou Vossa Excelência não é misericordioso?"; d) *Apelo circunstancial*: "você vai condená-lo ou vai querer que seus filhos se depararem com mais um assaltante na rua?"; e) *Apelo ao popular*: "você precisa aplicar penas mais leves, ser mais progressista"; f) *Apelo à autoridade*: "é ilegal a atenuação aquém do mínimo porque o STJ e o STF já disseram isso"; g) *Apelo à tradição*: "Nelson Hungria já dizia isso em 1958!"; h) *Argumento* ad hominem: "ele não merece crédito, pois é um marxista da época de Stalin!" Será que pelo fato de alguém ter uma determinada posição ideológica, seus argumentos nunca serão válidos?; g) *Falsa causa*: "o réu é reincidente? E ainda quer negar a autoria?", como se o fato de ser reincidente já implicasse em sua culpa; h) *Apelo à ignorância*: "nunca vi um traficante se regenerar. Portanto, ele deve ser culpado", como se a falta de conhecimento de um dado fosse o mesmo que sua não existência; i) *Negação do antecedente*: quem atira (antecedente), fere. Não atirou. Logo, não feriu. O fato de negar o antecedente (atirar), não implica em não ferir, pois não se fere somente com tiros; j) *Afirmação do consequente*: quem atira, fere. Feriu (consequente). Logo, atirou. Da mesma forma, afirmar o consequente (ferir), não implica no antecedente (atirar), já que não se fere somente com tiros; k) *Falácia naturalista*: associar juízos de valor a juízos fáticos. Exemplo: Toda reincidência (juízo fático) revela distorção de caráter (juízo de valor). João é reincidente. Logo, tem caráter distorcido. A reincidência pode até ser consequência de um caráter distorcido. Mas ninguém pode desconhecer as dificuldades de reinserção social dos condenados; l) *Falácia progressista*: "deveríamos adotar a pena de morte. Os Estados Unidos, o país mais desenvolvido, adotam". Esconde o fato de que todos os países têm boas e más práticas.

apropriação indébita previdenciária aos demais crimes contra o patrimônio. Tangenciou a discussão e decidiu com base em argumentos irrelevantes e impertinentes, remetendo a outros precedentes, todos impertinentes, pois anteriores à lei que instituiu o art. 168-A do Código Penal (Lei nº 9.983, de 2000) e até mesmo à Parte Geral do Código Penal, que é de 1984: RE 88.709, de 12.12.1978; HC 47.129, de 26.08.1969; RCH 49.073, de 13.10.1971; RHC 59.033, de 17.11.1981; e RE 104.270, de 05.02.1985.

Incidiu, assim, também na *falácia da falsa causa*. Da mesma forma, até mesmo os julgados que não eram impertinentes também estavam repletos de falácias. Por exemplo, o *habeas corpus* 91.065/SP,[338] cujo relator foi o Ministro Eros Grau. Ocorreram duas falácias: a) um *apelo à autoridade*,[339] pois se fundamentou num outro julgado da corte, sem explicar sob quais circunstâncias essa fundamentação se deu; b) uma *falácia de falsa causa*, pois o referido precedente era impertinente para o deslinde da questão, já que não se discutiu nele, em nenhum momento, a possibilidade ou não de aplicação da extinção da punibilidade pela reparação do dano em face do princípio da igualdade.

No habeas corpus nº 75.051, datado de 1997, não se discutiu em nenhum momento a aplicação do princípio da isonomia. Se algum julgado o arguir como razão de decidir, como fez o STF nos *habeas corpus* nºs 87.324/SP e 91.065/SP, incidirá na *falácia da falsa causa*, pois o precedente era absolutamente impertinente, isto é, não tratava da extensão, ou não, aos crimes de furto e apropriação indébita, dos benefícios conferidos a quem comete apropriação indébita previdenciária. Isso é um exemplo de que não dá para se repetir jurisprudências como um mantra.

Além dessa falácia, ocorreu outra. Nesse HC, foi feita menção, nas razões do voto, ao Parecer do Ministério Público que, por sua vez, citou um acórdão do extinto Tribunal de Alçada de Minas Gerais (TAMG), datado

338 BRASIL. Supremo Tribunal Federal. **Habeas corpus nº 91.065**. Paciente: Adam Higino Alves Moreira. Impetrante: Defensoria Pública da União. Autoridade Coatora: Superior Tribunal Militar. Ministro Eros Grau, Relator. Segunda Turma, julgado em 29.04.2008. Publicação: DJe 152, de 15.08.2008.

339 Conforme alerta de Carl Sagan, "Argumentos oriundos de "autoridades" têm pouca importância – 'Autoridades' cometeram erros no passado e o farão de novo no futuro. Em outras palavras, não existem autoridades, existem, no máximo, especialistas" (SAGAN, Carl. **O mundo assombrado pelos demônios**: a ciência vista como uma vela no escuro. Tradução de Rosaura Eichemberg. São Paulo: Companhia das Letras, 2006, p. 30).

de 1987. Esse precedente mineiro é anterior a qualquer lei que tenha criado o critério discriminatório. Portanto, trata-se de precedente imprestável. Se alguém o argui como razão de julgar a questão ora analisada, incide na *falácia da tradição*. No mesmo julgado, foram citados outros julgados ainda mais antigos: RHC 55.257 (1977) e RE 104.270 (1985).

5.3 Súmulas e Salsichas – Melhor não Saber como Foram Feitas

O senso comum tomado pela razão instrumental – hoje colado ao discurso neoliberal de formatação e padronização nos moldes "linha de produção" – dá mais valor ao que dizem os tribunais ser o direito do que o que o direito, na sua produção de sentido, é. Aceitou-se passivamente, a retirada de sua autonomia funcional em nome da eficiência.

Houve a "supressão de instância hermenêutica" da filtragem constitucional, a perda de uma prerrogativa constitucional, como membro de Poder, de decidir os casos concretos a partir da ordem jurídica vigente e válida (constitucionalmente fundada). As súmulas formam, agora, a instância monárquica a quem o juiz-súdito deve reverência. Mas não se perquire acerca da constitucionalidade do raciocínio que as produziu. Um exemplo historicamente marcante na seara criminal virá a seguir.

Que dizer da súmula 52 do STJ, até hoje utilizada? "Encerrada a instrução criminal, fica superada a alegação de constrangimento por excesso de prazo". Se verificarmos sua prognose, remete ao art. 401 do CPP, que trata de prazo de instrução criminal, não se fazendo qualquer referência à prisão. Cuida-se, portanto, de um enunciado assertórico sem base normativa (ou violador do princípio da legalidade, haja vista sua utilização como razão de decidir, pois tem, na prática, força retórica de texto jurídico). Um buraco negro retórico, que atrai pela falácia da autoridade (STJ). E a partir daí, como puro exercício da vontade de poder, muitas decisões a utilizam para manter prisões provisórias até por anos, escondendo o caso concreto ou violando a presunção de inocência e a dignidade da pessoa humana por meio de um cumprimento antecipado de pena travestido de prisão provisória.

5.3.1 *A Súmula nº 231 do STJ – o Show das Falácias*

Tal qual os contratos feitos pelo consumidor com grandes corporações, as decisões judiciais pautadas pelo eficienticismo também são feitas por meio de uma adesão de sentidos. Há um *standard*, uma súmula, um molde pré-formatado a que se deve aderir. E alerta Alexandre Rosa:

> A jurisprudência não é, nem pode ser, sinônimo de hermenêutica, muito menos de fundamentação, dado que demandam um contexto para fazer sentido. Decorre justamente deste lugar uma responsabilidade que não se pode fugir, nem oscilar. A decisão tinha uma marca e uma singularidade. Hoje se pode falar em banco de sentenças. Por elas tudo já está dito e não há mais decisão. Passa-se à adesão. A distinção possível é que a primeira guardava um juízo crítico de compreensão, enquanto no segundo apenas se escolhe. E escolher não é compreender (Lenio Streck).[340]

Gostaríamos de exemplificar seus riscos através do que ocorreu com a súmula nº 231 do STJ. Diz ela que "A incidência da circunstância atenuante não pode conduzir à redução da pena abaixo do mínimo legal".[341] O senso comum teórico, mesmo diante de súmulas não vinculantes como a acima, forma, para si próprio, barreiras epistemológicas imaginárias, inexistentes, invisíveis e – o mais grave – vistas como intransponíveis. É o que demonstraremos através de um exame um pouco mais detalhado dos enunciados da súmula 231 do STF[342] e do RE 597.270 do STF,[343] bem como dos precedentes judiciais que os balizaram: essas muralhas têm alicerces de barro.

340 ROSA, Alexandre Morais da. **Garantismo jurídico e controle de constitucionalidade material**: aportes hermenêuticos, op. cit., p. 105-106.

341 Aqui não há espaço para nos delongarmos acerca da questão, razão pela qual sugerimos ao leitor um outro texto de nossa autoria, exclusivamente sobre o assunto (SANTOS JÚNIOR, Rosivaldo Toscano dos. As circunstâncias legais e a aplicação centrífuga da pena. **Revista dos Tribunais**, São Paulo, v. 908, p. 233-262, jun. 2011.

342 BRASIL. Superior Tribunal de Justiça. **Súmula nº 231**. A incidência da circunstância atenuante não pode conduzir à redução da pena abaixo do mínimo legal. Disponível em: <http://www.stj.jus.br/SCON/sumulas/ doc.jsp?livre=%40docn&&b=SUMU&p=true&t=&l=10&i=269>. Acesso em: 14 jun. 2013.

343 Nesse julgado o STF referendou a falaciosa súmula 231 do STJ. Cf. BRASIL. Supremo Tribunal Federal. **Recurso extraordinário nº 579.270**. Relator: Min. Cezar Peluso, Tribunal Pleno, Brasília, julgado em 23 mar. 2009, public. 5 jun. 2009. Disponível em: <http://redir.stf.jus.br/paginadorpub/paginador.jsp? docTP=AC&docID=595601>. Acesso em: 14 Jun. 2013.

Os precedentes que lhe deram origem são falaciosos por diversas razões: 1ª) Fundamentam-se em julgados que foram proferidos quando vigia outra redação da Parte Geral do Código Penal; 2ª) A redação anterior é substancialmente diferente da atual (do sistema difásico para o trifásico); 3ª) A doutrina utilizada como *argumento de autoridade* também era falaciosa, com a absurda falta de cuidado de não verificar que os trechos citados não somente se referiam a uma redação anterior como também os doutrinadores citados faleceram mais de dez anos antes da nova Parte Geral – objeto da súmula; 4ª) A interpretação inautêntica é puro ativismo judicial (fizeram política criminal); 5ª) A utilização de falácia formais, tais como: a) *petição de princípio*, em que as conclusões já estão nas premissas; b) *argumentos de autoridade* e *falácia de ambivalência*, nas citações de Nelson Hungria, falecido 25 anos antes, e porque nos trechos citados (de 1958, a maioria) ele se referia ao assunto tendo em vista ou a antiga redação do Código Penal (ele morreu 15 anos antes da Nova Parte Geral do Código Penal) ou a um anteprojeto que ele desenvolveu, mas que jamais entrou em vigor; c) *falácia da falsa causa*, pois não há pertinência nenhuma entre os argumentos contrários à vedação da pena-base aquém do mínimo legal a conclusão dos julgados; d) *falácia da tradição*, que tenta levar a crer que um argumento se sustenta pelo simples fato de se pensar de um mesmo jeito por um longo período de tempo; e) *apelos circunstancial e à emoção*, pois haveria um risco em deixar a cada juiz a definição da pena para cada crime (escondendo a previsão constitucional da individualização da pena).

Não obstante a inautenticidade e insustentabilidade constitucional da interpretação que leva à súmula 231-STJ, ela continua sendo aplicada como dogma. É um claro exemplo da baixa constitucionalidade e dos riscos da efetivação do controle remoto judicial – que gera decisões acríticas, com base em pretensos precedentes judiciais que, não raras vezes, são falaciosos, impertinentes ou ilegítimos para servir de fundamento a uma decisão judicial que aplique o direito penal, observando-se as garantias constitucionais.

5.4 A Súmula Vinculante nº 11 – Algemando a Constituição

Uma das *soluções* (ou pretextos) encontradas para tornar o Judiciário mais eficiente (ou hierarquizado e com maior controle na cúpula) foi através das súmulas vinculantes.

De antemão, sua criação já veio eivada de autoritarismo: há o mecanismo da reclamação, aplicável até mesmo a juízes, criando a nefasta punição por divergência hermenêutica. Assim, cria-se um paradoxo. Competiria ao juiz interpretar o direito e a fazer sua filtragem hermenêutico-constitucional, o que pode se dar até mesmo em relação às normas constitucionais derivadas – incluindo o art. 103-A, que criou a súmula vinculante, advinda da Emenda Constitucional 45/2004. Mas não o poderia em relação às súmulas vinculantes, diretamente. Pensar assim seria pôr a súmula vinculante acima até mesmo do texto constitucional.

José de Albuquerque da Rocha compartilha do mesmo entendimento.[344] Para ele, o art. 103-A da CR criou verdadeiras normas jurídicas. E superiores até mesmo à lei, uma vez que ditam o sentido como estas devem ser entendidas, dando aos 11 ministros do STF, que não foram escolhidos pelo povo, mais poder que o conferido ao legislador democrático, ferindo, inclusive o direito fundamental insculpido no art. 5º, II, da CR ("II - ninguém será obrigado a fazer ou deixar de fazer alguma coisa senão em virtude de lei;"). No modelo de democracia adotado no Brasil, o Poder Judiciário não detém a função de editar normas gerais e abstratas obrigatórias e genéricas, função legada à lei. O constituinte derivado, segundo ele, teria violado o princípio da separação de poderes, uma cláusula pétrea (art. 60, § 4º, da CR).[345] No mais, reafirmamos o que já foi dito supra acerca da independência do juiz.

Entendemos que a atividade jurisdicional não pode, sob pena de afronta ao Regime republicano, ser alcançada pela Reclamação. Somente teria cabimento se houvesse a comprovação do propósito deliberado de insultar o STF. Mas jamais se punir o juiz por interpretar a Constituição

344 ROCHA, José de Albuquerque. **Súmula vinculante e democracia**. São Paulo: Atlas, 2009, p. 91-92.

345 Ibid., p. 92-95.

de forma diversa do STF. Senão, estaríamos, definitivamente, chancelando o totalitarismo logo no Poder encarregado de velar pela Constituição e pelo Estado Democrático de Direito por ela previsto. Como demonstram formalmente os institutos das súmulas vinculantes, da repercussão geral e dos recursos repetitivos, no Brasil está ocorrendo um efetivo aumento dos poderes dos tribunais superiores, em prejuízo da Justiça de primeira instância. Entendemos que se antes tínhamos o juiz boca da lei, há quem pretenda criar o juiz boca da súmula.

O pretexto principal da súmula vinculante é trazer a certeza jurídica. Essa certeza é um valor de mercado, pois como prenunciou Max Weber, "a moderna empresa capitalista requer uma justiça, cujo funcionamento possa ser racionalmente calculado".[346] Concentrar poderes de decisão em um único órgão é buscar a máxima da eficiência, só que pisando sobre o Estado de Direito, ainda mais em se tratando de um órgão de fácil acesso às elites e à mídia, mas ainda muito distante do povo.[347]

Sintomático do autoritarismo transvestido nas súmulas vinculantes é o fato que iremos apresentar a seguir. O art. 103-A da Constituição da República impõe alguns regramentos para a emissão de enunciado de súmula vinculante, a saber: a) existência de reiteradas decisões sobre matéria constitucional; b) a existência de controvérsia atual entre órgãos judiciários ou entre esses e a administração pública que acarrete grave

---

346 WEBER, Max. **Que es la burocracia?** Tradução argentina de Rufino Arar. Buenos Aires: Leviatan, 1991, p. 23.

347 O ano era 2008. Eu e uma também magistrada potiguar fomos a Brasília para uma reunião de trabalho no Conselho Nacional de Justiça – CNJ. Era uma quarta-feira. O evento institucional acabou mais cedo naquela tarde e resolvemos, então, assistir à sessão do Supremo Tribunal Federal. Porém fomos barrados na entrada. Motivo: a colega estava usando um elegante terninho, mas cujo tecido tinha uma estampa de rosas. A moça que atendia na recepção informou que o protocolo exigia o uso de *tailleur* ou terno sem estampa. Barrada, a colega gentilmente insistiu para que eu entrasse. Constrangido, dei meia-volta. Naquela tarde, nós dois aprendemos muito pouco sobre moda e absolutamente nada sobre democracia. Não tenho certeza de que essa regra ainda exista. Mas encontrei a seguinte notícia datada de 2009 no próprio site do STF: "Para entrar no Plenário do STF, os homens devem trajar terno e gravata e as mulheres, *tailleur*, terninho ou calça com blazer. A norma vale inclusive para os fotógrafos. Não é permitida a entrada de pessoas trajando roupas *jeans*, nem calçando sandálias rasteiras, chinelos ou tênis" (SAIBA mais sobre a cobertura de imprensa da sessão plenária desta quarta-feira (10). **Notícias**, STF, Brasília, DF, 8 jun. 2009. Disponível em: <http://www.stf.jus.br/ portal/cms/verNoticiaDetalhe.asp?idConteudo =109297>. Acesso em: 17 maio 2013).

insegurança jurídica e relevante multiplicação de processos sobre questão idêntica; c) tendo por objeto a validade, a interpretação e a eficácia de normas determinadas.

Mas será que o Supremo Tribunal Federal – o Grande Enunciador – ele mesmo respeita a Constituição? Estaria ele acima de qualquer suspeita e isento de erros? Estariam seus atos normativos fora do controle de constitucionalidade?

São poucos os enunciados de súmula vinculante até agora publicados. Pouco mais de trinta. Mas já há um claro exemplo de que em um Estado Democrático de Direito nenhum órgão está acima da Constituição, nem mesmo com a guarida de normas oriundas do Poder Constituinte Derivado. Trata-se do que enuncia a súmula vinculante nº 11. Diz ela o seguinte:

> Só é lícito o uso de algemas em casos de resistência e de fundado receio de fuga ou de perigo à integridade física própria ou alheia, por parte do preso ou de terceiros, justificada a excepcionalidade por escrito, sob pena de responsabilidade disciplinar, civil e penal do agente ou da autoridade e de nulidade da prisão ou do ato processual a que se refere, sem prejuízo da responsabilidade civil do Estado.

Nem visamos questionar os fins da referida súmula. O problema não reside aí. A abordagem não deve se dar na superfície. Trata-se, na verdade, de uma questão subjacente. Portanto, vimos acima que o art. 103-A a Constituição da República põe como requisito para a emissão de súmulas vinculantes a "existência de reiteradas decisões sobre matéria constitucional". Contudo, para sua emissão da referida súmula vinculante, foram apenas quatro decisões "garimpadas" na duplamente secular história do STF, a saber:

a) RHC 5.6456, julgado em 05.09.1978;[348]

348 "Não constitui constrangimento ilegal o uso de algemas por parte do acusado, durante a instrução criminal, se necessário à ordem dos trabalhos e à segurança das testemunhas e como meio de prevenir a fuga do preso". Tal decisão, aliás, se deu sob a égide da ditatorial Emenda Constitucional de 1967, sob a obscuridade tenebrosa e inesquecível do famigerado AI-5. Cf. BRASIL. Supremo Tribunal Federal. **Recurso em habeas corpus nº 56465-8**. Relator: Min. Cordeiro Guerra, Segunda Turma, Brasília, julgado em 5 set. 1978, public. 6 out. 1978. Disponível em: <http://redir.stf.jus.br/paginadorpub/paginador.jsp?docTP=AC&docID =96906>. Acesso em: 14 jun. 2013.

b) HC 71.195-2, julgado em 25.10.1994;[349]

c) HC 89.429-1, julgado em 22.08.2006;[350]

d) HC 91.952-9, julgado em 07.08.2008.[351]

Outrossim, quando de sua edição, faltava-lhe também a "existência de controvérsia atual entre órgãos judiciários ou entre esses e a administração pública que acarrete grave insegurança jurídica e relevante multiplicação de processos sobre questão idêntica". O fundamento de fato foi um único processo. E tanto é que a súmula passou a ser chamada nos meios forenses e na imprensa de "Súmula Cacciola-Dantas".[352]

Porém, é no seu terceiro requisito que se dá a mais grave violação à normatividade. Diz o art. 103-A da Constituição que a súmula vinculante terá por objeto "a validade, a interpretação e a eficácia de normas determinadas". Em relação a essa questão, o art. 199 da Lei de Execução Penal prevê que "O emprego de algemas será disciplinado por decreto federal". Até hoje esse decreto não foi publicado.[353] Portanto, a súmula

349 BRASIL. Supremo Tribunal Federal. **Habeas corpus nº 71.195-2**. Paciente: Adalton Pereira Novaes. Impetrante: Adalton Pereira Novaes. Coator: Tribunal de Justiça do Estado de São Paulo. Relator: Min. Francisco Rezek, Segunda Turma, Brasília, julgado em 25 out. 1994, public. 8 ago. 1995. Disponível em: <http://redir.stf.jus.br/paginadorpub/paginador.jsp? docTP=AC&docID=72948>. Acesso em: 14 jun. 2013.

350 BRASIL. Supremo Tribunal Federal. **Habeas corpus nº 89.429-1**. Paciente: Edílson de Sousa Silva. Impetrante: Hélio Máximo Pereira. Coatora: Relatora do inquérito nº 529 do Superior Tribunal de Justiça. Coator: Superintendente Regional da Polícia Federal no Distrito Federal. Relatora: Min. Cármen Lúcia, Primeira Turma, Brasília, julgado em 22 ago. 2006, public. 2 fev. 2007. Disponível em: <http://redir.stf.jus.br/paginadorpub/paginador.jsp?docTP= AC&docID=402446>. Acesso em: 14 jun. 2013.

351 BRASIL. Supremo Tribunal Federal. **Habeas corpus nº 91.952-9**. Paciente: Antonio Sérgio da Silva. Impetrante: Katia Zacharias Sebastião e outro(a). Coator: Superior Tribunal de Justiça. Relatora: Min. Marco Aurélio, Tribunal Pleno, Brasília, julgado em 7 ago. 2008, public. 19 dez. 2008. Disponível em: <http://redir.stf.jus.br/paginadorpub/paginador.jsp? docTP=AC&docID=570157>. Acesso em: 14 jun. 2013.

352 MACEDO, Fausto. Juízes rebelam-se contra a súmula "Cacciola-Dantas". **O Estado de São Paulo**, São Paulo, ano 129, n. 41941, p. 16, 16 ago. 2008.

353 Para quem desejar se aprofundar sobre o assunto, tramita no Congresso Nacional o PLS nº 185/2004, do Senador Demóstenes Torres, que regulamenta o emprego de algemas em todo o território nacional. Atualmente, encontra-se na CDH – Comissão de Direitos Humanos e Legislação Participativa.

vinculante cuidou de regulamentar o art. 199 da LEP, em frontal violação à regra descrita no art. 84, IV, da Constituição, que atribui competência privativa ao Chefe do Executivo a regulamentação de leis.[354]

Por fim, o *status* que se quer dar à súmula vinculante – dentro desse paradigma de Judiciário como corporação – é anômalo numa democracia. Se a própria Constituição possui dispositivos que permitem a emenda constitucional e nem mesmo isso impede o controle difuso de constitucionalidade desta em relação àquela, o mesmo se dirá da declaração de inconstitucionalidade de uma súmula vinculante. Pensar diferente, aliás, seria dotar as súmulas vinculantes emitidas pelo STF de *status* superior à Constituição da República. Não pode existir esse teto epistemológico. Não em uma democracia.

5.5 Repercussão Geral e Recursos Repetitivos

O mesmo podemos dizer em relação à repercussão geral (art. 102, § 3º da Constituição da República, e Lei 11.418/2006) e aos recursos repetitivos (Lei 11.672/80). Em princípio, tratam-se de medidas salutares, uma vez que visam desafogar as cortes superiores. A existência de filtros é importante ao se lidar com instâncias extraordinárias. A arguição de relevância permite, assim, que apenas as causas de maior repercussão sejam apreciadas pelas instâncias extraordinárias, até porque o duplo grau de jurisdição já foi cumprido. O difícil, porém, é refrear a vontade de poder das cúpulas. Qual a solução que encontraram? Abstrair a concretude dos casos para se tentar um controle geral, ainda que ocasionando prejuízos à qualidade do provimento jurisdicional e, por reflexo, julgamentos que não guardam pertinência com a normatividade, uma vez que não há como cindir questões de direito e questões de fato, senão via contorcionismos metafísicos que produzem uma violência contra as partes – pela desconsideração das peculiaridades do caso – e contra o julgador de instância inferior – por ter sua independência funcional erodida.

Ademais, não há como se pensar numa jurisdição que respeite a integridade e a coerência do direito se a fundamentação da decisão é barrada

354 "Art. 84. Compete privativamente ao Presidente da República: [...] IV - sancionar, promulgar e fazer publicar as leis, bem como expedir decretos e regulamentos para sua fiel execução;"

na abstração. Só existe coerência e integridade dentro da diferença ontológica texto-norma, até porque não existem conceitos (no caso, o texto) sem coisa (no caso, a norma), assim como não existem questões de direito absolutamente apartadas das questões e fato. Compartilhamos, nesse ponto, da opinião de Dalton Sausen:

> Nesse sentido, é preciso advertir que a igualdade, que irá possibilitar a salvaguarda da integridade e coerência do direito através da aplicação dos precedentes oriundos do mecanismo dos recursos repetitivos e do instituto da repercussão geral, deve decorrer da similitude jurídica e fática dos casos confrontados, e não apenas da tese jurídica. Pensar de modo diferente, ou seja, de que é possível a coerência e integridade no direito apenas em face da questão jurídica, é acreditar em conceitos sem coisas – espécie de metafísica no (do) direito.[355]

355 SAUSEN, Dalton. **Súmulas, repercussão geral e recursos repetitivos**: crítica à estandardização do direito e resgate hermenêutico, op. cit., p. 103-104.

6 *Considerações finais*

6.1 Uma Resposta Hermenêutica

As práticas "eficientes" de um Judiciário entendido como corporação, como alertamos, perdidas na cotidianidade, são um perigo para a democracia porque são vistas como algo inofensivo ou insignificante e, com o tempo, viram rotinas, costumes diluídos na relação meio-fim da eficiência, de atender ao Judiciário corporativo, de cumprir metas, de julgar rápido, de controlar hierarquicamente.

São os óculos na analogia de Heidegger. Ou como disse John Kennedy, "às vezes é preciso parar e olhar para longe, para podermos enxergar o que está diante de nós". E esse desvelamento passa, primeiramente, por uma reflexão autêntica e sincera dos atores jurídicos, em especial, do juiz. O referencial da normatividade é o "olhar distante" que precisa ser sempre feito. E diuturnamente. Senão, cotidianiza-se. Embrutece-se.

Respeitar a normatividade não implica em engessar a atuação do Judiciário, em torná-lo lento e burocrático ou contraproducente. Pelo contrário. Visa torná-lo efetivo, compatibilizando-o com o catálogo de direitos contido em nossa Constituição e com o ideário de Estado Democrático de Direito. A observância dos ritos e das formas legais não é um adereço. Faz parte do jogo democrático. E isso nada tem de confrontante com um planejamento estratégico ou com a adoção de métodos de gestão voltada a resultados, desde que antes disso, como significante principal, esteja a necessidade de observar as peculiaridades de um Poder que cuida da guarda da Constituição e que atua sobre pressupostos normativos e não utilitários.

O Judiciário tem sido acusado de lentidão. Mas como ficou demonstrado, cada sociedade possui a litigiosidade que produz e merece. A litigiosidade é proporcional a dois fatores: a) ao descompasso entre a realidade social e os direitos fundamentais – notadamente na seara cível; b) à violência objetiva (Cap. 2) – notadamente na órbita criminal. Não dá para se romper o jogo democrático sob qualquer argumento. Não dá para se fugir dessa interdição sem que o sistema se torne esquizofrênico. O pêndulo está indo para um extremo perigoso.

Como já alertei em escrito sobre o eficienticismo, "O Judiciário não pode querer dar conta da demanda pisoteando exatamente o fim a que se destina: ser guardião da Constituição. Senão, cairemos em um perigoso paradoxo: quem nos protegerá desse Judiciário eficiente?"[356]

6.2 A Interpretação como Construtora de Sentido, Jamais Mera Reprodutora

Fenômeno recorrente se dá nas mudanças de opinião dos tribunais superiores. Apesar da propalada independência funcional – e de que o juiz dela abusa e decide "conforme sua consciência", o que efetivamente ocorre em muitas situações – verifica-se, na prática, como acima demonstrado, um processo de franca hierarquização da atuação dos juízos e das cortes por meio de uma *verdade massificada* já construída na cúpula, sem a consideração das peculiaridades dos casos concretos, o que torna a atribuição de sentido uma utopia. Uma boa parcela dos "operadores jurídicos", os "costureiros" da metáfora do Capítulo 4, imediatamente muda de opinião a cada variação de humor das grifes, obedecendo ao "teto epistemológico" que eles mesmos intuem e se submetem em razão do discurso de poder ter um conteúdo ideológico. Um poder que se legitima da periferia para o centro e de baixo para cima da magistratura.

É essa parcela de operadores jurídicos que legitima o estado de coisas atual, pois se fazem apoderados, assujeitados, no dizer certeiro de Foucault.[357] Isso até que os tribunais superiores mudem de novo de posiciona-

356 SANTOS JÚNIOR, Rosivaldo Toscano dos. Sobre o fio da navalha: a Justiça Criminal entre a eficiência e os direitos fundamentais. **Revista Brasileira de Ciências Criminais**, ano 21. vol. 103. p. 353-379. São Paulo: Revista dos Tribunais, jul.-ago. 2013, p. 377.

357 FOUCAULT, Michel. **A ordem do discurso**. Tradução de Laura Fraga de Almeida Sampaio. 21. ed. São Paulo: Loyola, 2011, p. 21-35. Nessa obra ele identifica três formas de interdição do discurso que visam apoderar o sujeito através do discurso, garantindo a manutenção do poder e também promoção da exclusão: a) *interdição* – que termina por regular o que deve ou não ser dito, quem pode dizer e em quais circunstâncias; b) *separação e rejeição* – pela qual o discurso do emissor é desconsiderado ou desacolhido. Foucault exemplifica o discurso do louco; c) *vontade de verdade* – em que há uma separação entre o verdadeiro e o falso, com base numa verdade construída institucionalmente. Quem fugir dela será excluído.

mento, deem a contraordem... Meia volta volver! Mas fazer hermenêutica constitucional que é bom... os "operadores do direito" não fazem. Quem faz hermenêutica é ator jurídico, pois interpreta o texto, gera a norma do caso, atua no desvelar da Constituição e dentro de uma tradição (Gadamer), nessa construção da qual todos participam ou, pelos menos, deveriam participar. Senão, será esse tal "operador", viverá na inautenticidade, na falação,[358] no dizer de Heidegger. De sua boca sairão, tão somente, as ideias dos outros. Enfim, um *Psittacidae* humano, que não enuncia, não é sujeito, não tem uma existência autêntica. É assujeitado pelo discurso de ordem que impera sobre sua (im)passividade.

Não há Poder Judiciário sem que exista hermenêutica em todas as esferas da magistratura. Não há Judiciário sem que todos os seus membros tenham (formalmente) e exerçam (materialmente) a independência funcional. Não há Poder Judiciário sem compartilhamento, em todas as instâncias, do dever de interpretar o direito. Um dever e uma responsabilidade funcional de cada ator jurídico. Não haverá Poder Judiciário quando somente a cúpula atua e as bases se tornam "operadores". O que denominamos de controle remoto judicial é um modo de enxergar a jurisdição sob um viés fascista, totalitarista. É o "Grande Irmão". "*Big brother is watching you [...] war is peace; freedom is slavery; ignorance is strength*".[359] A prática jurídica não é linha de montagem. O direito não é máquina e nem se comporta como matemática. Não há verdades inquestionáveis somente porque partiram do discurso de poder. Não para os que acreditam que a autoridade está, sempre e inexoravelmente, no argumento e não no seu emissor. Não existem Oráculos. A menos que se creia em mitos.

Por isso, não podemos, em qualquer esfera da magistratura, jamais, abandonar os constrangimentos hermenêuticos essenciais à aplicação do direito, dentro de uma tradição republicana de defesa da Constituição e dos Direitos Fundamentais que ela traz em seu bojo.

---

358 : "O falado na falação arrasta consigo círculos cada vez mais amplos, assumindo um caráter autoritário. As coisas são assim como são porque é assim que delas (impessoalmente) se fala. Repetindo e passando a diante a fala potencia-se a falta de solidez. Nisso se constitui a falação" (HEIDEGGER, Martin. **Ser e tempo**, op. cit., p. 232). Algumas traduções utilizam a palavra "falatório".

359 Trechos do livro 1984, de George Orwell. "O grande irmão está te vigiando [...] guerra é paz; liberdade é escravidão; ignorância é força" ORWELL, George. **1984**. San Diego: Harcourt Brace Jovanovich, 1984. (tradução nossa).

É ideológico (Cap. 2) o discurso de que não há como promover limites à interpretação judicial, pois sempre haveria um elemento de vontade na decisão judicial e que a incerteza da linguagem impediria qualquer constrangimento à livre interpretação – permitindo-se a discricionariedade. Como é possível controlar o intérprete, para que este não "diga qualquer coisa sobre qualquer coisa"? O intérprete é balizado pela tradição, pelos "constrangimentos linguístico-epistemológicos" que lhe condicionam, que conformam a sua condição-de-ser-no-mundo. E quando da interpretação do direito no Brasil, não há como se fugir, incólume, da sua faticidade e da sua integridade e coerência, enleadas na normatividade da tradição da *civil law*.[360]

6.3 Eficiência e Vontade de Poder

O Judiciário nazista foi extremamente eficiente, não há dúvida. A vontade de poder como fundamento do agir estatal foi seu fundamento. E todos sabemos o resultado catastrófico. Antes de se defender um critério qualquer de utilidade que paute a decisão judicial, deve-se recordar os maus exemplos. Decidir conforme a consciência ou a vontade? Há um risco aí.

É bem verdade que nosso histórico de desmandos e de autoritarismo, de concentração de renda e de mau uso do poder pelo estamento é causa da perda de credibilidade nas instituições e mola propulsora para a eclosão e solidificação de discursos de autoridade de indivíduos "salvadores da pátria". Tal visão, entretanto, é estranha à ideia de poder obediencial, desenvolvida por Dussel (Cap. 3) – abrindo brechas para que a vontade de poder seja exercida como dominação. Pretextos não faltam, portanto. E a bola da vez são os membros do Judiciário, inegavelmente. Mas em um Estado Democrático de Direito não se admite, sob a ótica dos direitos fundamentais e, em especial, sob o princípio da isonomia, entender que um Membro de Poder possa decidir de acordo com sua consciência ou suas convicções pessoais.

O magistrado é um membro de Poder, no sentido em que representa o Poder Constituído. Mas ele não age ao alvedrio das próprias regras que o legitimaram como tal agente de poder. Assim como não há liberdade absoluta, o juiz não é livre, por assim dizer, para decidir, mas é sempre dentro

---

360 STRECK, Lenio Luiz. **Hermenêutica jurídica e(m) crise**: uma exploração hermenêutica da construção do direito, op. cit., p. 278.

de uma esfera de normatividade que constitui seu mundo decisório. Se há o dever constitucional de fundamentar suas decisões, há, acima disso, a necessidade de respeitar as regras do jogo democrático. O juiz não cria o direito – não no sentido de inovar o ordenamento jurídico com a geração de normas que não tenham um texto normativo que lhes sirva de esteio.

A vontade de poder põe em seu vazio ético razões de utilidade – que podem ser expressas ou ocultas por meio da interpretação forçada (inautêntica). Ativismo judicial, atribuição inautêntica de sentidos, construção de princípios *ad-hoc*, conceitos assertórios e ponderação/razoabilidade, estão todos aí. E por falar em princípios, ao contrário do que o senso comum teórico alardeia, eles não promovem uma abertura da interpretação. Não há como usá-los para fins de libertinagem normativa. Os princípios, como apregoa Streck, são sempre vistos em sua diferença ontológica com as regras adjacentes.

E o pretexto sedutor da eficiência, enquanto discurso ideológico neoliberal, anda em pleno vapor nos gabinetes e cartórios de todo o país. Cabe aqui, portanto, uma advertência: o juiz que interpreta inautenticamente (Heidegger) – fora da tradição (Gadamer) e sem respeitar a integridade e a coerência em suas decisões (Dworkin) – não difere muito do déspota. Se a distância, na práxis forense, entre as posturas de ser autoridade e ser autoritário é pequena, o abismo que as separa é profundo. Ao mesmo tempo, não pode ele se comportar como empregado da corporação, a quem deve cega obediência. Enquanto detentor de um poder obediencial, advindo da relação de subjugação do poder ao *potentia*, o juiz é responsável pela concretização da Constituição – e não da vontade sua, da cúpula ou de maiorias eventuais.

De um lugar de fala jurídico, não há como se defender a concretização do direito pela perspectiva economicista porque para esta a normatividade é uma externalidade, não há como ser compatibilizada porque está no seu ponto cego (Cap. 4). O direito tem uma visão que não se baseia em pura relação custo-benefício – fundamentada em puro utilitarismo. A ordem jurídica de um Estado Democrático de Direito, entendemos nós, tem como o significante principal o respeito à normatividade (auto-referenciação normativa – ou o que seria do direito se defendesse a normatividade sem, primeiro, legitimá-la?), consubstanciada em seus princípios e regras.

É um erro grosseiro acreditar que o discurso que visa limitar o ativismo judicial é um luxo ao qual se pode renunciar ou que seria uma tese conservadora. Admitir o ativismo como algo necessariamente positivo, vanguardista ou inevitável é utópico (Cap. 2) porque não faltam exemplos dos prejuízos causados ao regime democrático pelo ativismo reacionário. A Alemanha nazista foi apenas um deles. Portanto, os resultados de uma utopia podem ser muito piores do que a realidade já estabelecida.

Devemos, pelo contrário, prevenir-nos de discursos que, sob o pretexto de vanguardistas, violam direitos constitucionais. Devemos ter cuidado com qualquer discurso que aposte na consciência ou na vontade de alguém, em prejuízo das regras pré-estabelecidas no jogo democrático. Torna o direito uma razão instrumental. Como todo instrumento, produz resultados conforme seu uso e sabemos que a mão humana é capaz de usá-lo para proteger ou perseguir. E como as relações de poder em um Estado como o Brasil são tão desiguais, o respeito à normatividade – da qual emerge a igualdade como a virtude soberana[361] – é sempre uma garantia contra desmandos, contra o exercício do arbítrio e da vontade de poder de quem a exerce contra quem a ela é submetido. Isto é, é um meio de evitar abusos contra as minorias e contra os estratos econômica e politicamente fragilizados da sociedade.

Histórias como as relatadas no livro de Ingo Müller (Cap. 3) nos fazem refletir. A democracia é um valor muito importante, mas que, no dia-a-dia, entendemos apenas como a liberdade de expressarmos nossas opiniões. Mostra a importância de dar voz e vez às minorias e às ideias opostas. E de ter abertura para elas. De fazer o exercício de se pôr no lugar do outro. Isto é, ter alteridade. A alteridade que possibilita nosso crescimento, para que não nos fossilizemos em nossas pretensas verdades. E os efeitos e perigos são muito maiores quando há relações de poder estatal em jogo, como a história alemã mostrou.

361 Conforme salienta Ronald Dworkin, "Podemos dar as costas à igualdade? Nenhum governo é legítimo a menos que demonstre igual consideração pelo destino de todos os cidadãos sobre os quais afirme seu domínio e aos quais reivindique fidelidade. A consideração igualitária é a virtude soberana da comunidade política – sem ela o governo não passa de tirania" (DWORKIN, Ronald. **A virtude soberana**: a teoria e a prática da igualdade. Tradução de Jussara Simões. São Paulo: Martins Fontes, 2005, p. IX).

Sempre haverá o poder. E o desejo de poder no ser humano detectado por Nietzsche e Freud[362] – que tende à destruição e opressão em nome de sua auto-realização. Não cremos, também, que o poder seja algo apropriável. O poder é exercício.[363] E sua legitimação se dá de baixo para cima e da periferia para o centro, isto é, das massas para as elites, embora que muitas vezes o povo não perceba que o poder está em suas mãos (enquanto poder *potentia*) e que nem sempre é utilizado em seu benefício (enquanto poder *potestas*). Assim, como o poder não é algo apropriável, não haverá revoluções e nem regime únicos mundiais que "tomem" o poder (nem socialistas e muito menos capitalistas).

Cremos, todavia, que a ética também habita o humano. É um dever ético de cada cidadão resistir e denunciar a opressão dos que exercem o poder de maneira desmedida.

O poder desmedido, portanto, oprime, pois implica sempre na submissão indigna do outro. E a ideologia atua de modo a encobri-lo, enquanto violência simbólica (Bourdieu – Cap. 2), de forma que até mesmo o opressor imediato age no interesse do poder de outrem, imaginando seu, tal como ocorre no fenômeno da hierarquização funcional via poder condicionado, atuando sob a máscara da eficiência. Devemos, portanto, atentar para a forma com que dá o uso do poder – pois ele sempre está presente nas relações sociais.

A experiência da Alemanha, berço da filosofia moderna e contemporânea, demonstra que nunca podemos dizer que alcançamos a demo-

---

362 Para Freud, é a cultura que barra a pulsão de morte, cuja "satisfação está ligada a um gozo narcísico extraordinariamente alto, na medida em que essa satisfação mostra ao eu o cumprimento de seus antigos desejos de onipotência. Contido e domado, por assim dizer inibido em sua meta, o impulso destrutivo, dirigido aos objetos, é forçado a proporcionar ao eu a satisfação de suas necessidades vitais e o domínio sobre a natureza" FREUD, Sigmund. **O mal-estar na cultura**. Tradução de Renato Zwick. Porto Alegre: L&PM, 2010, p. 140.

363 Michel Foucault alerta: "não tomar o poder como um fenômeno de dominação maciço e homogêneo de um indivíduo sobre os outros, de um grupo sobre os outros, de uma classe sobre as outras; mas ter bem presente que o poder — desde que não seja considerado de muito longe – não é algo que se possa dividir entre aqueles que o possuem e o detêm exclusivamente e aqueles que não o possuem e lhe são submetidos. O poder deve ser analisado como algo que circula, ou melhor, como algo que só funciona em cadeia. Nunca está localizado aqui ou ali, nunca está nas mãos de alguns, nunca é apropriado como uma riqueza ou um bem. O poder funciona e se exerce em rede" (FOUCAULT, Michel. **Microfísica do poder**. Tradução de Roberto Machado. Rio de Janeiro: Graal, 1979, p. 183).

cracia plena. O que o nazismo, então, tem a nos ensinar? Que a democracia é um processo – sempre inconcluso e que ao invés de nos aborrecermos, devemos sempre agradecer pela oportunidade de nos deparar com ideias opostas à que são propaladas pelo discurso hegemônico. A democracia é, antes de tudo, uma jornada, uma grande caminhada. Pede uma atenção e um cuidado constante a cada passo dado, a cada desvio possível e sedutor, a cada ponte ou abismo. Ao mesmo tempo, se há quem leia e consiga, ao final, ao menos refletir sobre o que foi dito aqui, constatamos algo muito importante: o fato de que estamos caminhando... Então, que sigamos sempre!

6.4 Por uma Teoria da Decisão Judicial

Sob pena de cometer injustiças, o ator jurídico necessita, ao se fundamentar em um precedente ou em uma súmula, vinculante ou não, pelo menos estudar os votos e as razões deles, pois a abstração do acórdão não alcança a singularidade das pessoas e as peculiaridades de cada caso. Isso é agir com responsabilidade crítica e política. E repito: um julgado não se conhece pela ementa, assim como não se lê um livro pela orelha. Cada situação submetida a julgamento guarda sua distinção. A "verdade" de qualquer discurso apartado da normatividade e da faticidade, seja pela arbitrária atribuição de sentidos, seja pela pretensão hierarquizante, só desce por gravidade para aqueles que se colocam abaixo. Não se pode respeitar e acatar os precedentes e as súmulas a partir de uma falácia: o argumento de autoridade. Há que se questionar seus (des)acertos em face das especificidades do caso concreto, tendo a Constituição considerada no *mundo* do ser-juiz, para que ele não se distancie e nem a renegue, pois é ela o seu verdadeiro norte.

Portanto, sempre é bom se questionar. Questionar as "verdades" promanadas dos discursos jurídicos. A decisão acertada de um caso concreto quase sempre vai além de qualquer fórmula pronta, de qualquer homogeneidade.

Tal qual o personagem Neo, do filme Matrix, precisamos despertar. E esse despertar não tem volta. Ser alienado tem lá suas vantagens, é verdade, pois quem assim se mantém está anestesiado, não sente. Contudo, não vive, sobrevive, pois viver (ter uma existência autêntica) é ter senso crítico. E o preço do senso crítico é o incômodo... Porém, somente quando despertamos, abrimos os olhos e podemos ver onde (ou em quem) pisamos ou se estamos sendo pisoteados. Só após isso se abre para nós a possibilidade de trilharmos um caminho que não desague na violência patente ou velada contra os interesses do outro oprimido por essa violência simbólica.

A jurisdição cumpre um papel relevante na defesa e no respeito aos ditames da Constituição da República e dos Direitos Humanos. Esse é o seu inegável, inafastável e indiscutível papel. É o roteiro de sua odisseia. E nós, atores jurídicos, somos companheiros de navegação no desbravamento de uma decisão normativamente adequada.

Como demonstramos ao analisar a *common law* à brasileira (com a utilização desmedida de ementas de julgados e de súmulas em substituição, ao mesmo tempo, à normatividade e a faticidade) a dificuldade (e os consequentes erros na aplicação do direito) que tem o ator jurídico advém, em boa parte, de sua falta senso histórico. Como diz Gadamer:

> Ter senso histórico é superar de modo consequente a ingenuidade natural que nos leva a julgar o passado pelas medidas supostamente evidentes de nossa vida atual, adotando a perspectiva de nossas instituições, de nossos valores e verdades adquiridos. Ter senso histórico significa pensar expressamente o horizonte histórico extensivo à vida que vivemos e seguimos vivendo.[364]

No Direito, cada caso é ímpar, por mais parecidas que sejam as circunstâncias reveladas pela narrativa dos fatos. E únicas suas implicações, igualmente. Por isso, não existem fórmulas prontas. A hermenêutica jurídica não deve ser realizada em linha de montagem, como se o texto e o contexto, neste último inseridas as pessoas e os fatos, fossem a matéria-prima e as decisões meros produtos.

Nesse diapasão, destaco a advertência feita por Rosmar Rodrigues Alencar, no tocante às súmulas vinculantes, mas que perfeitamente se aplica às repercussões gerais e às súmulas que não tenham, formalmente, esse efeito, mas, na prática, terminam sendo usadas como dogma jurídico: "O risco é a exacerbação de um nível de abstração que chegue a ferir o núcleo concer-

364 GADAMER, Hans-Georg. **O problema da consciência histórica**. Organização Pierre Fruchon. Tradução de Paulo Cesar Duque Estrada. Rio de Janeiro: Fundação Getúlio Vargas, 1998, p. 18.

nente à singularidade humana [...] o formalismo judicial perpassou dos textos legais às súmulas, com um magistrado similar a um juiz-funcionário."[365]

Streck é claro quando diz que aclimatamos aqui o sistema americano do *stare decisis* de maneira deturpada, pois os denominados "precedentes sumulares" e os "verbetes jurisprudenciais" que constam aos bordões em inúmeros "manuais" são utilizados (e citados) de forma descontextualizada. Já no direito norte-americano isso não ocorre, mormente pelo fato de que lá, o juiz necessita fundamentar e justificar detalhadamente sua decisão (Cap. 5).

Não estamos a fazer uma ode contra as súmulas e os precedentes, pois elas cumprem importante papel de revelar o posicionamento, naquele momento histórico, de um tribunal. E como acentua Lenio Streck,

> Apesar de tudo isto, não se pode dizer que a Súmula é um mal em si. Considere-se o papel criativo da interpretação e sua importância como processo revitalizador do ordenamento jurídico, isto é, não se está ignorando que as Súmulas significa(ra)m avanço na interpretação de diversas leis no país. [366]

No mesmo sentido, José Herval Sampaio Júnior, para quem

> [...] pode-se afirmar que apesar de ser discutível a eficácia das súmulas vinculantes para se alcançar a pretensa celeridade e efetividade das decisões, a ideia é interessante caso ela tenha conteúdo específico e permita interpretação na forma aqui defendida, ou seja, sem a singeleza do método subsuntivo e com a contextualização no caso concreto.[367]

Mas são os magistrados, notadamente os juízes de primeira instância, que conhecem os fatos e assistem à produção das provas. São eles que estão próximos da concretude do caso. E é dever do magistrado entender essa realidade inefável e cumprir o papel que lhe é delegado: criar a norma para o caso concreto e respeitando os direitos fundamentais.

---

365 ALENCAR, Rosmar Antonni Rodrigues Cavalcanti de. **Efeito vinculante e concretização do direito**. Porto Alegre: Sérgio Antonio Fabris, 2009, p. 22-23.

366 STRECK, Lenio Luiz. **Jurisdição constitucional e hermenêutica**, op. cit., p. 508.

367 SAMPAIO Júnior, José Herval. **Processo constitucional: nova concepção de jurisdição**. Rio de Janeiro: Forense; São Paulo: Método, 2008, p. 197.

Eis aí onde reside a lógica do Direito: ajustar-se para encontrar a decisão constitucionalmente mais adequada. Juízes que assim agem são seres pensantes, não meros autômatos, cumpridores de fórmulas e rituais, que necessitam de um oráculo supremo que lhes diga todas as pretensas verdades. Interpretar não é escolha. É o modo de ser humano (Cap. 2). Somos, adotando a nomenclatura lacaniana, seres da esfera do Simbólico e do Imaginário. Por isso o Real nunca será conhecido como tal e a interpretação ser sempre construtora de sentidos, jamais reprodutora. Assim, não há sentidos a priori. À abstração do texto corresponderá, inexoravelmente, a concretude da norma para cada caso.

Assim como o Estado, o direito não pode tudo. E nem a economia pode, como ficou demonstrado desde 2008, com a crise financeira que se surgiu no centro do mundo financeiro e se alastrou pelas periferias. Mas pode o direito ser um instrumento de realização de justiça social. De toda forma, é preciso que haja o conhecimento de que há um longo caminho a percorrer e ele passa pela mão *visível* dos atores jurídicos. Essa é nossa faticidade. Que eles entendam que o Mercado não é natural. Nem o Direito é. Tudo é construção humana e social. E dentro da tradição institucional que construímos, sejamos seus defensores. Sejamos defensores da ordem constitucional por meio de um constitucionalismo ideologicamente esclarecido. Saiamos da cotidianidade e entendamos nosso ser-no-mundo. Lembrando Heidegger, nós somos humanos não porque pensamos de forma utilitária, mas porque podemos refletir.[368]

Já abordamos a existência de um inegável conteúdo ideológico no discurso de poder. E que pretensas soluções são, muitas vezes utópicas, fora da realidade. Uma delas é apostar em posturas ativistas ou de decisionismos que descambam para a vontade de poder de quem decide. A outra reside na estandardização da hermenêutica, por meio da abstração da faticidade.

A solução está numa conjunção de ideias trazidas na obra de Lenio Streck. Ele desenvolve uma teoria da decisão que parte da necessidade de se quebrar o paradigma da filosofia da consciência, tanto na sua vertente metodológica quando argumentativa. Para tanto, aprimora e compatibiliza as ideias, dentre outros autores, de Friedrich Muller e sua diferença onto-

368 HEIDEGGER, Martin. **Carta sobre el humanismo**. Madrid: Alianza Editorial, 2000, passim.

lógica entre texto e norma, do *linguistic turn* iniciado por Wittgenstein, da filosofia hermenêutica de Heidegger e da hermenêutica filosófica de Gadamer, e a teoria da resposta correta desenvolvida por Ronald Dworkin. Com isso, edifica uma limitação ao arbítrio judicial, de modo a possibilitar que o caminho até a decisão judicial seja consentâneo com o Estado Democrático de Direito – que não deve aceitar posturas ativistas.[369]

A normatividade, como diz Dworkin, é expressão da isonomia. O juiz não recebeu um cheque em branco para fazer o que quiser, agir de acordo com seus valores pessoais no exercício da jurisdição. *Juris dictio* é dizer o direito. O direito que está na normatividade, no feixe de textos que tem por fundamento uma Constituição democraticamente promulgada. É a partir dela que as normas do caso concreto devem surgir, sempre.

Assim, não aplaudamos as práticas judiciais fundadas em decisões conforme a consciência. Ao contrário do que possa parecer, nelas está o ovo da serpente. O direito não está à mercê da composição dos tribunais. Não são eles que dizem o que é o direito ou o que é uma Constituição. Para Dworkin:

> [...] ainda que os juízes devam sempre ter a última palavra, sua palavra não será a melhor por essa razão. A atitude do direito é construtiva: sua finalidade, no espírito interpretativo, é colocar o princípio acima da prática para mostrar o melhor caminho para um futuro melhor, mantendo a boa-fé com relação ao passado. É, por último, uma atitude fraterna, uma expressão de como somos unidos pela comunidade apesar de divididos por nossos projetos, interesses e convicções. Isto é, de qualquer forma, o que o direito representa para nós: para as pessoas que queremos ser e para a comunidade que pretendemos ter.[370]

Há constrangimentos epistemológicos que não podem ser ultrapassados. Vivemos dentro de uma tradição e as decisões precisam ser coerentes, respeitando a integridade do direito. Há conceitos que são compartilhados dentro de uma comunidade e não podem ser transmudados

369 Seus escritos são vastos, mas duas obras que os sintetizam, hoje, são as seguintes: STRECK, Lenio Luiz. **Verdade e consenso**: Constituição, hermenêutica e teorias discursivas. 4. ed. São Paulo: Livraria Saraiva, 2011. STRECK, Lenio Luiz; ABBOUD, Georges. **O que é isto – o precedente judicial e as súmulas vinculantes?**, op. cit.

370 DWORKIN, Ronald. **O Império do direito**, op. cit., p. 492.

sem graves consequências democráticas. Não repitamos o que se fez com a Constituição de Weimar.

Assim, por um lado, sempre que enxergamos algo, fazemos a partir de um determinado ponto. Nesse momento se faz boa a constatação de Žižek:

> Ou, para usar o lacanês, o olhar do sujeito é sempre-já inscrito no objeto percebido em si, sob o disfarce de seu "ponto cego", que está 'no objeto mais que o objeto em si', ponto do qual o próprio objeto devolve o olhar. "Com certeza a imagem está no meu olho, mas eu, eu também estou na imagem".[371]

Portanto, todos nós temos "um lugar de fala" e, a partir dele, nossos preconceitos (aqui entendido como pré-juízos – juízos prévios) sobre um determinado fenômeno se formam.[372] Mas, por outro lado, antes disso, estamos inseridos na linguagem e na cultura – em que as referências são intersubjetivamente compartilhadas por todos e que não se pode, como já dito – e nunca é demais repetir nesse ponto –, corrompê-las sem um prejuízo irreversível à coerência do discurso. Somente quando os preconceitos sobre algo se adequam à referência que a tradição atribui àquele fenômeno é que podemos falar em uma interpretação autêntica.[373]

Antes de nos entendermos como subjetividade, precisamos nos entender como identidades socialmente e culturalmente construídas. Estamos enraizados e incrustados num ambiente cultural específico. Esse ambiente específico é a tradição. A subjetividade deslocada (fora da história, da tradi-

371 ŽIŽEK, Slavoj. **A visão em paralaxe**. Tradução Maria Beatriz de Medina. São Paulo: Boitempo, 2008, p. 28.

372 Cabe aqui diferenciar pré-compreensão e preconceitos. A pré-compreensão é do nível do *a priori*, antecipador de sentido. A pré-compreensão é uma espécie de totalidade que não pode ser fatiada (como se existisse uma pré-compreensão religiosa e outra leiga/laica). Não nos perguntamos por que compreendemos, pela simples razão de que já compreendemos – lembrando aquilo que ensina Heidegger: em todo discurso, como um existencial do ser-aí, já há uma compreensibilidade sendo articulada. É por isso que Gadamer diz que o método chega tarde. A pré-compreensão não significa uma estrutura de caráter histórico e cultural que caracteriza uma posição que se prende a um conteúdo determinado, apresentado como válido contra outro conteúdo. O que está em questão aqui é o problema do preconceito, que pode aparecer na ideologia, na visão de mundo e nos conflitos de caráter histórico.

373 LAWN, Chris. **Compreender Gadamer**. Petrópolis: Vozes, 2007, p. 12.

ção e da facticidade e existência do intérprete) é uma falácia.[374] Por isso a interpretação não é algo ao alvedrio da vontade do intérprete. E diz Gadamer:

> O que o ser significa terá de ser determinado a partir do horizonte do tempo. A estrutura da temporalidade aparece assim como a determinação ontológica da subjetividade. Porém ela era mais do que isso. A tese de Heidegger era: o próprio ser é tempo.[375]

A linguagem é o que já está intersubjetivamente dado e não pode ser produto de um sujeito solipsista, que cria seu próprio objeto de conhecimento. Não há conhecimento das coisas sem a mediação do significado e esse significado tem um horizonte predeterminado pela tradição. Dessa forma, nunca temos acesso aos objetos como eles são, mas a partir de um ponto de vista que é fruto de nosso modo de ser no mundo, como já visto quando abordamos o pensamento de Martin Heidegger (Cap. 2), o que evidencia como reducionista qualquer visão que atribua a decisão judicial a um mero juízo de razão, fruto de um sujeito racional e capaz de ou assenhorar a coisa ou de extrair dela uma essência que ela mantém como própria, fruto de um ato de vontade.

O significado do que interpretamos não está na consciência do sujeito interpretante. Origina-se de um contexto de significantes e significados a que Heidegger chama de *mundo*. Mundo como instância em que o significado é encontrado e produzido em um contexto *a priori* e compartilhado. Estamos lançados em um mundo que nos é anterior e do qual não está ao nosso dispor definir e determinar sua estrutura. Deslocar a atribuição de sentido para uma consciência isolada e autossuficiente, apostando no individualismo do sujeito que constrói o seu próprio objeto de conhecimento é criar uma falácia.

Importamos muito mal a jurisprudência dos valores da realidade jurídica alemã.[376] Não consideramos as diferentes realidades históricas. Na Alemanha do pós-guerra, havia uma Constituição que não foi formada

374 Ibid., p. 94.

375 GADAMER, Hans-Georg. **Verdade e método**: traços fundamentais de uma hermenêutica filosófica. Tradução de Flávio Paulo Meurer. 3. ed. Petrópolis: Vozes, 1999, p. 388.

376 STRECK, Lenio Luiz. **Verdade e consenso**: Constituição, hermenêutica e teorias discursivas, op. cit., p. 31.

democraticamente com a participação do povo alemão, mas sim condicionada pelos aliados vencedores em 1949. Era preciso ir para além do texto legal, buscando os valores que se coadunassem com a realidade tedesca – com aquela tradição.

A conjuntura brasileira é diversa. Sequer conseguimos, em nossa formação histórica, formar um espaço democrático que permita edificar a legalidade sob a batuta constitucional. Nesse nível, o ativismo judicial e o exercício da vontade de poder surgem como normais, aceitáveis ou até preferíveis.[377] Como visto (Cap. 2), naturalizamos as posturas autoritárias e patrimonialistas dos nossos agentes públicos – como se não houvesse uma distinção entre *autoritas* e autoritarismo, e como se *potentia* e *potestas* fosse algo que pudesse ser separado.

Ocorre que há uma diferença ontológica entre *potestas* e *potentia*. Eles são diferentes, mas não podem ser cindidos. Senão, não é poder legítimo. Não é ato de uma autoridade, mas de um autoritário. Um déspota. Nossa Constituição traz essa diferença ontológica logo no seu art. 1º, parágrafo único, quando estabelece que todo o poder emana do povo (*potentia*), que o exerce por meio de representantes eleitos (*potestas*) ou diretamente, nos termos da Constituição.

No Brasil, aliás, há dificuldade entre se separar o que é público do que é privado. E não há espaço público democrático suficiente para discursos contrários. Assim, o Judiciário surge como pai de uma sociedade infantilizada. Mas o mesmo pai protetor pode ser também o tirânico do amanhã, pois sua concepção é solipsista, ficando a sociedade a mercê de posicionamentos pessoais das pessoas dos magistrados e, em última palavra, da suprema corte. Até agora não há muitos reclamos. Mas o ovo da serpente está lá. O *juris dictio* não pode depender das convicções pessoais de onze homens. Nem de onze mil. A Alemanha apostou nisso e preparou o terreno para que os tanques de Hitler passassem, anos depois. O solipsismo chocou o ovo da serpente.[378]

---

377 Não faz muito, diante de uma crise entre a polícia e uma facção criminosa, que gerou uma espiral de crimes e execuções, um dos Ministros do Supremo Tribunal Federal não pestanejou: defendeu publicamente a aplicação da famigerada e de má lembrança Lei de Segurança Nacional.

378 Para quem não acredita na possibilidade de regressão a regimes totalitários, recomendo o filme "A ONDA", baseado em um experimento real [**A ONDA (DAS WELLE)**. Diretor: Dennis Gansel, Produtor: Christian Becker. [S.l.]: Moviemobz, 2008. DVD (107 min].

E repito: o direito não é (e não pode ser) aquilo que o intérprete quer que ele seja. A decisão não deve ser fruto de um ato de vontade como queria Kelsen. Sentença judicial não pode advir de *sentire*. Não em uma democracia.[379] A interpretação não é fruto da subjetividade do juiz e muito menos produto da consciência do julgador. Não há valores a serem ponderados porque o direito é deontológico. Valores, cada um tem os seus. Mas os sentidos advindos da interpretação do direito posto são compartilhados dentro de uma comunidade. Um juiz não pode impor aos outros os seus próprios valores, não pode construir sua decisão com base em argumentos de política. Isso não é ser democrático. O campo de atuação do juiz deve ser o normativo. E como nele está inserido, o juiz não está acima das regras e princípios.

O sentido da interpretação não fica a dispor do intérprete. Há um problema filosófico-paradigmático que vem desde o século XIX sobre o papel destinado ao juiz. Vingou aqui uma visão solipsista de que o magistrado tem poderes além da lei. Não por menos a crítica de Werneck Vianna[380]:

> Ele é criatura de uma carreira burocrático-estatal, porém se concebe como um ser singular, auto-orientado, como se a sua investidura na função fizesse dele um personagem social dotado de carisma. Daí que, embora recrutado fora da política, isto é, pelo instituto do concurso público, ele não se enquadre inteiramente no *ethos* burocrático preconizado por Max Weber.

Para agravar o problema, a concepção instrumentalista do processo impera. E com ela a defesa de escopos metajurídicos do processo, de claro

379 Façamos aqui nossa *mea culpa*: instados pela "sede de justiça", tão comum no discurso da magistratura, no início da carreira nos pautávamos por esse falso dogma da relação *sentire* com sentença. Buscávamos, com a melhor das intenções – como ainda ocorre com muitos magistrados e membros do Ministério Público –, coadunar nossas decisões com a métrica de primeiro "sentir" o direito e depois encontrar o fundamento. Mas o juiz não é livre para assim proceder. Não pode se pautar em razões de política (a política que desejaria que fosse implementada se soberano fosse) mas sim razões jurídicas, alicerçadas na normatividade, assim compreendida como o feixe de normas (regras e princípios) que conforma uma ordem jurídica dentro de um Estado Democrático de Direito – em que as funções de legislar, administrar e interpretar o direito são separadamente exercidas, primordialmente, por cada um dos Poderes distintos e harmônicos.

380 VIANNA, Luiz Werneck *et. al.* **Corpo e alma da magistratura brasileira**. 3. ed. Rio de janeiro: Revan, 1997, p. 295.

cunho utilitarista, não contidos no direito legislado. Sendo assim, mitiga-se, *a priori*, o alcance de princípios como o devido processo legal, em nome de valores como a eficiência e a economia (mesma isca utilitarista que, sob o argumento da defesa do espírito do povo alemão, o nazismo manipulou e usou tão eficientemente).

Observe-se que a expressão "decido conforme minha consciência" sempre remete ou se interliga a uma ideia de "justiça". Mas o que é justiça afinal? É o que o juiz acha que é? Somente para ilustrar a fluidez e os riscos de se apegar o juiz ao conceito de "justiça" conforme a sua consciência, e já que iniciamos esse escrito abordando o totalitarismo nazista, Hitler também tinha o dele. E seu livro-manifesto "Mein Kampf"[381], o mesmo homem que deu início a uma guerra que mataria cinquenta milhões de vidas utilizou nada menos que trinta e sete vezes as palavras "justiça" ou "injustiça", vinte vezes "justo", "justa", "injusto" ou "injusta" e dez vezes a palavra "justeza".

Mas não interpretamos para compreender, e, sim, compreendemos para interpretar. A compreensão, no ensinar de Heidegger, é um existencial porque na medida em que compreendo algo, antes compreendi o ser, como demonstrado no §13 de Ser e Tempo.[382] E a interpretação é a explicitação do compreendido e não o compreendido em si. Isso porque vivemos em um mundo simbólico e na medida em que me expresso, via linguagem, meus significantes são interpretados pelos outros, gerando significados que não estão ao alvedrio de minha vontade, mas sim são frutos da práxis humana, intersubjetivamente construída, como Wittgenstein já muito bem explicou.[383] E, dessa forma, o intérprete sempre atribui sentidos. Mas o intérprete não pode retirar do texto algo que este não possui em si mesmo, pois tais sentidos não foram por ele construídos e, assim, não estão à disposição dele. Os textos não são pretextos para a decisão judicial. São o fundamento.

Desta forma, a concretização do direito não pode depender de uma subjetividade assujeitadora (esquema sujeito-objeto),[384] como se o sentido

381 HITLER, Adolf. **Minha luta**. São Paulo: Centauro, 2001.

382 HEIDEGGER, Martin. **Ser e tempo**, op. cit., p. 39.

383 OLIVEIRA, Manfredo Araújo de. **Reviravolta linguístico-pragmática na filosofia contemporânea**. 3. ed. São Paulo: Loyola, 2006, p. 148.

384 STRECK, Lenio Luiz; ABBOUD, Georges. **O que é isto – o precedente judicial e as súmulas vinculantes?**, op. cit, p. 93.

estivesse à disposição do intérprete, porque tal pretensão não é factível. A interpretação não é ato de vontade, sob pena da discricionariedade transformar juízes em legisladores, com a pretensa razão humana passando a ser a fonte iluminadora do significado de tudo. Isso, sim, cega.

O atrelamento ao positivismo gera o uso e abuso dos valores. Tornam-se, nessa dimensão, enunciados performativos. E os princípios, sob uma ótica valorativa, como os antigos princípios gerais de direito, passaram a ser usados para a "criação judiciária", diga-se, discricionariedade, gerando o fenômeno que Streck intitula de pamprincipiologismo.

Para se superar o positivismo, deve-se também superar o que o alicerça: o primado da subjetividade assujeitadora e o solipsismo da filosofia da consciência.[385] E isso não se dá apostando em mecanismos vinculatórios, por exemplo, como se vem tentando. Essa pretensa solução ataca as consequências do problema. Não a causa. Eis aí uma clara utopia.

A decisão se dá a partir do comprometimento com algo que se antecipa.[386] No caso da decisão jurídica, esse algo que se antecipa é a compreensão daquilo que a comunidade política constrói como direito. Por isso as decisões não devem ser tomadas a partir de critérios pessoais. Isso é fazer a superação do paradigma da filosofia da consciência.

Desta maneira, o caráter normativo dos princípios não pode servir como álibi exatamente para o que mais marcou o positivismo: a discricionariedade – como se pode ver nos exemplos já citados acima – no tópico em que abordamos o pamprincipiologismo (Cap. 3). Lá, inclusive, inserimos a crítica à falsificação realizada pelos chamados "princípios *ad-hoc*" e aproveitamos para explicar a diferença ontológica entre regras e princípios, pois princípios não são aplicáveis diretamente e nem existem regras que não se fundamentem em princípios. Princípios validam ou invalidam regras e não há distinção estrutural entre eles *a priori*. São sempre compreendidos no plano hermenêutico e em sua facticidade. A tese de abertura semântica dos princípios, aliás, é incompatível com o pós-

385 STRECK, Lenio Luiz. **Verdade e consenso**: Constituição, hermenêutica e teorias discursivas, op. cit., p. 498.

386 STRECK, Lenio Luiz; ABBOUD, Georges. **O que é isto – o precedente judicial e as súmulas vinculantes?**, op. cit, p. 108.

-positivismo.[387] A resposta constitucionalmente correta não pode depender da consciência do juiz, do livre convencimento, da busca da "verdade real". Decidir não é, definitivamente, escolher.

387 Infelizmente, tivemos que fazer escolhas e deixar ao largo alguns temas. Esse foi um deles. Sugerimos a leitura de STRECK, Lenio Luiz. **Verdade e consenso**: Constituição, hermenêutica e teorias discursivas. 4. ed. São Paulo: Livraria Saraiva, 2011, passim, em especial, o Capítulo 10.

Referências

A ONDA (DAS WELLE). Diretor: Dennis Gansel, Produtor: Christian Becker. [S.l.]: Moviemobz, 2008. DVD (107 min).

ABBOUD, Georges. **Jurisdição constitucional e direitos fundamentais.** São Paulo: Revista dos Tribunais, 2011.

ALENCAR, Rosmar Antonni Rodrigues Cavalcanti de. **Efeito vinculante e concretização do direito.** Porto Alegre: Sérgio Antonio Fabris, 2009.

ALEXY, Robert. **Constitucionalismo discursivo.** Porto Alegre: Livraria do Advogado, 2007.

__________. **Teoría de los derechos fundamentales.** Madrid: Centro de Estudios Constitucionales, 1993.

__________. **Teoria dos direitos fundamentais.** Tradução de Virgílio Afonso da Silva. São Paulo: Malheiros, 2008.

ALMEIDA, Frederico Normanha Ribeiro de. **A nobreza togada**: as elites jurídicas e a política da justiça no Brasil. 2010. 329f. Tese (Doutorado em Ciência Política) -- Programa de Pós-Graduação em Ciência Política, Universidade de São Paulo, SP, 2010.

ARENDT, Hanna. **Eichmann in Jerusalem**: a report on the banality of evil. New York: Penguin Books, 2006.

ASSOCIAÇÃO DOS MAGISTRADOS BRASILEIROS (AMB). **1ª Pesquisa sobre condições de trabalho dos juízes.** Brasília, DF, 2013. Disponível em: <http://www. amb.com.br/portal/docs/pesquisas/MCI_AMB.pdf>. Acesso em: 25 maio 2013.

BAKAN, Joel. **A corporação**: a busca patológica por lucro e poder. Tradução de Camila Werner. São Paulo: Novo Conceito Editorial, 2008.

BASILE, Juliano. Lewandowski reclama de pressões de Ayres Britto. **G1. Economia**, São Paulo, jun. 2006. Disponível em: <http://m.g1.globo.com/economia/noticia/2012/06/ lewandowski-reclama-de-pressoes-de-ayres-britto.html>. Acesso em: 29 jun. 2012.

BENTHAM, Jeremy. **An introduction to the principles of morals and legislation**. Edição digital Kindle. Warrenton: White Dog Publications, 2010.

BLAINEY, Geoffrey. **Uma breve história do mundo**. 2. ed. São Paulo: Fundamento, 2010.

BOURDIEU, Pierre. **O poder simbólico**. Tradução de Fernando Tomaz. 6. ed. Rio de Janeiro: Bertrand Brasil, 2003.

BRASIL. Câmara dos Deputados. **Projeto de lei nº 6025, de 2005, ao** projeto de **lei nº 8046, de 2010, ambos do Senado Federal, e outros, que tratam do "código de processo civil"**. Disponível em: <http://www.camara.gov.br/proposicoesWeb/prop_mostrarintegra; jsessionid=62C2CBB7ADA160346957E91F34A67346.node2?codteor=1176221&filename=Tramitacao-PL+6025/2005>. Acesso em: 13 nov. 2013.

__________. CONSELHO NACIONAL DE JUSTIÇA (CNJ). **Resolução nº 106, de 8 de dezembro de 2004**. Dispõe sobre os critérios objetivos para aferição do merecimento para promoção de magistrados e acesso aos Tribunais de 2º grau. Disponível em: <http://www.cnj.jus.br/atos-administrativos/atos-da-presidencia/323-resolucoes/12224-resolucao-no-106-de-06-de-abril-de-2010>. Acesso em: 28 maio 2013.

__________. Superior Tribunal de Justiça. **Súmula nº 231**. A incidência da circunstância atenuante não pode conduzir à redução da pena abaixo do mínimo legal. Disponível em: <http://www.stj.jus.br/SCON/sumulas/doc.jsp?livre=%40docn&&b=SUMU&p=true&t=&l=10&i=269>. Acesso em: 14 jun. 2013.

__________. Supremo Tribunal Federal. **Ação direta de constitucionalidade nº 29**. Reqte.: Partido Popular Socialista. Intdo.(a/s) :Presidente da República. Intdo.(a/s) :Congresso Nacional. Relator: Min. Luiz Fux, Tribunal Pleno, Brasília, 16 fev. 2012. Disponível em: <http://redir.stf.jus.br/paginadorpub/paginador.jsp?docTP=TP&docID=2243342>. Acesso em: 27 maio 2013.

__________. Supremo Tribunal Federal. **Habeas corpus nº 116285**. Relator: Min. Teori Zavascki, Segunda Turma, Brasília, julgado em 16 abr. 2013, processo eletrônico DJe-080 divulg. 29 abr. 2013, public. 30 abr. 2013.

__________. Supremo Tribunal Federal. **Habeas corpus nº 71.195-2.** Paciente: Adalton Pereira Novaes. Impetrante: Adalton Pereira Novaes. Coator: Tribunal de Justiça do Estado de São Paulo. Relator: Min. Francisco Rezek, Segunda Turma, Brasília, julgado em 25 out. 1994, public. 8 ago. 1995. Disponível em: <http://redir.stf.jus.br/paginadorpub/paginador.jsp? docTP=AC&docID=72948>. Acesso em: 14 jun. 2013.

__________. Supremo Tribunal Federal. **Habeas corpus nº 89.429-1.** Paciente: Edílson de Sousa Silva. Impetrante: Hélio Máximo Pereira. Coatora: Relatora do inquérito nº 529 do Superior Tribunal de Justiça. Coator: Superintendente Regional da Polícia Federal no Distrito Federal. Relatora: Min. Cármen Lúcia, Primeira Turma, Brasília, julgado em 22 ago. 2006, public. 2 fev. 2007. Disponível em: <http://redir.stf.jus.br/paginadorpub/paginador.jsp?docTP= AC&docID=402446>. Acesso em: 14 Jun. 2013.

__________. Supremo Tribunal Federal. **Habeas corpus nº 91.065.** Paciente: Adam Higino Alves Moreira. Impetrante: Defensoria Pública da União. Autoridade Coatora: Superior Tribunal Militar. Ministro Eros Grau, Relator. Segunda Turma, julgado em 29.04.2008. Publicação: DJe 152, de 15.08.2008.

__________. Supremo Tribunal Federal. **Habeas corpus nº 91.952-9.** Paciente: Antonio Sérgio da Silva. Impetrante: Katia Zacharias Sebastião e outro(a). Coator: Superior Tribunal de Justiça. Relatora: Min. Marco Aurélio, Tribunal Pleno, Brasília, julgado em 7 ago. 2008, public. 19 dez. 2008. Disponível em: <http://redir.stf.jus.br/paginadorpub/paginador.jsp? docTP=AC&docID=570157>. Acesso em: 14 Jun. 2013.

__________. Supremo Tribunal Federal. Primeira Turma. **Habeas corpus. nº 87.324.** Paciente: Adam Higino Alves Moreira. Impetrante: Defensoria Pública da União. Autoridade Coatora: Superior Tribunal Militar. Relator: Ministro Eros Grau. Brasília, julgado em 29.04.2008, publicação: DJe 152, de 15.08.2008.

__________. Supremo Tribunal Federal. **Recurso em habeas corpus nº 56465-8.** Relator: Min. Cordeiro Guerra, Segunda Turma, Brasília, julgado em 5 set. 1978, public. 6 out. 1978. Disponível em: <http://redir.stf.jus.br/paginadorpub/paginador.jsp? docTP=AC&docID=96906>. Acesso em: 14 jun. 2013.

__________. Supremo Tribunal Federal. **Recurso extraordinário nº 579.270**. Relator: Min. Cezar Peluso, Tribunal Pleno, Brasília, julgado em 23 mar. 2009, public. 5 jun. 2009. Disponível em: <http://redir.stf.jus.br/paginadorpub/paginador.jsp?docTP=AC&doc ID=595601>. Acesso em: 14 Jun. 2013.

BRESCIANI, Eduardo; GALLUCI, Mariângela. **Supremo paga voos para mulheres de ministros e viagens no período de férias**. Estadão, São Paulo, 20 maio 2013. Disponível em: <http://www.estadao.com.br/noticias/impresso, supremo-paga-voos-para-mulheres-de-ministros-e-viagens-no-periodo-de-ferias-,1033607,0.htm>. Acesso em: 24 maio 2013. Texto postado no Portal Estadão.com.br, no link Notícias. Política.

CENTRAL INTELIGENCE AGENCY (CIA). **The world factbook**: distribution of family income – gini index. Washington, 2013. Disponível em: <https://www.cia.gov/library/publications/the-world-factbook/rankorder/2172rank.html>.Acesso em: 15 maio 2013.

CHANG, Ha-Joon. **Chutando a escada**: a estratégia do desenvolvimento em perspectiva histórica. Tradução de Luiz Antônio Oliveira de Araújo. São Paulo: Editora UNESP, 2004.

CHEVALLIER, Jacques. **O Estado pós-moderno**. Tradução de e prefácio de Marçal Justen Filho. Belo Horizonte: Fórum, 2009.

COOTER, Robert; ULLEN, Thomas. **Direito & economia**. 5. ed. Porto Alegre: Bookman, 2010.

COPETTI NETO, Alfredo. **Democrazia sostanziale e analisi economica del diritto**. 2010. 231 f. Tese (Doutorado em Teoria del Diritto e della Democrazia) – Scuola Dottorale Internazionale di Diritto ed Economia "Tullio Ascarelli", Università Degli Studi "Roma Tre", Roma, 2010.

COPI, Irving M. **Introdução à lógica**. 2. ed. São Paulo: Mestre Jou, 1978.

CORREAS, Oscar. **Crítica da ideologia jurídica**. Tradução de Roberto Bueno. Porto Alegre: Fabris, 1995.

DAKOLIAS, Maria. **The judicial sector in Latin America and the Caribbean**: elements of reform. Washington: Word Bank, 1996.

DALLARI, Dalmo de Abreu. **Elementos de teoria geral do Estado**. 31. ed. São Paulo: Saraiva, 2011.

DAMATTA, Roberto. **O que faz o Brasil, Brasil?** ed. eletrônica Kindle. Rio de Janeiro: Rocco Digital, 2012.

DEL PRETTE, Almir; DEL PRETTE, Zilda A. P. Assertividade, sistema de crenças e identidade social. **Psicologia em Revista**, Belo Horizonte, v. 9, n. 13, p. 125-136, jun. 2003.

DESCARTES, René. **Discurso do método**. ed. digital Kindle. São Paulo: Centauro, 2012.

DUSSEL, Enrique. **1492**: el encubrimiento del otro: hacia el orígen del "mito de la modernidad". La Paz: Biblioteca Indígena, 2008. Disponível em: <http://www.enriquedussel. com/txt/encubrimiento08.pdf>. Acesso em: 02 jan. 2013.

__________. **Política de la liberación**. v. 2: Arquitetónica. Madri. Trotta, 2009.

DWORKIN, Ronald. **A virtude soberana**: a teoria e a prática da igualdade. Tradução de Jussara Simões. São Paulo: Martins Fontes, 2005.

__________. **Levando os direitos a sério**. Tradução de Nelson Boeira. São Paulo: Martins Fontes, 2002.

__________. **O Império do direito**. Tradução de Jefferson Luiz Camargo. São Paulo: Martins Fontes, 2003.

FAORO, Raymundo. **Os donos do poder**: formação do patronato político brasileiro. 5. ed. São Paulo: Globo, 2012.

FARIA, José Eduardo. **O direito na economia globalizada**. São Paulo: Malheiros, 2004.

FARIA, Tiago. Mendes critica partidarização do servidor público. **Folha de São Paulo**, São Paulo, 1 ago. 2008. Disponível em: <http://www1.folha.uol.com.br/folha/brasil/ult96u 473694.shtml>. Acesso em: 18 mar. 2013.

FERRAJOLI, Luigi. **Direito e razão**: teoria do garantismo penal. São Paulo: Revista dos Tribunais, 2002.

FISH, Stanley. Trabajando en cadena: La interpretación en derecho y literatura. In: TORRE, Mariano C. Melero de la. **Dworkin y sus críticos**. ed. digital Kindle. Valência: Tirant lo Blanch, 2012. posição 4313.

FOUCAULT, Michel. **A ordem do discurso**. Tradução de Laura Fraga de Almeida Sampaio. 21. ed. São Paulo: Loyola, 2011.

__________. **Microfísica do poder**. Tradução de Roberto Machado. Rio de Janeiro: Graal, 1979.

FREITAS, Juarez. **O controle dos atos administrativos e os princípios fundamentais**. 4. ed. rev. e ampl. São Paulo: Malheiros, 2009.

FREUD, Sigmund. **O mal-estar na cultura**. Tradução de Renato Zwick. Porto Alegre: L&PM, 2010.

FRIEDMAN, Milton. The social responsibility of business is to increase its profits. **The New York Times Magazine**, New York, 13 Sept. 1970. Disponível em: <http://www. colorado.edu/studentgroups/libertarians/issues/friedman-soc-resp-business.html>. Acesso em: 17 mar. 2013.

GADAMER, Hans-Georg. **O problema da consciência histórica**. Organização Pierre Fruchon. Tradução de Paulo Cesar Duque Estrada. Rio de Janeiro: Fundação Getúlio Vargas, 1998.

__________. **Verdade e método**: traços fundamentais de uma hermenêutica filosófica. Tradução de Flávio Paulo Meurer. 3. ed. Petrópolis: Vozes, 1999.

GALBRAITH, John Kenneth. **Anatomia do poder**. Tradução de Hilário Torloni. 2. ed. São Paulo: Pioneira, 1986.

GASPARI, Elio. **As ilusões armadas**: a ditadura escancarada. São Paulo: Companhia das Letras, 2002.

GRAU, Eros Roberto. **Ensaio e discurso sobre a interpretação/aplicação do direito**. São Paulo: Malheiros, 2003.

HEIDEGGER, Martin. **Carta sobre el humanismo**. Madrid: Alianza Editorial, 2000.

__________. **Nietzsche**. T. 1. Tradução para o espanhol de Juan Luís Vermal. 2. ed. Barcelona: Ediciones Destinos, 2000.

__________. **Nietzsche**. T. 2. Tradução para o espanhol de Juan Luís Vermal. 2. ed. Barcelona: Ediciones Destinos, 2000.

__________. **Ser e tempo**. Tradução de Márcia de Sá Cavalcante. 8. ed. Petrópolis: Vozes, 1999.

HESSE, Konrad. **A força normativa da Constituição**. Tradução de Gilmar Ferreira Mendes. Porto Alegre: Sergio Antonio Fabris, 1991.

HITLER, Adolf. **Minha luta**. São Paulo: Centauro, 2001.

HORKHEIMER, Max. **Critica de la razón instrumental**. Tradução ao espanhol por H. A. Murena e D. J. Vogelmann. Buenos Aires: Editorial Sur, 1973.

KANT, Immanuel. **Crítica da razão pura**. Tradução de Manuela Pinto dos Santos. 5. ed. Fundação Calouste Gulbenkian: Lisboa, 2001.

__________. **Fundamentación de la metafísica de las costumbres**. ed. eletrônica Kindle. [S.l.: s.n.], 2012.

LARENZ, Karl. **Metodologia da ciência do direito**. Tradução de José Lamego. 4. ed. Lisboa: Fundação Calouste Gulbenkian, 2005.

LAWN, Chris. **Compreender Gadamer**. Petrópolis: Vozes, 2007.

LEGENDRE, Pierre. **O amor do censor**: ensaio sobre a ordem dogmática. Rio de Janeiro: Editora Forense Universitária: Colégio Freudiano, 1983.

LEITE, Dante Moreira. **O caráter nacional brasileiro.** São Paulo: Pioneira, 1976.

LIMA, Danilo Pereira. **O Poder Judiciário e a autonomia do direito**: os entraves ao controle do poder político numa sociedade estamental. 2013. 139 f. Dissertação (Mestrado em Direito) – Programa de Pós-Graduação em Direito, Universidade do Vale do Rio dos Sinos - UNISINOS, São Leopoldo, 2013.

LIMBERGER, Têmis. As novas tecnologias e a transparência na administração pública: uma alternativa eficaz na crise dos controles clássicos do Estado, a fim de viabilizar a concretização de direitos. In: SANTOS, André Leonardo Copetti; STRECK, Lenio Luiz. ROCHA, Leonel Severo (Org.). **Constituição, Sistemas Sociais e Hermenêutica.** Porto Alegre: Livraria do Advogado, 2006. n. 3, p. 203-218.

MACEDO, Fausto. Juízes rebelam-se contra a súmula "Cacciola-Dantas". **O Estado de São Paulo**, São Paulo, ano 129, n. 41941, p. 16, 16 ago. 2008.

MALATESTA, Nicola Framarino dei. **A lógica das provas em matéria criminal**. 2. ed. Tradução de J. Alves de Sá. Lisboa: Livraria Clássica, 1927.

MANNHEIM, Karl. **Ideología y utopia**: introducción a la sociología del conocimiento. ed. eletrônica Kindle. Cidade do México: Fondo de Cultura Económica, 2004.

MARX, Karl; ENGELS, Friedrich. **A ideologia alemã**. ed. eletrônica Kindle. [S.l.: s.n.], 2012.

MASLOW, Abraham H. **Introdução à psicologia do ser**. 2. ed. Rio de Janeiro: Eldorado Tijuca, 1970.

MENEZES NETO, Elias Jacob de. **Concentração proprietária dos meios de comunicação de massas na democracia constitucional**. 2012. 222 f. Dissertação (Mestrado em Direito) – Programa de Pós- Graduação em Direito da Universidade do Vale do Rio dos Sinos – UNISINOS, São Leopoldo, RS, 2012.

MICHENNER, H. Andrew; DELAMATER, John D.; MYERS, Daniel J. **Psicologia social**. Tradução de Elaine Fittipaldi; Suley Sonoe Murai Cuccio. São Paulo: Pioneira Thomson Learning, 2005.

MOTTA, Francisco José Borges. **Levando o direito a sério**. 2. ed. Porto Alegre: Livraria do Advogado, 2012.

MÜLLER, Friedrich. **Métodos de trabalho do direito constitucional**. 3. ed. rev. e ampl. São Paulo: Revista dos Tribunais, 2005.

MÜLLER, Ingo. **Hitler's justice**: The Courts of the Third Reich. Cambridge: Harvard University Press, 1991.

NAÇÕES UNIDAS (ONU). Escritório Contra Drogas e Crime (Unodc). **Comentários aos princípios de Bangalore de conduta judicial**. Tradução de Marlon da Silva Malha, Ariane Emílio Kloth. Brasília: Conselho da Justiça Federal, 2008.

NALINI, José Renato. A democratização da administração dos tribunais. In: RENAULT, Sérgio Rabello Tamm; BOTTINI, Pierpaolo (Coord.). **Reforma do Judiciário**. São Paulo: Saraiva, 2005.

NEVES, A. Castanheira. **O Instituto dos Assentos e a função jurídica dos Supremos Tribunais**. Coimbra: Coimbra Editora, 1983.

NEVES, Marcelo. **A constitucionalização simbólica**. São Paulo: Acadêmica, 1994.

__________. **Entre Têmis e o Leviatã**: uma relação difícil. São Paulo: Martins Fontes, 2006.

NIETZSCHE, Friedrich. **Além do bem e do mal**: prelúdio a uma filosofia do futuro. Ed. digital Kindle. [S.l]. Porto Alegre: L&MP, 2011.

__________. **Assim falava Zaratustra**. Tradução de Araújo Pereira (1871-1945). ed. Digital Kindle. [S.l]: Centaur Editions, 2013.

OHMAE, Kenichi. **The end of the Nation State**: the rise of regional economies. London: Haper Collins Publishers, 1996.

ODÁLIA, Nilo. **O que é violência**. São Paulo: Brasiliense, 2004.

OLIVEIRA, Manfredo Araújo de. **Reviravolta linguístico-pragmática na filosofia contemporânea**. 3. ed. São Paulo: Loyola, 2006.

OLIVEIRA, Rafael Tomaz de. **Decisão judicial e o conceito de princípio**: a hermenêutica e a (in)determinação do direito. Porto Alegre: Livraria do Advogado, 2008.

ORWELL, George. **1984**. San Diego: Harcourt Brace Jovanovich, 1984.

PLATÃO. **Obras completas**: diálogos polêmicos. ed. digital Kindle. [S.l.: s.n.], 2012.

POSNER, Richard A. On the receipt of the Ronald H. Coase Medal: Uncertainty, the economic crisis, and the future of law and economics. **American Law & Economics Review**, Oxford, v. 12, n. 2, p. 265-279. 2010.

__________. **Para além do direito**. Tradução de Evandro Ferreira da Silva. São Paulo: Martins Fontes, 2009.

__________. **Problemas de filosofia do direito**. São Paulo: Martins Fontes, 2007.

__________. **The crisis of capitalist democracy**. Cambridge Massachusetts e London: Harvard University Press, 2010.

RAMIRES, Maurício. **Crítica à aplicação de precedentes no direito brasileiro**. Porto Alegre: Livraria do Advogado, 2010.

REIS, Maurício Martins. O (o)caso concreto: a problemática decidenda pode ser subsumida em teses jurídicas abstratas? In: STRECK, Lenio Luiz; MORAIS, José Luis Bolzan de (Org.). **Constituição, Sistemas Sociais e Hermenêutica**. Porto Alegre: Livraria do Advogado, 2010. n. 7, p. 221-238.

REIS, Thiago; GUIMARÃES, Thiago. Assembleias Legislativas do país ficam mais ricas e mais escolarizadas. **Portal G1,** Rio de Janeiro, 07 out. 2010. Disponível em: <http://g1.globo.com/especiais/eleicoes-2010/noticia/2010/10/assembleias-legislativas-do-pais-ficam-mais-ricas-e-mais-escolarizadas.html>. Acesso em: 02 fev. 2013.

RICOEUR, Paul. **Educacion y politica**: de la historia personal a la comunión de libertades. Buenos Aires: Editoral Docencia, 1984.

__________. **O si-mesmo como um outro**. Tradução de Lucy Moreira Cesar. Campinas: Papiros, 1991.

ROCHA, José de Albuquerque. **Súmula vinculante e democracia**. São Paulo: Atlas, 2009.

ROSA, Alexandre Morais da. **Decisão** penal: bricolagem de significantes. Rio de Janeiro: Lumen Juris, 2006.

__________. **Garantismo jurídico e controle de constitucionalidade material**: aportes hermenêuticos. 2. ed. Rio de Janeiro: Lumen Juris, 2011.

__________. **Guia compacto do processo penal conforme a teoria dos jogos**. Rio de Janeiro: Lumen Juris, 2013.

__________. O giro económico do direito ou o novo e sofisticado caminho da servidão: para uma nova gramática do direito democrático no Século XXI. In: NUNES, António José Avelãs; COUTINHO, Jacinto Nelson de Miranda (Coord.). **O direito e o futuro, o futuro do direito**. Coimbra: Almedina, 2008.

__________. O judiciário e a lâmpada mágica: o gênio coloca limite, e o juiz? **Revista Direito e Psicanálise**, Curitiba, v. 1, n. 1. 2008.

__________; LINHARES, José Manuel Aroso. **Diálogos com a law & economics**. Rio de Janeiro: Lumen Juris, 2009.

SACRISTÁN, Isidoro Álvares. **La justicia y su eficácia**: de la constitución al proceso. Madri, COLEX, 1999.

SADEK, Maria Tereza (Org.). **Pesquisa AMB**. Brasília, DF, 2005. Disponível em: <http://www. amb.com.br/portal/docs/noticias/pesquisaamb2005.pdf>. Acesso em: 18 nov. 2013.

SAGAN, Carl. **O mundo assombrado pelos demônios**: a ciência vista como uma vela no escuro. Tradução de Rosaura Eichemberg. São Paulo: Companhia das Letras, 2006.

SAIBA mais sobre a cobertura de imprensa da sessão plenária desta quarta-feira (10). Supremo Tribunal Federal, Brasília, 8 jun. 2009. Disponível em: <http://www.stf.jus.br/ portal/cms/verNoticiaDetalhe.asp?id Conteudo=109297≥. Acesso em: 17 maio 2013.

SALAMA, Bruno Meyerhof. A história do declínio e queda do eficienticismo na obra de Richard Posner. In: LIMA, Maria Lúcia L. M. Padua (Org.). **Agenda contemporânea: direito e economia**: 30 anos de Brasil. São Paulo: Saraiva, 2012. v. 1, p. 284-325.

SALDANHA, Jânia Maria Lopes. A jurisdição partida ao meio. A (in) visível tensão entre eficiência e efetividade. In: STRECK, Lenio Luiz; MORAIS, José Luis Bolzan de (Org.). **Constituição, Sistemas Sociais e Hermenêutica**. Porto Alegre: Livraria do Advogado, 2010. n. 6, p. 75-100.

SAMPAIO Júnior, José Herval. **Processo constitucional**: nova concepção de jurisdição. Rio de Janeiro: Forense; São Paulo: Método, 2008.

SANTOS JÚNIOR, Rosivaldo Toscano dos. As circunstâncias legais e a aplicação centrífuga da pena. **Revista dos Tribunais**, São Paulo, v. 908. p. 233-262. jun. 2011.

_________. As duas faces da política criminal contemporânea. **Revista dos Tribunais**. São Paulo, n. 750, p. 461-471, abr. 1998.

_________. Crime, reparação do dano, falácias e igualdade - Themis pode usar venda, mas o juiz não. In: CONGRESSO INTERNACIONAL DE CIÊNCIAS CRIMINAIS - CRIMINOLOGIA E SISTEMAS JURÍDICO-PENAIS CONTEMPORÂNEOS, 2., 2011, Porto Alegre. **Anais eletrônicos...** Disponível em: <http://ebooks.pucrs.br/edipucrs/anais/cienciascriminais/edicao2/Rosivaldo_Toscano.pdf>. Acesso em: 20 jul. 2013.

_________. Juristas Colonizados? Crítica à importação de teorias jurídicas. **Revista da AJURIS**, Porto Alegre, ano 40, n. 132, 2013. Disponível em: <http://www.ajuris.org.br/OJS/index.php/REVAJURIS/article/view/34/16>. Acesso em: 28 mai. 2014.

_________. Sobre o fio da navalha: a Justiça Criminal entre a eficiência e os direitos fundamentais. **Revista Brasileira de Ciências Criminais**, ano 21. vol. 103. p. 353-379. São Paulo: Revista dos Tribunais, jul.-ago. 2013.

SANTOS, Boaventura de Sousa. **Para uma revolução democrática da justiça**. 3. ed. rev. e ampl. São Paulo: Cortez, 2011.

SAUSEN, Dalton. **Súmulas, repercussão geral e recursos repetitivos**: crítica à estandardização do direito e resgate hermenêutico. Porto Alegre: Livraria do Advogado, 2013.

SCHILLING, Voltaire. **Estados Unidos e América Latina**: da doutrina Monroe à Alca. 5. ed. Porto Alegre: Leitura XXI, 2002.

SOUZA, Josias de. Governo parcela dívidas em 8.900 séculos. **Folha de São Paulo**, São Paulo, 1 fev. 2004. Disponível em: <http://www1.folha.uol.com.br/fsp/brasil/fc0102200413.htm>. Acesso em: 17 maio 2013.

STEIN, Ernildo. **Aproximações sobre hermenêutica**. 2. ed. Porto Alegre: EDIPUCRS, 2010.

_________. **Diferença e metafísica**: ensaios sobre a desconstrução. Ijuí: Editora Unijuí, 2008.

STIGLITZ, Joseph Eugene. **Globalização**: como dar certo. São Paulo: Companhia das Letras, 2007.

STRATHERN, Paul. **Uma breve história da economia**. Tradução de Maria Luiza X de A. Borges. Edição digital Kindle. Rio de Janeiro: Jorge Zahar, 2012.

STRECK, Lenio Luiz. A hermenêutica filosófica e as possibilidades de superação do positivismo pelo (neo)constitucionalismo. In: José Adércio Leite Sampaio. (Org.). **Constituição e crise política**. Belo Horizonte: Del Rey, 2006. p. 273-309.

_________. **Compreender direito**: desvelando as obviedades do discurso jurídico. São Paulo: Revista dos Tribunais, 2013.

_________. Da proibição de excesso (Übermassverbot) à proibição de proteção deficiente (Untermassverbot): de como não há blindagem contra normas penais inconstitucionais. (neo)constitucionalismo: ontem, os códigos hoje, as constituições. **Revista do Instituto de Hermenêutica Jurídica**, Porto Alegre, v. 1, p. 243-284, 2004.

_________. **Hermenêutica jurídica e(m) crise**: uma exploração hermenêutica da construção do direito. 10. ed. Porto Alegre: Livraria do Advogado, 2011.

_________. Hermenêutica jurídica nos 20 anos da Constituição: condições e possibilidades para a obtenção de respostas corretas. In: STRECK, Lenio Luiz; MORAIS, José Luis Bolzan de (Org.). **Constituição, Sistemas Sociais e Hermenêutica**. Porto Alegre: Livraria do Advogado, 2009. n. 5, p. 19-39.

_________. **Jurisdição constitucional e hermenêutica**. 2. ed. rev. e ampl. Rio de Janeiro: Forense, 2004.

_________. **Súmulas no direito brasileiro**: eficácia, poder e função. 2. ed. rev. e ampl. Porto Alegre: Livraria do Advogado, 1998.

_________. **Verdade e consenso**: Constituição, hermenêutica e teorias discursivas. 4. ed. São Paulo: Livraria Saraiva, 2011.

_________; ABBOUD, Georges. **O que é isto – o precedente judicial e as súmulas vinculantes?** Porto Alegre: Livraria do Advogado, 2013.

TASSINARI, Clarissa. **Jurisdição e ativismo judicial**: limites da atuação do Judiciário. Porto Alegre: Livraria do Advogado, 2013.

THE CORPORATION. Produção de Mark Achbar e Bart Simpson. Direção de Mark Achbar e Jennifer Abbott. Escrito por Joel Bakan. Canadá, 2003. 1 DVD (145 min).

VIANNA, Luiz Werneck et. al. **Corpo e alma da magistratura brasileira**. 3. ed. Rio de janeiro: Revan, 1997.

WARAT, Luis Alberto. **Introdução geral ao direito I**: interpretação da lei: temas para uma reformulação. Porto Alegre: Sergio Antonio Fabris, 1994.

_________. **Introdução geral ao direito, II**: a epistemologia jurídica da modernidade. Porto Alegre: Sergio Antonio Fabris, 2002.

_________. Saber crítico e senso comum teórico dos juristas. **Revista Sequência**, Florianópolis, v. 3, n. 5, 1982, p. 48-57, 1982.

WEBER, Max. **Economia e sociedade**. Tradução de Regis Barbosa; Karen Elsabe Barbosa. Vol. 1. Brasília: UNB, 2004.

_________. **Que es la burocracia?** Tradução argentina de Rufino Arar. Buenos Aires: Leviatan, 1991.

WILLIAMSON, John. **Did the Washington consensus fail?** Washington: Peterson Institute for International Economics, 2002. Disponível em: <http://www.iie.com/publications/ papers/paper.cfm?ResearchID=488>. Acesso em: 17 mar. 2013.

ZAFFARONI, Eugenio Raúl. **Poder Judiciário**: crises, acertos e desacertos. Tradução de Juarez Tavares. São Paulo: Revista dos Tribunais, 1995.

ZELEZA, Paul Tiyambe. Conhecimento, globalização e hegemonia: produção do conhecimento no século XXI. In: UNESCO. **Sociedade do conhecimento X economia do conhecimento**: conhecimento, poder e política. Brasília: Unesco-SESI, 2005. p. 19-46.

_________. **A visão em paralaxe**. Tradução de Maria Beatriz de Medina. São Paulo: Boitempo, 2008.

ŽIŽEK, Slavoj. **Sobre la violência**: seis reflexiones marginales. Buenos Aires: Paidós, 2010.